平和をつくる方法
ふつうの人たちのすごい戦略

THE FRONTLINES OF PEACE
AN INSIDER'S GUIDE TO CHANGING THE WORLD

SÉVERINE AUTESSERRE
セヴリーヌ・オトセール
山田文 訳

柏書房

『平和をつくる方法』に寄せられた賛辞

平和は可能だがむずかしい。剣を鋤《すき》に打ちなおす方法をすべて知っている人などいない。つねに思いこみに疑問を投げかけ、経験から学び、大きなアイデアと現場のファクト、その両方を知る専門家に耳を傾けることが欠かせない。『平和をつくる方法』は人類の最も崇高な試みについて新たな洞察を与えてくれる。

スティーヴン・ピンカー、ハーヴァード大学心理学ジョンストン記念講座教授、『暴力の人類史』著者

セヴリーヌ・オトセールは、研究者の厳密さと活動家の情熱を兼ねそなえている。そして、厳しい経験に支えられた権威をもって、真の平和は下から上へ、内から外へ向かって構築されなければならないことを示す。紛争によって炎上している世界は、彼女のメッセージに耳を傾けるべきだ。

ギデオン・ローズ、『フォーリン・アフェアーズ』誌編集者

このすばらしい本でオトセールは、紛争地帯と国際機関での数十年の経験をもとに、意義ある平和はローカルな平和構築にかかっていることを示す。暴力に対処し、苦しみを取り除いて、紛争の芽を処理する現地の活動家たちとの刺激的な、ときに胸の張り裂けるような出会いを出発点に、現場で必要とされる活動家の仕事を効果的に支える方法について、説得力ある提案をしてくれる。

エリザベス・ジーン・ウッド、イェール大学人間環境学クロスビー記念講座教授

平和構築は、紛争の最も近くにいる人びとの勇気と知恵にかかっている。したがって、その人たちの仕事とコミットメントを尊重して投資をしなければならない。セヴリーヌ・オトセールの本は、そのための方法をはっきり示してくれる。必読書。

ジョン・ポール・レデラック、ノートルダム大学国際平和構築名誉教授

オトセールは、情熱、明晰さ、細部を見るストーリーテラーの目をそなえた類いまれな研究者だ。国連にはオトセールのような批判者が切実に求められている――欠点を見定め、責任をとらせる思慮深いオブザーバーが。手に取る価値のある一冊。

ライオネル・ビーナー、『ポリティカル・サイエンス・クォータリー』誌

すばらしくおもしろい本。

『ル・ソワール』紙

［平和構築者の］ひときわ馬鹿げた過ちを率直に検討し、コンゴやその他の場所で流血を防ぐよりよい方法を考える［…］コミュニティとの緊密な連携は出発点にすぎない。しかしそれは、望ましくない現状の改善につながる。ピースランドの住民とスポンサーへの時宜を得たこの批判に、それが示されている。

『エコノミスト』誌

平和をつくる方法

ふつうの人たちのすごい戦略

セヴリーヌ・オトセール

The Frontlines of Peace
by Séverine Autesserre

https://severineautesserre.com/

わたしに命を与えてくれたモニーク・アリジエとアンドレ・オトセールへ

それに、その命を保つ手助けをしてくれたフィリップ、ファニー、アリアン、アイテン、エリザベス、リー、キャサリンとアラン、キムとジャック、わたしの医療チームのみなさんへ

目次

【凡例】

・本書は Séverine Autesserre, *The Frontlines of Peace: An Insider's Guide to Changing the World* (Oxford University Press, 2021) のペーパーバック版(2022) の日本語訳である。
・本文中の［ ］は著者、〔 〕は訳者による補足である。
・本文中の〈 〉は固有の団体名やプロジェクト名を表している。
・一部の訳語については以下の方々からアドバイスをいただいた。アフリカ、特にコンゴの人名・地名等については米川正子氏（ＮＰＯ法人 RITA-Congo 共同代表）、オランダ系の人名は岡部亜美氏、インド系の人名は小磯千尋氏（亜細亜大学国際関係学部教授）。この場を借りて御礼申し上げます。

序文（リーマ・ボウイー、二〇一一年ノーベル平和賞受賞者）

普通の人たちが暴力へうまく対抗した話を語る本書を読んでいると、「希望」ということばがくり返し頭に浮かんだ。わたし自身の旅を思いださせてくれたからだ。もっと具体的に言うと、希望のおかげで力強い運動を生みだすことができ、リベリア内戦を終わらせることまでできたことを思いださせてくれる。

本書で出会う一部の人と同じように、わたしの経験した暴力も身近で強烈なものだった。一七歳のとき、権力闘争中の武装した男たちが撃ちこむ弾丸に、思い描いていた将来が破壊された。途方に暮れながらそれを目《ま》の当たりにして、政治的なものが個人的なものになった。

何か月ものあいだ、進行中の紛争を解決するわずかばかりの希望がひとつ残らず消えていくのを見ていた。問題に対して海外の援助供与国《ドナー》がお金を投げてよこし、強欲な政治家たちが言い争うのにうんざりしていた。本来であれば政治家は、平和を確保するために努力しているべきなのに。

日に日に子どもたちの未来が暗くなっていくように思えた。和平会議に参加した男たちは、問題になんの解決策も見いだせずに帰ってくる。その間、女たちはずっと手持ちぶさたで家にいて、協定をめぐる話し合いの蚊帳《かや》の外に置かれていた。

和平への取り組みが行き詰まっているのにいらだちを覚えて、わたしたち——あらゆる年齢、社会階層、宗教、部族の——女性は団結し、自分と子どもの大義のために声をあげた。使えそうな手段は、思いつくかぎりすべて使った。街頭抗議、座りこみ《シット・イン》、ピケ、祈り、断食、徹夜のデモ。平和を求めるわたしたちの声にパートナーの耳を傾けさせようと、セックス・ストライキもおこなった。

このような戦術のどれを使っても、必要な注目を集めて反政府勢力と政府関係者を合意に至らせることはできなかった。そこで人間バリケードを築き、進行中の和平協議の場から政治家が外に出られないようにした。それもうまくいかなかったから、わたしたちは自分の服を引き裂くと脅《おど》しをかけた。アフリカのさまざまな文化では、自分の母親の裸を見ると呪われると考えられている——だから男たちは折れた。二〇〇三年八月一八日、ようやく和平協定が結ばれて、一四年にわたる紛争が終わりを告げた。

わたしの経験は、単純な真実を物語っている。母親、村人、スラム街の住人など、外国人の介入者が表向き救おうとしている人たちには、破壊的な紛争を終わらせるのにまさに必要なノウハウとモチベーションがある。これは、セヴリーヌが二〇年にわたる並はずれた仕事によってたどり着いた結論とも通じている。セヴリーヌは現在の主要な紛争地域に深く入りこみ、世界のリーダーたちの玄関やダイニングルームを訪れて、躊躇《ちゅうちょ》することなく権力に対して真実を語ってきた。

この真実は単純だけれど、そこにはとてつもなく大きな意味が含まれていて、国連（UN）、外交官、政治家が長年使ってきて凝り固まった平和構築の手順に徹底的な見なおしを迫る。これは簡単なことではない。本書で紹介される数多くのはみだし者の話からも、それがわかる。大胆に別のやり方をした人たちの話だ。

わたしはセヴリーヌが学生、活動家、ノーベル賞受賞者に向かって話すのを見てきた。わたしたちは別の世界の出身かもしれないけれど、同じ武器を信じ、同じ信念を心に抱く戦士だ。セヴリーヌの研究成果は、わたし個人の旅と共鳴している。セヴリーヌが土台とする原則は、〈ボウイー平和財団アフリカ〉と〈コロンビア大学女性・平和・安全保障プログラム〉の中心にある原則と同じだ。わたしたちが話し、書くときには、変化をもたらす旅へと聴衆と読者を導きたいと願っていて、『平和をつくる方法』（原題の直訳は『平和の前線』）はまさにそれをする一冊だ。

この本では、平和のために世界中で日々効果的に闘っている人たちの、知られざるストーリーが語られる。イジュウィの島民は、同じコンゴ東部のほかの場所を襲っている恐ろしい暴力の犠牲になるのをどう避けてきたのか。ソマリランドやコロンビアのように、壊滅的な武装紛争のなかで平和を確立したほかのコミュニティについても知ることになる。あなたが暮らす場所を含め、世界中の紛争に使える平和への新しいアプローチも発見する。それに、どうすればわたしのような普通の人間が長くつづく平和を築けるのか、そしてノーベル賞を受賞（！）できるのか理解できる。

本書を読めば、紛争地帯で暮らしたり働いたりしているかどうかにかかわらず、身のまわりで平和を築くために個人としてできることがわかる。リベリアのレイプ被害者が感じる痛みは、ヨーロッパの被害者が感じる痛みと同じだからだ。銃による暴力で息子や娘を亡くした親の涙は、アメリカのスラム街でもシリアでも同じだけつらい。ブルンジで戦うことを強いられた子どものトラウマは、世界中で暴力の体制のもと育つことを強いられたすべての若者のトラウマに通じる。暴力はすべての人に影響を与えるのであり、『平和をつくる方法』が提示するオルタナティブな平和構築戦略は、あらゆる暴力に応用できる。

セヴリーヌが提唱する〝ボトムアップ、インサイダー主導〟の紛争解決アプローチは、国際社会でずっと見くだされ、ないがしろにされていた。あるていどはいまも同じだ。たしかに、ローカルな平和構築戦略は、個人の実務家や研究者からかなり注目を集めるようになった——この問題についてのセヴリーヌの先駆的研究のおかげであり、本書でセヴリーヌが紹介する個人や組織の仕事のおかげでもある。けれども、世界中であまりにも多くの有力アクターが、草の根の平和構築は余興にすぎないといまも考えている——きわめて問題の多い取り組みだと。わたしがまわりで目にする地域レベルのすばらしい取り組みは、いまでもほとんどが報告、文書化、支援されていない。一方、指導者とメディアは、武装勢力の指揮官、腐敗した政治家、国際社会のエリートばかりに目を向けている。それに「地元の人を運転席に座らせる」という考えは、多くの外国援助の専門家を引きつづき警戒させて怒らせている。

平和構築と国際介入についての本や論文はたくさん書かれているけれど、否定的なトーンにうんざりさせられることが多い。分析者は、わたしたちの仕事の問題ばかり強調する。なぜ、どんなふうにまちがいを犯したのか、しきりにわたしたちに教えようとする。わたしたちが正しくできること、正しくやっていることは、めったに説明しない。当然、家に閉じこもって他人のまちがいを指摘するのは簡単だ。だからこそ、わたしはセヴリーヌの本に感謝している。成功に焦点を合わせ、客観的ながらも建設的なアプローチをとる本書はとても重要だ。

外国主導でトップダウンの和平の取り組みが、世界中のさまざまな紛争で壊滅的かつ手痛い失敗をしたあと、『平和をつくる方法』は前へすすむ道を示してくれる。ストーリー（おもしろおかしいものもあれば、つらいもの、心が張り裂けそうなものもある）を語ることで、セヴリーヌは下からの平和構築にまさに必要なことを明らかにしてくれる。そして、政治家、軍の指導者、外国の介入者が、そうした取り組みを支援することも邪魔することもできるのだと説得力をもって論じる。

誤解しないでほしい。外国と国内のエリートにも、平和構築で果たす役割が確実にある。リベリアでは、仲間の活動家もわたしも国連の平和維持活動による支援をありがたく受け入れた。同じようにセヴリーヌの「モデル介入者（お手本になる介入者）」は、外国人平和構築者が現地の人を支えられる好例だ。リベリアでは、わたしたち一般の活動家がテイラー大統領（二〇〇三年八月にナイジェリアに亡命、二〇一二年には国連が設置した国際法廷で有罪判決を受けた）と反政府勢力のリーダーに圧力をかけ、和平合意にたどり着かせた。同様に、自分たちで平和を築いたソマリランドの住民や、自分が暮らす街で銃による暴力を減らしたアメリカの活動家の例からは、ボトムアップとトップダウンの和平の取り組みを、効果的に組みあわせられることがわかる。

『平和をつくる方法』は、ありふれた国際政治の本ではない。まわりの世界の見方を変える一冊だ。この本は、戦争と失敗についてのありふれた一冊でもない。ひときわ陰鬱《いんうつ》で絶望的な状況で平和を育む方法についての本であり、人類が暴力を抑えるのに成功した刺激的で希望に満ちたストーリーを語る一冊だ。それにこれは、響きはいいけれど世間知らずで非実用的な考えを語るありふれた本でもない。だれもがわがこととして感じられる現実世界の話と、だれもが使える実際的な解決策を扱う一冊だ。

あなたがだれでも、どこで暮らしていても、『平和をつくる方法』はあなたのための一冊だ。いつでもどこでも、だれもがセヴリーヌのアイデアを使って変化を起こせる。自分のコミュニティで平和を築くのに必要なものを、わたしたちはみんなもっている。あなたも世界を変えるインサイダーになれる。わたしと同じように、あなたも自分のコミュニティで声を届け、平和を実現できる。どうやってそれをするのか、この先を読んで見つけてほしい。

まえがき

戦争、希望、平和

わたしが一七歳のとき、炸裂する爆弾の音を録音したテープを父がサラエヴォから持ち帰った。父はフランスの公共ラジオ局の音響技術者で、世界を旅して戦争や大統領の公式訪問、革命を伝えていた。帰宅した夜はいつも、旅のあいだに集めた記念の品やおみやげを大きな木のテーブルに広げた。そして一つひとつ手にとり、それが何なのか、どうやって手に入れたのか、どんな意味があるのかを説明してくれる。持ち帰った不思議な食べ物（日本ののり巻きせんべい、南アフリカのジャーキー、レバノンのペストリー、アメリカのハンバーガー型グミ）をすべて味見させてくれ、まずかったときのわたしの顔を見て笑った。父とのこういう時間を通して、わたしは新しい食べ物、新しい国、新しい人びと、新しい文化を発見した——その一つひとつが、前のものよりもいっそう魅力的に感じられた。

おみやげもすばらしかったけれど、父の話はさらにすごかった。オリエント急行に乗ってイスタンブールへ行ったこと。アルジェリア戦争に参加したこと。イランで拉致《らち》されて逃げたこと。コンゴでルワンダの難民たちと何キロも歩いたこと。ユーゴスラビアで危うく死を免《まぬか》れたこと。フランス大統領の超音速ジェット機で世界を飛びまわったこと。どのディナーパーティーでも、どのレセプションでも、父は注目の的《まと》だった。わたしには自慢の父だった。父も母も高校を出ていなかったけれど、ずっと高い教育を受けた人たちやずっと裕福な人たちも、みんな父の一言ひとことに夢中になった。

もちろん、これには暗い面もあった。わたしのいちばん古い記憶は、年季の入ったひじ掛け椅子にもの悲しげな顔で座り、クリスマスに父が帰ってこないと説明する母の姿だ。イランとイラクの戦争を取材していて、そこを離れるわけにはいかないのだと。当時わたしは三歳で、父が二度と帰ってこないかもしれないとはわかっていなかった。

大きくなるにつれて、父がよく真実を誇張していることに気づきだした。おそらく、アルジェリア戦争でリーダーを務めたわけではなかった。おそらく、フランス大統領フランソワ・ミッテランとジャック・シラク、それぞれの政権の首相たちと親友でもなかった。おそらく、イランで恐ろしい死から同僚たちを救ったわけでもない。

それでも、わたしはすでに心をつかまれていた。父はエキサイティングな人生を送ったのだし、わたしも同じように生きたい。父は世界中で数えきれないほどの人を助けた――いや、助けていないかもしれないけれど、わたしは助けるのだと。

わたしの心は決まった。父のように国際報道の世界で働きたい。でもそれは、想像していた人生とはちがうことがすぐにわかった。最初に現実を突きつけられたのは、難関ジャーナリズム・スクールへの入試のときだ。筆記試験には合格したけれど、口頭試問で落とされた。何がいけなかったのかと学科長に尋ねると、ジャーナリストは人を助ける職業ではなく、報道する職業なのだと言う。選考委員会は、わたしにはジャーナリズムよりも人道支援の仕事のほうが向いていると考えたらしい。

わたしは憤慨した。だから計画を立てて、次に出願したときには絶対に不合格にならない経歴をつくることにした。そして、権威あるパリ政治学院のコミュニケーション学の修士課程に入学し、夏にはインド（現地の慈善団体）と南アフリカ（コミュニティ・ラジオ局〈ヴォイス・オブ・ソウェト〉）でボランティアをした。

すべてが計画どおりにすすんでいた。そんななか、一九九八年一〇月のある日の午後、ヨハネスブルグの郊外で、不法な非白人居住区を地元の警察が破壊するのを見た。何百もの貧しい家族を家から追い出し、住人が戻ってこられないように建物に火をつける。わたしは激しい怒りと恐怖を覚えた。傍観者として見てはいられなかった。駆けつけて、警官と対峙している住人たちの味方をしたかった。けれども、それはわたしの役目ではないと同僚たちは言う。ジャーナリストとして、見て報道しなければならない――巻きこまれてはならないのだと。

その日、口頭試問でわたしを落とした試験官たちは正しかったのだと気づいて、わたしは目指すキャリアを変えた。パリ政治学院修了後は、開発プロジェクトの一環として、ニカラグアで二か月間トイレを掘って英語を教えた。そして、フルブライト奨学金をもらってニューヨークのコロンビア大学で国際情勢を学び、ふたつ目の修士号を取得した。もっと教育を受ければ、もっといい援助の実務家になれると考えて、その後は政治学の博士課程に出願する。入学前に一年あいだをあけ、コソボへ行って、大好きな援助団体〈世界の医療団〉で働いた。憧れていた人道支援活動家になる道を着々とすすんでいた。

そしてその後、コンゴ民主共和国（以下、コンゴ）との愛憎相なかばする関係がはじまる。コソボで六か月過ごしたあと、わたしは休暇をとって当時のボーイフレンド（いまの夫）とバルセロナへ行った。〈国境なき医師団〉で働く彼の同僚のひとりが、年越しのパーティーに誘ってくれたのだ。その夜、数か月の厳しい仕事のストレスを発散させた。何杯かお酒を飲んで、午前二時か三時あたりにだれかが言った。「ねえ、ところでさ、コンゴで試験的なミッションに参加するフランス語話者をふたり探してるんだけど。どう？」その場の勢いで、わたしたちはイエスと答えた。

二〇〇一年はじめのことで、当時はコンゴでの戦争がピークに達していた。わたしの仕事は現地の政治、軍事、人道面の状態を、チームが理解できるように手助けすること。そこで過ごしているあいだは、会う人みんなに何が起こっているのか説明を求めた。一つひとつのブリーフィングが終わるときには、はじまる前よりもわけがわからなくなっていた。説明を受けても、だれがだれと戦っていて、それはなぜなのか、はっきりわかった気にはぜんぜんならなかった。紛争を説明する分析枠組《フレーム》みを見つけたと思うたびに、それに当てはまらない事例がたくさん見つかり、結局すべての構造が崩れ落ちる。そこで六か月過ごしたあとも、やはりわたしは――それにわたしが話したすべての外交官、平和維持活動関係者《ピース・キーパー》、援助関係者も――、コンゴで起こっていることを理解していないと感じていた。二〇〇一年終わりにニューヨーク大学の博士課程に進学して、興味深い研究テーマになると思い、コンゴと世界中の戦争を理解することに焦点を合わせることにした。

その後、コンゴを何度も訪れ、アフガニスタンで付随的なミッションに取り組むなかで、援助産業の問題が見えてきた。人道支援の仲間たちの振る舞いにショックを受けることが徐々に増えていった。たとえばある日、いつものようにチームの面々——スイス出身の地域局長、グアテマラ出身の医療コーディネーター、スペイン出身の事務職員——と昼食をとっていると、コンゴ人のアシスタントたちについて、みんなが不満を口にしはじめた。

「あいつらはすさまじく怠け者だ」
「そう、それにバカでもあるよね。運転手がわたしに言ったこと、聞いた?!」
「あいつらは信用できない。みんな腐敗しているからね。みんなだ。盗めるときは、いつだって盗む」
「それに嘘もつくでしょ。いつもいつも」

残念ながらこれはたくさんの、あまりにもたくさんの会話のひとつにすぎない。アフガニスタンとコソボでも同じようなことを耳にした。そこでも人道支援の仲間たちは、現地の人たちは遅れている、腐敗している、信用できない、無能だと決めつけていて、そんなふうに人びとを扱っていた。相手を貶《おとし》めるようなやり方で、現地人の同僚を怒鳴りつける人もいた。国の当局とやり取りをするときに、基本的なマナーを忘れている人もいた。みんな舗装されていない道路で車を飛ばして、周囲の人に砂ぼこりや水を浴びせかけた。

チームメイトたちは薄情な人間ではなかった。赤の他人を助けるだけのために、出世の可能性、物質的な快適さ、人によっては家族との生活まで犠牲にしていた。こういう善意の人間が、偏見をもつ集団に変わるのはどうしてだろう？

それに、支援したいまさにその相手と距離を置かなければならないことも不満だった。アフガニスタンでの三か月は最悪だった。歩かなければ新しい場所の感触をつかめないのに、カーブルの状況はあまりにも危険で、歩きまわることを許してもらえなかった。どこへ行くにも車に乗らなければならない――いつも乗り物酔いするから、車は大嫌いだ。オフィスを兼ねた狭苦しいタウンハウスに閉じこめられるのもいやでたまらなかったし、セキュリティ上のさまざまな制約に従わなければならないせいで、仕事が妨げられているように感じた。こんな環境で、どうやって政治、軍事、安全保障上の状況をじゅうぶんに把握し、人道支援戦略を策定する手助けなんてできるの？　顔を合わせるのは、外国人兵士、援助関係者、アフガニスタンの政府関係者だけ。目にするのは、敷地の壁のなかと、立ち入っても安全だと〈国境なき医師団〉が判断した行政の建物いくつかだけだ。

それに加えてわたしは、暴力の原因ではなく結果に対処することにもうんざりしはじめていた。アフガニスタン、コンゴ、コソボにいる人道支援活動家はみんな、大量の資金、時間、エネルギーを費やして、途方もなく重要な仕事をしていた。コレラの流行に対処し、孤児の世話をして、負傷者とレイプ・サバイバーに医療を提供し、場所を追われた人たちに一時的な住まいを与えて、激しい戦闘に巻きこまれた一般市民がきれいな水と食べ物を確保できるようにした。多くの場所では、人の命を救えるリソースをもち、訓練を受けているのは、わたしたち外国の援助関係者だけだ。けれどもわたしたちは、全住民が飢《う》えたり、子どもが孤児になったり、女性がレイプされたり、一般市民が場所を追われたりするのを実際に防ぐことを、何もしていなかった。

我慢の限界はコンゴでやってきた。EUを代表するある高級外交官との大規模な会議に参加したときのこと。彼女はブリュッセルから飛行機でやってきて、コンゴの首都キンシャサで数日過ごし、ゴマ（コンゴ東部の大都市）に到着して、EUが資金提供するすべての援助団体の代表を招集した。そして二時間にわたって話をした。「交戦地帯にいると考えるのはやめてください」と彼女は言う。「いいですか、大統領と反政府勢力のリーダーは、協定に署名したのです。いまは平時です。そのように行動しはじめなければなりません」。そして戦闘の前線《フロントライン》を無視し、それをこえるようにとわたしたちに言った。でも、そんなことをしようものなら撃たれるに決まっている。戦争は終わったと彼女は強調したけれど、わたしとチームの面々は、それまでの数週間、すさまじい緊急事態に対応するために一日一六時間働いていた。反政府勢力と政府のあいだで新たに勃発した戦闘のために、何万人もの一般市民が家から逃げていたからだ。彼女は実態をまったく把握していないようだった。コンゴはようやく紛争後の平和な段階に入ったと思いこんでいた。一方でわたしは、暴力、拷問、絶望に日々直面していた――二〇年近く経ったいまでも、援助関係者は引きつづき同じような状況に出くわしている。

長年の研究を経て、ようやくわたしにもわかりはじめた。そのEUの外交官は、トップダウンで紛争を分析するように訓練を受けていて、彼女が適切だと考えるツールを使っていた。政府と国のエリートに働きかけるというのがその手段だ。コンゴの指導者たちが協定に署名すると、これで戦争は終わると本気で思いこんだ。現場で実際に起こっていることは、彼女の状況分析に組みこまれていなかったのだ。ようするに彼女が精通していたのは、いまわたしが「平和株式会社《ピース・インク》（Peace, Inc.）」と呼ぶものだ。つまり、従来型の戦争の終わらせ方である。

このアプローチでは、外国の平和構築者《ピース・ビルダー》が主導権を握る。でも、現地の複雑な問題に深くかかわろうとはしないし、仕事をする国の歴史、政治、文化を深く知ろうともしない。その代わりに、政治と軍の指導者たちとやり取りして、外部の専門知識とリソースに頼り、全世界で同じ解決策を用いる。トップダウンでアウトサイダー主導のこのすすめ方は、さまざまな理由からいまもつづいている。必要なのはゼネラリストの知識だけだと強調し、スピード、幅広い応用性、エリートと協働する華やかさなどを提供する。それに、平和構築の世界にとても深く浸透しているから、ほとんどの介入者は、別のすすめ方をしようと考えることすらない。そうしたやり方は、まさにその人たちのアイデンティティの一部なのだ。

ピース・インクでの経験から、わたしは気づいた。集団としてのわたしたち――援助関係者、外交官、平和維持活動関係者――が暴力の原因を理解していることは、めったにない。アフガニスタンでも、コンゴでも、コソボでも、ほかの紛争地帯でも同じだ。それに、戦争を阻止するために何がうまく機能して何が機能しないのかも、ほとんどわかっていない。そして、現場で手助けし介入しようとするなかで、たくさんまちがいを犯す。状況をさらに悪化させることすらある。もっとうまくできるし、もっとうまくすべきだとわたしは思った――それに、長年研究をしてきたわたしなら、その手助けができるとも。

何かを理解するいちばんの方法は、それにどっぷり浸《ひた》ることだとわたしは思っている。だからわたしは、研究者が〝参与観察〟と呼ぶものをたくさんしてきた。参与観察とは、研究している現象に自分も参加することだ。インドと南アフリカの平和維持活動関係者とともにコンゴの田舎をパトロールし、ときどき通訳をした。コンゴ、コロンビア、パレスチナ自治区で、国連職員とともに人権と暴力の情報を集めた。世界中でパーティー、ランチ、ディナー、葬儀、結婚式、公式式典に出席した。武器の密売に使われる小さな飛行機で移動したこともあれば、古くて巨大なソヴィエト時代の飛行機で飛んだこともある。そのパイロットたちは毎晩のようにお酒を飲み、翌日には墜落するかもしれない恐怖を忘れようとしていた。国の諜報機関《インテリジェンス》で働いていると語る男にも、少なくとも十数人は会った。そのたびに、どうしてそんなことを自分から話すのだろうと思った。そもそもスパイというのは、正体をだれにも知られずにいるものではないの？　コンゴのジャングルのまんなかで警察官や兵士と過ごした三四歳の誕生日は、忘れられない思い出になった――キャンプの魅力は、わたしにはまったくわからないけれど(子ども時代、真夜中に何度もテントが崩れ落ちてきた)。

カタレ（コンゴ）で、最近の安全保障上のインシデント（出来事）について、警戒した表情の住民に話を聞く国連の軍事監視要員《オブザーバー》。わたし（いちばん左）は平和維持活動関係者の行動をそのままねしている。典型的な参与観察のやり方だ＝写真提供：Philippe Rosen, 2011

ようするにわたしは、〝ピースランド（Peaceland）〟とわたしが呼ぶもの、つまり紛争地帯から紛争地帯へと飛びまわって人生を過ごす援助関係者の世界に、どっぷり浸ろうとしてきた。援助関係者の目を通して世界を見て、そのよろこびと苦しみを知り、同じ困難、恐怖、挫折と格闘してきた。そして、援助関係者がいまのように行動する理由がとてもよくわかるようになった。さらに重要なことに、これをどのように変えていけばいいのかもわかるようになった。

この種の人生はときに危険かつ困難で、安全を運に委ねるしかない。南スーダンのマラカルでは、わたしがホテルを出た数時間後にそこで激しい戦闘が起こった。コンゴの北キヴ州では、その地域に展開するすべての反政府組織と軍の部隊に〝兄弟〟や〝従兄弟〟がいる運転手を見つけ、彼が路上でわたしたちの身の安全をつねに確保してくれた。文字どおり彼に命を預けていたのだ。

わたしは、自分の身を守るのがそこそこうまくなった。防弾ベストは重くて着心地が悪いし、わたしのような細身の女性を想定してつくられてはいない——わたしが最初にしたように、前後を反対に着た場合はとくに。それどころか、ベストを着ているとターゲットになりかねないから、わたしはいっさい身に着けない。その代わりに、いまいる地域をよく理解して、じゅうぶんなネットワークを築き、おかしなときにおかしな場所にいることにならないようにして、ミーティングや訪問先からわたしが戻ってこないときのための緊急対応計画をつくるようにしている。また、直感に従って、何かがおかしいときにはその場を去る——たとえばコンゴ人の中尉に会って、その狡猾《こうかつ》な笑顔、早口なしゃべり方、押しの強い語り口に不安を覚えた日や、反政府勢力のリーダーから、おまえはフランス政府のスパイだと「知っている」と単刀直入に言われた夜のように。それに、こちらの質問に答えずにふざけはじめる国の当局者によく効く答えも身につけた——「ミス・オトセールですか？　それともミセス？」「教授《プロフェッサー》です！」

それでもまずい状況に陥ることはある。コンゴでは二度ほど危機一髪の場面があった。ブカヴ〔コンゴ東部にある南キヴ州の州都〕では激しい戦闘に巻きこまれ、まわりのあちこちで爆弾が落ちてライフルが発射されていた。無傷でそこから逃《のが》れさせてくれた人道支援の仲間たちと国連平和維持活動の関係者たちには、いまでも感謝している。

ニュンズ〔コンゴ東部の町〕では、穴ぼこだらけの未舗装の道をバイクで長時間走りすぎたせいで、腰を傷《いた》めた。ルワンダの反政府勢力が町を攻撃しようとするなか、わたしは腰から下が一時的に麻痺した。ありがたいことに、友人が人道支援用の小さな飛行機で迎えにきてくれた。移動に耐えられるようにと、ルームメイトがわたしにモルヒネ（鎮痛剤であり麻薬でもある）をたくさん注射したから、ひたすらずっと〝すーごーい〟という気分で、安全な場所に戻るまで笑いっぱなしだった。

カレミエ（コンゴ南東部、タンガニーカ湖西岸の都市）では、わたしの車がバイクに乗った人を傷つけて、暴動が起こった。わたしの肩をしっかりと抱く現地のロジスティクス担当者セティの腕と、背中に当たる彼の胸のぬくもりをいまでも感じられる。彼がこうささやくのがいまでも聞こえる。「動かないで。話さないで。怖がらないで。守ってあげるから」。そのときのわたしは落ちついていて冷静だったけれど、そのあと何年も悪夢に悩まされた。

でも何より恐ろしかったのは、石を投げられる可能性があることでも、弾丸が飛んでくることでも、検問所で銃を向けられることでもなかった。わたしは、飛行機でひと飛びすれば安全な場所へ逃れられる。恐ろしかったのは、わたしが見捨てた人たちが向きあわなければならない危険のことだ。立ち去らなければいけないときはいつも罪悪感を覚えて、吐き気をもよおすほどだった。

長年かけてわたしは、一二の交戦地と戦争後の地域で仕事やフィールド調査をした。そのなかには、いまも大きな戦闘がつづいている場所がいくつかある。八〇〇人をこえる平和構築者、武装勢力の指揮官、犠牲者、生存者《サバイバー》、政治家、一般市民に話を聞いた。この調査をすべて使って、二冊の本と二十数本の論文を書き、国際社会の介入が暴力を終わらせるのに失敗すること

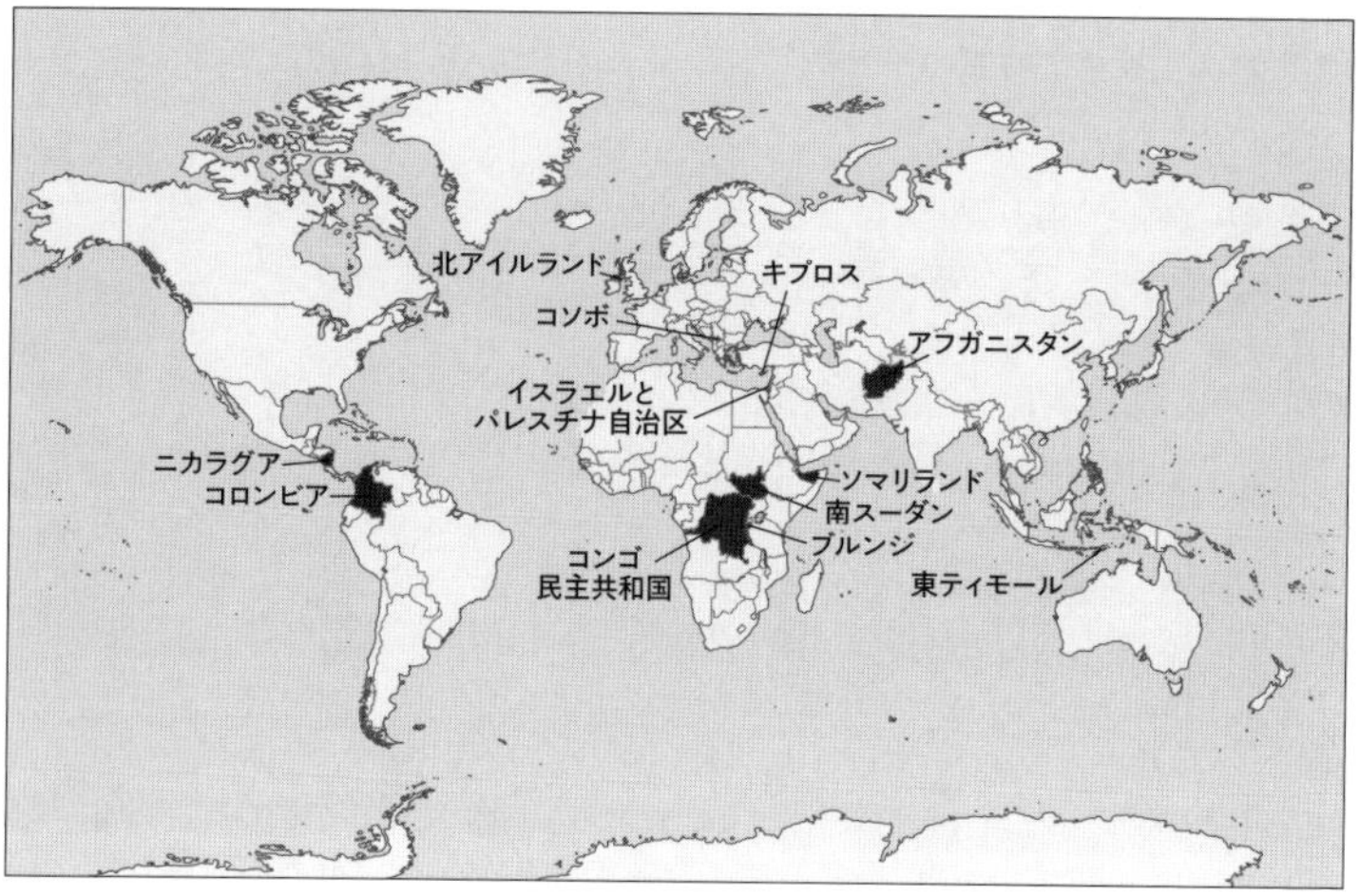

仕事をした紛争地帯を示す地図

がとても多い理由を論じた。わたしの刊行物はいくつも賞をもらって、なかには非常に権威ある賞もある。世界中の大学、シンクタンク、平和構築団体の本部に招かれて講演し、テレビやラジオの番組にも出演した。

ずっとわたしは、すべて理解したと思いこんでいた。自分は人びとの戦争の見方を変え、平和へのアプローチを改められるように手助けしているのだと。二〇〇〇年代はじめに博士論文の研究をしているときには、インタビューした外交官、国連職員、非政府組織（NGO）の職員、その他の平和構築者は、コンゴでボトムアップの平和構築を支援するという考えに戸惑いを示した。わずか数百人にしか関係しないかもしれない（けれどもより大きな紛争とつながっている）対立に草の根で対処するという考えは、それ自体まったくなじみのないものだったのだ。安全を感じられるようにするには何が必要で、どうすればその状態を実現できるのか。その問いへの答えを、アウトサイダーではなく暴力の影響を最も受けている人たちが見つけるべきだという考えも、なじみがなかった。

　ローカルな紛争解決に向けた研究成果と提言を発表しはじめると、番組司会者、同僚、書評家、聴衆や読者は、わたしのことを「挑発的」「画期的」「革命的」「危険」と呼んだ。元国連平和維持活動局事務次長のジャン＝マリー・ゲーノは、わたしの話を初めて聞いたとき、彼の組織への批判があまりにも侮辱《ぶじょく》的だと考えて、公衆の面前でわたしをリビア大統領のカダフィ大佐になぞらえた。わたしは頬が熱くなって、顔に赤黒い影が落ちた――屈辱と怒りを覚えた。その後、数年の月日と数度の会話を経て、ふたたびゲーノとパネルディスカッションで同席した。その場で彼は、以前にわたしが勧めて彼が毛嫌いしていたまさにその考えを主張した。平和維持活動関係者はボトムアップではじめるべきであり、草の根の組織といっしょに仕事をすべきである。トップダウンでアウトサイダー主導の典型的な方法は根本からまちがっていて、追求すべきではないのだと。

　一〇〇人をこえる外交官、国際公務員、慈善家、活動家――新人の援助関係者から地位の高い大使まで――に依頼されて、平和構築戦略やコンゴ危機へのアプローチを計画し、見なおす際にいっしょにブレインストーミングをした。相手やこちらのオフィスで正式に会うこともあれば、昼食や夕食やお酒の席で非公式に話すこともあった。オーストラリア、オーストリア、ベルギー、カナダ、コロンビア、コンゴ、フランス、ケニア、メキシコ、オランダ、スウェーデン、東ティモール、イギリス、アメリカも訪れて、まるで世界ツアーをしているような気分だった。

教員として働きだしてから一〇年も経たずに、コロンビア大学の女子カレッジ、バーナードの正式な教授に昇進して、わたしは目標を達成したと感じた。でもその後、わたしもまた大きなまちがいを犯していたことに気づく。失敗、問題、課題ばかりに目を向けていて、平和を構築するにあたって実際にうまく機能するものを見ていなかったのだ。

わたしの友人や家族は、わたしが研究する場所の多く――南スーダン、イスラエルとパレスチナ自治区など――は成功の見こみがないと考えている。平和構築はうまくいかないと思いこんでいる。わたしが会った政治家、研修をした援助関係者、話を聞いた紛争地帯の住民の多くも、同じ心配をしている。戦争後に平和を構築しようとする際の普通のやり方が、どこかとてもおかしいのはみんなわかっている。けれども、それを正す方法はわかっていない。たくさんの熱心で優秀な人――友人、学生、平和構築の同僚――が、世界の現状を変えられないと思いこんでいるのを見ると、いたたまれない気持ちになる。

でもわたしが目にした有望な事例を話すと、みんなとても興奮する。リーマ・ボウイーの経験に感動する。リーマは貧困に苦しみ、両親とともに暮らすシングルマザーで、有力な運動をつくって祖国リベリアで戦争終結に貢献した。コンゴのイジュウィ島や東アフリカのソマリランド地域についても、みんなしきりに知りたがる。これらの場所では、おぞましい紛争のまっただなかで、住民たちが驚くほど平和な社会を築いた。ライフ&ピース研究所（Life & Peace Institute）の仕事に、みんなやる気を掻《か》きたてられる。同研究所は、草の根でボトムアップ型の画期的な平和構築アプローチを開発した。

これらの話は、みんなに希望を与える。対外援助の分野で働く人、これから働こうとする人が切実に必要としている成功の可能性を、ようやく提供する。世界中のあらゆる組織や省庁で、昔の教え子や読者がわたしの考えをすでに実践している。でもその人たちにはもっと支援が必要だし、わたしたちにはもっとそのような人が必要だ——外国だけでなく、わたしたちの地域コミュニティでも。だからこそ、わたしはこの本を書くことにした。

本書で語るのは、この二〇年間でわたしが学んだ物語だ。暴力に終止符を打つ最善の方法についての物語。戦争と闘って平和を構築する効果的な方法を見つけた、普通の、けれども並はずれた個人とコミュニティの物語である。

「息子はいま、銃の代わりに鉛筆を手に持ちたがっています」

あるエピソードを語らせてほしい。わたしが希望を失い、本書のプロジェクトに行き詰まりを感じていたときに、研究をつづけるエネルギーを与えてくれた話だ。二〇一七年六月、わたしはコンゴで国際平和構築の成功事例を探していたけれど、ひとつも見つけられずにいた。会う人はみんな、暴力と介入の失敗のことばかり話す。これは驚きではなかった。そのときにはすでに、コンゴだけで三五〇件をこえるインタビューを終えていた。コンゴは第二次世界大戦以来、最も破壊的な紛争の場になっていて、わたしはそれをよく知っていた。世界最大の——

それに最大級に値の張る——国連の平和活動が展開されているにもかかわらず、コンゴの戦争は中部アフリカの大部分を不安定にし、過去二〇年間で世界最悪レベルの人道危機を引き起こしていて、わたしはそれについて幅広く執筆していた。だからこそ探しつづけていた。どこよりもありそうにない状況でさえも前向きな話があれば、それはつまり、戦争の醜さのなかにも実は希望の種が隠れているということであり、おそらく世界中でそれを育む方法を学べるようになる。そう思っていた。

ありがたいことに、平和構築者の友人三人が、ヴィジャヤ・プリヤダルシャニー・タークルというインド系アメリカ人女性に絶対に会うべきだとしきりに勧めてくれた。革新的な仕事をしているという。そこである日の午後、彼女とお茶をともにした。キヴ湖の明るい青緑《ターコイズ》の水面《みなも》を見はらす美しい庭に腰をおろし、青々としたたくさんの木、色とりどりの花、さえずる鳥に囲まれて、まわりの埃《ほこり》っぽくてうるさい町のことはすぐに忘れられた。そこでヴィジャヤは、ジャスティン*という女性と、その息子ルカ*のことを話してくれた——彼女の人生をひっくり返した出来事で、冷静に語ることのできない話だ。

世界中の紛争地帯の何万人もの子どもと同じように、ルカは誘拐されて武装集団のために働かされた。誘拐されたときはまだ五歳で、小さすぎてライフルを持つことすらできなかったから、司令官たちは、人間の楯《たて》としてルカに列の先頭を歩かせた。

ルカは生きのびた。武装集団のもとで三年間過ごしたあと、二〇〇七年に解放されて、家に送り返された（過去二〇年間でおよそ一三万人の子どもが同じように解放されていて、コンゴだけで五万一〇〇〇人をこえる）。けれども、ルカは新しい環境になじめなかった。学校がいやでたまらなかった。何年も学校へ行っていなかったから、ずっと年下の子たちと同じクラスに入れられて、やる気をなくした。母親にあまりお金がなかったから、空腹によく悩まされた。それに、司令官たちに叩きこまれた考えをまだ信じていた。生きのびる唯一の方法は、暴力を使うことだと。

それからの数年間、ルカは何度も逃げて、昔いた武装組織に戻ろうとした。自分の声に耳を傾けてもらえるのは、銃の力に支えられているときだけだと思っていた。銃の力に支えられることで、ようやく安全だと感じられた。ルカは八歳で、彼の知る唯一の人生がこれだった。

そのころ、ペンシルヴェニア州（アメリカ）のブリンマー・カレッジでは、ヴィジャヤがアフリカ大《だい》湖《こ》沼《しょう》地域の戦争と平和について学部の卒業論文を書いていた。それと並行してヴィジャヤは、集団殺害《ジェノサイド》防止に焦点を絞ったさまざまな組織で活動家として働きはじめる。そして、わずか数年で援助の世界に幻滅した。同僚たちは従来のエリート中心のアプローチで平和構築に取り組んでいて、アウトサイダーのスキルと専門知識に頼っていた。その結果、組織が表向きの成功を収めても、実際には助けたい人たちに害を及ぼしていた。

とくに当時は、ほとんどの活動家が、コンゴの暴力のいちばんの原因は武装集団による天然資源の違法開発だと考えていたから（実際にはさまざまな原因があり、それについてはあとで論

＊　初出時にアスタリスクがついている名は仮名である。

じる)、時間とエネルギーを割いて、紛争鉱物〔武装勢力の資金源となる天然鉱物〕をめぐる新しい法律をつくるよう働きかけていた。残念ながら、違法取引の規制を手助けしようとする取り組みは裏目に出る。その結果できた法律は、武装集団の実際の権力基盤を破壊しなかったからだ。より大きな政治、経済、社会の改革がなされなかったので、現地の軍指導者たちは、農村地域のいちばんの有力者としての地位を維持できた。なかには採掘作業を拡大する例まであった。立場の弱い住民は暮らしの糧《かて》を失い、職を失った若者の多くが生活のために反政府の武装組織に加わった。

　ヴィジャヤの記憶のなかでは、この時期は人生の暗黒時代だ。ヴィジャヤは恐ろしかった。自分と仲間たちが、ピース・インクのアプローチによって惨憺《さんたん》たる結果を出していることを認めたくなかった。ほかにやり方を知らなかったからだ。時間とエネルギーをたくさん犠牲にして取り組んできたことが、実際には害を及ぼしているという考えと向きあえなかった。ただ表面上は、ヴィジャヤにとって順調に物事がすすんでいた。アメリカの政府関係者や活動家から注目され、「法律の凄腕《すごうで》」と見なされるようになった。でも、自分のキャリアはうまくいっていても、コンゴの人びとの暮らしが悪くなっている証拠《エビデンス》は増える一方だった。

　二〇〇七年、ヴィジャヤは少額の研究助成金を獲得してコンゴを訪れ、どうすれば平和を実現できると思うかと市井の人たち自身に尋ねた。一年かけて回答を精査し、最終的にコンゴ東部の南キヴ州で試験《パイロット》プロジェクトをはじめることにした——ジャスティンとルカが暮らしていたその村で。

ヴィジャヤは現地の活動家たちと連携して、長時間のミーティングやワークショップをひらいた。そこでは住民が自分たちの直面する紛争を分析し、暴力の原因について合意を形成して、最善の対応を決める。一年以上にわたって議論を重ねたのちに、村人は自分たちのコミュニティで平和と繁栄を築く計画をつくった。

計画の第一段階では、ヴィジャヤと仲間の活動家たちが資金を集め――五〇〇〇米ドルにも満たない額で、半分はヴィジャヤの貯金でまかない、残りの半分はアメリカの慈善家が出した――、事業のためのマイクロローン〔貧困緩和を目的とする少額融資〕を提供する。たとえばジャスティンは四〇ドルを受けとって、煉瓦《れんが》製造工場をはじめた。近所の人たちも同じくらいの額を受けとり、ドーナツを焼いたり、バナナを売ったり、ビールを醸造したり、キャッサバ粉を精製したり、ヤギを繁殖させたりした。こうした事業はうまくいき、すぐにジャスティンも近所の人たちもじゅうぶんな収入を得て、ローンを返済できるようになった。

参加者が返済したお金は、ヴィジャヤや同僚のもとには戻らない。共同資金にまわされ、村人たちがそれをコミュニティに投資して、計画の残りの部分を実行に移す。きれいな飲用水のための蛇口を取りつけて、地域の学校に屋根をつくった。研修を実施して、教師たちが民族間の緊張を煽るのではなく抑える方法を学べるようにした。地元の首長を説得して、場所を追われて村へ逃げてきた人たちに土地を分け与え、それらの家族が暴力に訴えることなく農業で暮らしを立てられるようにした。最終的には州当局、コンゴの警察、軍の地元部隊に陳情し、保護とサービス改善も求めた。それまで互いに戦っていたすべての民族集団の人びとが協力して、

ジョンバの村（コンゴ）で、イマキュレー・Tという仕立職人がベビー服を縫っているところ。イマキュレーは、ヴィジャヤ・タークルと彼女の平和構築団体〈リゾルヴ・ネットワーク〉からマイクロローンを受けとり、3か月の研修を受けた。これらのリソースのおかげで、彼女はビジネスを立ちあげて成功させ、コミュニティで中心的な役割を果たすようになって、周囲の暴力を減らすことに貢献した＝写真提供：Daniella Zalcman, 2016

みんなで動いたのだ。

ヴィジャヤによると、こうした取り組みのおかげで、ルカのような子どもたちの暮らしに「とらえがたいけれども大きな変化」が起こった。ルカはいまでは一日三回食事をして、穴のあいていない靴を履いている。暴力を使わずに生きのびて力を得るお手本になる人たちもいる。友人たちは大きな夢をもっていて、たとえば、ゴマの大学へ進学してコンピューター・サイエンスを学びたいと言っている。それに村人はみんな、前よりも安全で健康になった——栄養不足のあからさまな徴候はもう見られないし、雨漏りする屋根のせいで肺炎にかかることもない。せっけんを買えるようになり、衛生状態を改善できたので、恥ずかしがらずにコミュニティの行事に参加できるようにもなった。歩き方まで変わった。いまはみんな胸を張って、堂々と顔をあげている。

その間ずっと、活動家たちは定期的に対話の場を設けて参加者からフィードバックをもらい、発生した問題に対処した。ヴィジャヤは、煉瓦製造ビジネスをはじめて一年経ったころのジャスティンとの会話を振り返る。

「ジャスティンは、『成功《サクセス》』ということばをしきりに使いました。わたしたちのローンを受けとる人がそんなことを口にするのは初めて聞いたので、それはどういう意味か、自分が成功していると最初にわかったのはいつか、彼女に尋ねたんです。そうしたら、ルカのことだってジャスティンは言います。一三歳で、人生で初めて未来時制で話したんだって。

当時のわたしは、その意味がわかりませんでした。この世のどの犯罪でも、少年兵の再犯率がいちばん高いってことを知らなかった。

それからジャスティンが口にしたことばに、心臓が止まりそうになりました。『息子はいま、銃の代わりに鉛筆を手に持ちたがっています』」

ルカは、ひっきりなしに逃げようとはしなくなった。暴力に代わる現実的な選択肢をついに手に入れたのだ。彼は自分のコミュニティのなかで、将来の平和な計画を立てはじめていた。ヴィジャヤは手ごたえを感じ、このアプローチはほかのコミュニティでも役立つだろうと思った。でも問題に直面する。このような提案をすると、どの援助機関もアイデアはいいと言うのだけれど、これほど型破りなやり方に時間、労力、リソースを割こうとするところはなかった。それらの組織の視点からすると、これはあまりにも参加型で、複雑で、時間がかかって、地域主導だった——つまりリスクが高すぎた。

実際、ヴィジャヤのやり方は、たいていの平和構築機関が動く仕組み（ピース・インクのアプローチ）と大きく異なる。第一に、ヴィジャヤは首都のエリート指導者に焦点を合わせるのではなく、草の根で紛争を解決することにした。さらに重要なことに、ヴィジャヤは自分の思いこみを押しつけなかった。援助関係者の大部分があたりまえと思っている平和、平和構築、戦争、暴力、コンゴなどについての考えに絶えず疑問を投げかけ、利益よりも害が大きくならないようにしている。彼女以前の多くの人とは異なり、ヴィジャヤは謙虚で丁重で、一般市民を運転席に座らせる。

このやり方をつづけたければ、既存の機関で仕事をするのは無理だとヴィジャヤは悟った。だから長いあいだ悩んでいた。当時ヴィジャヤは二二歳。独自の組織を立ちあげるなんて、考えるだけで恐ろしかった。

そんなとき、ジャスティンと例の会話を交わした。

その後間もなく、ヴィジャヤはワシントンDCでの仕事を辞め、快適な生活と有望なキャリアに別れを告げた。一年後、〈リゾルヴ・ネットワーク〉（RESOLVE Network）が誕生する。これは草の根の非営利組織で、その使命は、ジャスティンとルカの村でとてもうまくいった方

ビンザの村（コンゴ）の農業従事者ベンジャミン・C（左）が、コミュニティで暴力を減らす方法についてヴィジャヤ・タークル（右）と話しあっているところ。いずれもわたしたちがお手本にすべきすばらしい平和構築者であり、世界を変えているインサイダーだ＝写真提供：Daniella Zalcman, 2016

針を使って平和構築に取り組むことだ。

二〇〇九年に最初のパイロット・プロジェクトを実施して以来、リゾルヴは八〇〇〇人近くと仕事をしてきた――みんな武装集団に勧誘《リクルート》されるリスクのあった人で、半数以上はルカのような元戦闘員だ。この一〇年間でコンゴでは武装組織が結成されたり再編されたりしてきたけれど、リゾルヴのプログラムに参加した人は、ひとりも戦闘に従事したり復帰したりしていない。

本書では、ヴィジャヤやジャスティンのような人にならい、ルカのような人を支える方法を提案する。全体を通して、政治家が普段売りこもうとするものとは質的に異なる「平和」や「成功」を見つけてもらえるはずだ。世界の指導者と国のエリートのあいだの愛と調和ではなく、アウトサイダーが普段考えている平和や成功のあるべき姿でもない。もっと現実的で、実際的で、はるかに実現可能なもの。すでに存在して、目を向ける先さえわかっていれば見られるもの。

　これから読んでもらう平和と成功は、紛争地帯の住民と現場の平和構築の実務家が、自分たちの感覚と経験にもとづいて平和と成功と見なすものだ。この基準では、平和と成功はさまざまなかたちをとり、さまざまな手段で実現される。なかには呪術の信仰など、アウトサイダーの多くには遅れているとか奇妙だとか見なされる慣行も含まれる。それらは局所的なもので、場当たり的で、ときには一時的なものにすぎない。完璧でも理想的でもないし、すべての人から褒めたたえられるものでもないけれど、とてつもなく重要だ。それらを出発点にすることで、国内でも国外でも、暴力を悪化させているより大きな問題に対処しやすくなる。たとえば、世界規模の武器取引、軍事侵略、新植民地主義や父権主義《パターナリスト》的な慣行、気候変動、ジェンダー差別といった問題だ。エリート指導者が正しく対処するのを待つのではなく、わたしたち一般の平和構築者が自分たちの手で物事を動かすのにも役立つ。それらは、世界情勢において革命を起こす可能性のある種だ――平和な革命を。

新しい平和

　アフガニスタン、コロンビア、コンゴ、イラク、ミャンマー、ソマリア。これらの国の名を聞くと、何度もくり返し耳にした話を思いだす。暴力が発生して国連が介入し、ドナーが多額の支援を約束して、紛争当事者たちが停戦を命じ、協定に署名して、選挙を実施し、新聞の見出しが平和を称《たた》える。そして一、二週間後、ときにはわずか数日後に、暴力がまた燃えあがる。実はそもそも終結していなかったこともしばしばで、そのあと何年も暴力がつづくことも多い。

過去五年間だけで、第二次世界大戦以来最悪の難民危機が戦争によって生じた。その損害は年間一〇兆ドルをこえる――世界のGDPの一三パーセントで、ひとりあたり一日四ドルだ。戦争のせいで、世界中の五〇をこえる紛争地帯で二〇億人の暮らしが大混乱に陥っている。

欧米の安定した社会でさえも徐々に二極化がすすみ、国内でのテロ行為や、対立する社会運動間での暴力の高まりに直面している。ヨーロッパと北米のあらゆる場所で憎悪犯罪《ヘイトクライム》が増え、ナショナリスト政党が台頭している。

COVID-19のパンデミックによって、ほとんどの国で状況はさらに悪化した。いま起こっている暴力の多くの原因、たとえば貧困と格差、政府による抑圧、差別などが、パンデミックのために深刻化している。この危機によって、民族、政治、社会集団間での不信と疑いの感情もさらに高まった。

ありがたいことに、世界中で数えきれないほどの人が紛争解決に命を捧げている。平和構築という考えは、戦争と同じぐらい古くからある。だれかが暴力を使うたびに、ほかの人たちがそれを止めようとしてきた。けれども、わたしたちが知る平和構築は第二次世界大戦後にはじまった地球規模の産業で、二〇世紀後半に成長して冷戦終結後に爆発的に広がった。現在、国連だけで世界中におよそ八万七〇〇〇人の平和維持軍兵士を駐屯させている――国外に展開する部隊としては、アメリカ軍に次いで二番目に大きな規模だ。ほかにも世界中の外交官や援助関係者、世界銀行やアフリカ連合〔略称はAU、アフリカ五五の国・地域が加盟する世界最大級の地域機関〕といった巨大機関、何十万もの非政府組織、草の根の団体、研究機関が、国内平和と国際平和の維持に努めている。ドナーは国際援助に何十億ドルもの資金を投じていて、平和構築には毎年およそ二二〇億ドルが使われている。

一方でこうした取り組みによって、カンボジア、リベリア、ナミビア、シエラレオネ、東ティモールで大規模な暴力が終結した。他方で現在進行中の戦争の半数は、すでに二〇年以上もつづいている。この一五年間で戦闘による死者は二七七パーセントも急増した。世界は紛争解決の一〇六倍の資金を軍事活動に投じている。それにCOVID-19のパンデミックのために、国際援助はいっそう困難になっている。移動の制限、外国人スタッフの引き揚げ、経済の混乱に自国内で対処しなければならなくなったドナーの予算削減のためだ。ひとつはっきりしていることがある。長期的な平和構築に向けたわたしたちの雛形《テンプレート》と技法《テクニック》は、うまく機能しない。

うまくいかなかったことについては、これまでたくさん議論されてきた——ボスニアとルワンダでジェノサイドを止められなかった。シリアとミャンマーで大虐殺を、アフガニスタンとコロンビアで大惨事を、イスラエルとパレスチナ自治区で果てしのない流血を止められなかった。でもいまはこう問いかけるときだ。うまくいったのは何だろう?

うまくいっていることを土台に仕事をすすめるのは、失敗から学ぶのと同じぐらい重要だ。これは当然のように思えるのに、最近まであまり注目されてこなかった。友人でコンゴの平和構築者、ローチ・ムザリワに言わせると、わたしたちは「小さな黒い点がある白い絵を見ている人みたいだ。この絵は何かと尋ねると、その人は小さな黒い点しか見てなくて、白い部分はぜんぶ忘れてる」。

立ち止まって考えてみると、何より不思議なのは、こういう厄介な障害に直面して紛争解決の取り組みが失敗するのはなぜか、ではない。ときどき大成功を収めるのはなぜか、だ。失敗したことと反対のことをすればうまくいく、という単純な話にはならない。たとえば、資金不足のせいで和平調停が失敗に終わることが多いのはわかっているけれど、問題にお金を投じても解決策にはならない――実際には状況をいっそう悪化させる可能性がある。

選挙で平和が築かれるわけではないし、民主主義はそれ自体が黄金のチケットではないかもしれない――少なくとも短期的には。たいていの政治家の主張とは異なり、平和構築に何十億ドルもの援助や巨大規模の国際介入は必要ない。長つづきするほんとうの平和に必要なのは、一般市民に力を与えることだ。この数年を見ても、平和構築の成功事例がたくさんあり、そのすべてに地元の人たちが主導する草の根の取り組みが含まれている。ときに外国人の支援を受け、多くの場合、国際社会のエリートが嫌う方法を使っておこなわれる取り組みだ。

大統領同士の握手、書類上での和平合意、政府と反政府勢力リーダーの話し合いに焦点を合わせるのではなく、本書では現場に変化をもたらす具体的な日々の行動を取りあげる。奇妙なもの、独創的なもの、長年の伝統に関係するものもあれば、単なる昔ながらのよき常識もある。そして何より重要なのは、それらが世界中のコミュニティで新しい平和を約束してくれることだ――コンゴのイジュウィ島からアメリカのシカゴまで。

このあとの章では、実際どのように平和構築が機能して、何十億もの人の暮らしを向上させられるのかを説明する。本書に登場する人物のなかには、読者のみなさんをうんざりさせる人もいれば、怒らせる人もいるだろう――それに、刺激を与える人もたくさん、たくさんいるはずだ。その人たちは、戦争の暴力を終わらせるには――そして国内のより小さな対立に対処するには――、平和の見方と構築の方法を根本から変えなければならないことを示してくれる。

第一部

可能な和平

第一章　平和の島

二〇一五年、武装集団のリーダーでシャンス・ペイ・ルシニクという名の男が、コンゴでまたひとつ反政府グループをつくろうとした。そして、コンゴとルワンダの国境近くにあるキヴ湖のまんなかに浮かぶ島、イジュウィを根拠地にしようと決めた。国内のほかの場所では、この種の動きがあると大規模な戦闘につながる。けれども、イジュウィではそうはならなかった。数人を除いて島民は、武装集団のリーダーになろうとするこの男に従うのを拒んだ。みんな自分たちの島で暴力がはじまるのを恐れ、それをいやがっていた。シャンスは地元の首長を三人殺害し、近隣の住民たちを恐喝して、資金や支援を提供しなければ殺すと脅したけれど、このやり方は裏目に出る。彼の犯罪をきっかけに、一般市民、地元のエリート、国の当局者が団結してシャンスに立ち向かった。コンゴ軍に追われ、イジュウィでは支援を得られずに、シャンスは本土の隣町ゴマへ逃げ、そこで逮捕された。

コンゴ人のあいだでは、イジュウィのいちばんの自慢はおいしいパイナップルだ。けれども、三〇万の島民はほかのことでも知られる価値がある。五〇〇万人の命を奪った紛争のまっただなかで、平和の聖域《サンクチュアリ》をつくる能力だ。

ジャーナリストや国連関係者はよく、コンゴを〝世界のレイプの首都〟と呼ぶ。報道は戦争、暴力、混沌《カオス》に焦点を合わせる。政治家や研究者は紛争がどれだけ手に負えないかを強調する。世界最大の国連平和維持活動が展開され、年間一〇億ドルの予算と一万八〇〇〇人をこえる軍隊が投入されているにもかかわらず、流血を止めることはできていない。

二〇〇一年以来、わたしはコンゴを定期的に訪れている。最も危険な州すべてに足を運び、四〇〇〇人から話を聞いた。忙《せわ》しない首都と、子どもたちが白人を見たことのない僻地《へきち》、どちらでも仕事をしてきた。でも戦争ではなく平和、平和構築の失敗ではなく成功に目を向けはじめるまで、イジュウィで時間を過ごすことはまったく考えもしなかった。

二〇一六年に島を訪れ、その後一九年と二一年に再訪したときに話した人たちは、コンゴ東部のほかの場所の人たちとはちがい、最近の大虐殺や戦闘の勃発に目を向けてはいなかった。イジュウィの島民は、わずか数キロメートル先の周囲の州でわたしが目にし、感じた恐怖を覚えることなく、日々の生活を送っている。

イジュウィで強い印象を受けるのは、破壊された村や家、キヴ地域の諸州にありふれている戦争の爪痕《つめあと》ではなく、青々とした豊かな草木と湖畔《こはん》の風景の美しさだ。貧困があらゆるところで目にとまらなかったら――あまりにも多くの子が身にまとっているぼろきれ、崩れかけの家、ひっきりなしの停電、市場での商品不足――イジュウィは失楽園のように見えるかもしれない。マルタ島とおよそ同じ大きさで、生態系には多様性があり、さまざまな民族集団や政治集団が

キヴ湖で洗濯をするブガルラ（イジュウィ島最大の町）の住民。コンゴ東部のあらゆる場所でこのような緑豊かな木々、カラフルな衣服、美しい風景を見たが、穏やかで、平和で、安全だと感じたのはイジュウィだけだ＝写真提供：Séverine Autesserre, 2011

暮らしている。赤、緑、黄、青のあざやかな服を着たフレンドリーな人たちが、舗装されていない道をぶらぶら歩いている。車は走っていなくて（島に一〇台ぐらいしかない）、ヤギ、ニワトリ、イヌ、ときどきブタが歩いているだけだ。どこでも音楽がかかっている。普段は大音量のラジオから流れてくるけれど、祝い事のときには伝統的な太鼓《ドラム》が鳴り響いて、だれもが踊りだす。

イジュウィの状態は自分とは無縁だと思うかもしれないし、みなさんはおそらく、この本をコンゴから遠く離れた場所で読んでいると思う。でもだれもが、思っている以上にコンゴ市民と共通点をもっている。コンゴの人びとが直面している課題は、ボルティモア、パリ、リオデジャネイロ、その他の場所の住民の課題と似ている。みんなコミュニティの緊張状態を緩和し、暴力を防ぎたがっている。世界の多くの場所と同じように、コンゴでもそのような待望の調和は夢物語だと感じられることが多い。でもイジュウィの物語は、地域コミュニティのリソースを使うほうが、外から介入するよりもうまく平和を構築できる場合が多いことを示してくれる。全体として見ると、イジュウィには暴力を抑える稀有《けう》な能力があり、そこからは、トップダウンに加えてボトムアップでも平和を構築することがいかに効果的か、地元の人びとを運転席に座らせるのがどれだけ大切かがわかる。

第二次世界大戦以来、最も破壊的な紛争

コンゴではこの三〇年間、地方、州、国、地域、国際レベルの問題が組みあわさり、広範囲にわたる暴力が起こってきた。それを念頭に置いておくと、イジュウィがどれだけ並はずれた例であるかを理解するのに役立つ。

ベルギーによる七五年間の植民地支配ののち、コンゴは一九六〇年に独立した。五年間の混乱期を経て、独裁政権が三〇年間つづく。一九九〇年代に政治、経済、社会、民族の緊張が高まり、一連の内戦と国際戦争につながって、最終的にコンゴの九つの隣国と無数の反政府組織がそこに加わる。

植民地時代から現在にいたるまで、東部の諸州——コンゴで最も暴力がはびこる地域で、イ

ジュウィもそこにある――では、土地と権力へのアクセスをめぐって多くの紛争が起こってきた。それに加えて、ブルンジ人、ルワンダ人、ウガンダ人の戦闘員が頻繁にコンゴへ入り、国軍やコンゴ人の武装集団と手を組んで、土地を支配したり、敵を追い払ったり、ときには故国を相手に戦争したりしている。これらの集団すべてが、炭《チャコール》、ダイヤモンド、金《ゴールド》といったコンゴの厖大《ぼうだい》な天然資源を不法に利用して、活動資金に充《あ》てている。

これがすべて恐ろしい暴力につながっている。たとえばカヴム（イジュウィ島から二時間ほどのところにある本土の村）の地元の市場《いちば》で会った住民たちは、前日に稼いだ数ドルを狙う強盗に就寝中に殺されることを恐れていた。女の子の赤ん坊がいる親たちは、娘が誘拐され、レイプされて、性器切除されることを絶えず心配している。その村では、二〇一三年から一六年までのあいだに四〇人近くの子どもが被害に遭《あ》った。コンゴ東部のあらゆる場所で、同じような恐怖、苦悩、絶望の話を聞いた。

当然、コンゴの人はいつも平和と安全を最優先している。貧困と失業、教育と食料と土地へのアクセス不足、ガバナンスの問題、とりわけ腐敗と不正といった人類共通の問題も大きな関心事だ。

コンゴは世界で一一番目の後発開発途上国で、そこで生まれるのは、すなわち次のようなことを意味する。人生の最初の数年間、じゅうぶんな食べ物がない可能性が高い（五歳未満の子どもの四二パーセント超が栄養不良）。そのあとは生きのびるために、あるいは家族を助けるために働かなければならないかもしれない（五歳から一七歳までの児童労働は平均二七パーセント）。

数年間（典型的には七年間）、学校に通う可能性もあるけれど、おそらく小学校しか出ない（その後も勉強をつづけるコンゴ人は五〇パーセント未満）。一日二ドル未満で暮らす可能性が高い（同国民の七七パーセントと同じように）。女性なら、たぶんジェンダーにもとづいた暴力を経験する（コンゴの女性の五一パーセントと同じように）。そしてジェンダーに関係なく、あまり長くは生きられない。平均寿命はおよそ六〇歳だ。

　コンゴ市民の多くは、国に頼らずに生きることを学んでいる。主要都市以外では、国はほとんど存在感がないからだ。学校はなく、医療センターも、信頼できる警察や軍隊も、道路もない。あるのは、外国のドナーや団体が手を差しのべてつくったものだけ。実際、コンゴ人の七〇パーセントが自国の政府に強い不信感を抱いていて、わたしの友人たちは、兵士や警察官を見かけると、よく道路の反対側へ渡る。守ってはもらえず、むしろ悪さをされると思っているからだ。実際、最近までコンゴの警察と軍隊は、戦闘相手の反政府勢力や武装集団よりもたくさんのレイプ、殺人、略奪をおこなっていた。

　平和と開発に力を注《そそ》ぐ中央政府が、これらの問題に取り組むのが理想だ。けれども権力の座を目指すエリートの圧倒的多数が、国民の幸福《ウェルビーイング》・健康・福祉よりも富、影響力、権威に関係する自分の利益を優先させている。それに首都キンシャサは、国内のほかの場所からあまりにも切り離されているから、仮に何かしたくても、中央政府はたいしたことができない。また近年のどの総選挙でも、安定や進歩を重視する国の指導者は生まれていない。

　二〇〇六年、コンゴは一九六〇年の独立以来、初めての民主的選挙を実施した。二〇一一年にもまた選挙がひらかれたものの、不正の告発によってプロセスにけちがつく。どちらの選挙でも、ジョゼフ・カビラ大統領とその政党が過半数の票を獲得した。二〇一六年に総選挙が実施される予定になっていたけれど、大統領はさまざまな口実をつけて何度も延期している。

延期のたびに国民が大規模な抗議行動を起こし、すべて国によって暴力的に鎮圧された。カビラ政権は抵抗を抑えつけるために野党の党員や草の根の活動家にいやがらせをし、脅しをかけて、ときには逮捕、拷問、殺害をした。一般市民は選挙について話しあうのに用心深くなった。二〇一六年と一七年にコンゴを訪れたとき、友人や同僚はたいてい声を潜《ひそ》めて政治危機について語った。ほかの人たちはまず周囲を見まわして、だれも聞いていないことを確認した。

暴力がつづくことで、民主主義がさらに妨げられた。戦闘が絶え間なくつづくということは、表現の自由も移動の自由も存在しないということだ——それこそが自由で公正な選挙に必要な条件なのに。犯罪者と武装集団のおかげで、支配機構は対抗勢力を抑圧しやすくなる。だれかが行方不明になったり殺されたりしても、支配者のエリートは、いつでもそれを、ほかのだれかのせいにできるからだ。

二〇一八年、コンゴ国民は政府の仕事に深く失望して、ほとんどが対抗勢力に投票した。残念ながらカビラ陣営は選挙結果を操作し、傀儡《かいらい》としてフェリックス・チセケディを大統領に就任させる。チセケディはカビラらとすすんで妥協する人物であり、結局、権力は旧指導部の手に渡った。ようするに選挙プロセスは巨大な暴力を生み、見せかけの民主主義すらもたらさなかった。

コンゴ人のほとんどが、選挙、平和と安全保障、経済の問題は分かちがたく結びついていると考えている。選挙期間中、政治家はたいてい土地、お金、仕事などを約束することで支持を取りつけ、支持者を対抗馬の支持者と戦わせる。わたしが訪れた町や村の多くで、住民たちは、息子、甥《おい》、近所の人たち——さらには自分自身——が武装集団に加わらなくてすむように、雇用機会を広げる開発プログラムをしきりに求めていた。それにわたしが話した武装集団のメンバーの多くが、とても実際的な理由からそこに加わったことを強調していた。よりよい仕事を得られる見こみがなく、生きのびる手段を見つける必要があったからだ——もちろん戦闘員になると、多少の尊敬と力もようやく享受できる。ここでのジレンマは、ほかの経済的機会を提供する開発計画そのものが、暴力のせいで成功を阻まれたり、そもそも着手できなかったりすることだ。

この種の悪循環は、コンゴに固有のものではない。わたしはコロンビア、北アイルランド、ソマリランド、東ティモールでも同じことを目にした。とくに顕著なのがパレスチナ自治区だ。二〇一二年と一八年にそこを訪れたとき、活動家や政府関係者がしきりに嘆いていた。難民キャンプで学校や産業活動の資金が減りつづけるなか、若者はやることがなく、未来も思い描けずに、戦闘的な運動やテロ活動に勧誘されやすくなっているという。表面上は平和な国にも、それぞれの問題がある。たとえばアメリカでは、銃撃事件が多発する地域にはビジネスが寄りつかず、住民は経済的機会を奪われてさらに追いつめられる。仕事を得られる見こみがなければ、若者はドラッグとギャングの世界に〝雇用〟を見いだし、銃による暴力がいっそう悪化する。

機能不全の国家、独裁政権、極度の貧困、攻撃的な近隣諸国、地元、国、地域でのさまざまな緊張のなか、イジュウィの島民は平和な暮らしをどのようにうまく維持しているのだろう？

ありそうにない平和

近年で唯一、イジュウィが大規模な暴力を経験したのは、隣国ルワンダでのジェノサイドの直後だった。一九九四年、ルワンダ政府とその軍が青年武装集団と手を組み、八〇万人をこえるツチと穏健派のフツを殺害した。最終的にツチが主導する反政府運動が権力を握って、大勢のフツの戦闘員と四万人のルワンダの一般市民がイジュウィへ逃げこんだ。戦闘員は軍事キャンプをつくり、地元の若者を入隊させて、隣接するルワンダの町へ攻撃を仕掛ける。でも新ルワンダ軍とそれを支援するコンゴの反政府組織に追い出され、フツの兵士、武装集団、難民は、一九九六年にほぼすべて島を去った。その後は、ルワンダとコンゴのあいだで無数の戦闘があり、幾度もの反乱によってコンゴの本土が破壊されたにもかかわらず、イジュウィは驚くほどの平和を保っている。

もちろんイジュウィにも問題はある。家庭内暴力（ＤＶ）、警察の権力濫用《らんよう》、公共の場でのけんか騒ぎ、窃盗がはびこっている。でもコンゴのほかの場所で見られる大規模な武装集団や民兵による組織的な戦闘と比べたら、どれも小規模な犯罪だ。島民にとっては、また近隣の州の人びとのあいだでも、イジュウィは平和の聖域として知られている。

イジュウィのユニークな状況がいっそう驚きなのは、コンゴのほかの場所で広範囲の戦闘を引き起こしてきたのと同じ材料が、島にすべて揃っているからだ。それに、世界のほかの場所で平和の理由として通常あげられるものは――また、イジュウィについて尋ねたときにコンゴ人があげる理由も――、どれもイジュウィに大規模な暴力がない理由を説明できない。

イジュウィはコンゴとルワンダのまさに国境に位置していて、両国はこの三〇年間ほとんど戦争状態にある。島があるキヴ地域の諸州は、コンゴにおける暴力の中心地だ。

わたしが話したコンゴ人のほとんどは、イジュウィで異例の平和が実現しているのはその地理のためだと考えていた。イジュウィについて耳にしたことのある、ごく少数の平和維持活動関係者や外国の援助関係者も同じだ。「そこは島ですからね」とみんな説明する。「ほかから孤立していて足を運びにくい。だから武装集団はなかなかそこへ行けないんです。それに、仮にたどり着けても閉じこめられてしまう」。でもほかの多くの島――コンゴとウガンダのあいだにあり、キヴ湖に近いアルバート湖に浮かぶルクワンヅィ島や、ケニアの沖にあるラム島など――は、暴力に悩まされてきた。それにいま見たように、島だからといって、一九九四年のルワンダ大虐殺のときにイジュウィが守られることはまったくなかった。

さらに言うなら、武装集団はコンゴのあらゆる場所で、とてもありそうにない場所にキャンプをつくってきた。ジャングルを何日も歩かなければたどり着けない小山の頂上や、タンガニーカ湖の人里離れた半島などだ。一方、イジュウィ島の南端部はルワンダの本土からとても近く、キヴ湖をはさんで話し合いができるほどだ——もちろん大声を張りあげなければならないけれど、対岸の声は聞こえるし、人の姿も見える。

「でもあの島には、役に立つものやおもしろいものなんて何もないでしょう。開発する鉱物すらない」コンゴ人や外国人の仕事仲間たちは言う。「だれがそんな場所を気にかけるっていうんです?」そう言うけれど、過去にはいろいろな支配者が実際そこを気にかけてきた。ルワンダの名高い王ルワブギリは、一八六五年から九五年のあいだにイジュウィをくり返し攻撃し、一〇年にわたって占領した。その後、二〇世紀はじめにはベルギーとドイツの入植者がこの島をめぐって何度か戦っている。そして最後に、一九九〇年代なかばにはコンゴとルワンダの軍もいた。

実際、全長四〇キロメートル、面積三一〇平方キロメートルのイジュウィは、支配する価値のある広さの土地だ。さらに戦略的な視点から見ると、島は防御しやすい。それに、ふたつの国のまさに境界線にある島は、要塞としてうってつけだ。イジュウィはこの二〇年間、部隊の移動や武器密売の足場としても使われてきたし、いまでもさまざまな密輸ネットワークの中心地だという未確認情報もよく耳にする。

さらに、わたしの仕事仲間たちが言っていたことは正しくない。実は島には値打ちのある資源があって——たとえば、携帯電話に使われておおいに需要があるコルタンなど——、地元住民も外国企業も積極的に開発している。

わたしが話をする人たちはたいてい、イジュウィの平和には単純な理由があると反論する。

アフリカ中央部イジュウィの地図

イジュウィのピグミーのリーダー、リヴィングストン・シャール・シャニアヴ。地元のレストランでビールを楽しみながら、コミュニティの最新情報を提供してくれているところ。写真を撮ろうとすると、いつも話すのをやめて笑顔をつくり、威厳があるように見せようとする＝写真提供：Séverine Autesserre, 2019

民族集団がひとつしかないから（ハヴ）、コンゴのほかの場所とはちがって、民族問題をめぐって島民が戦うことがないのだと。実のところこれは、明らかに正しくない。多数派のハヴ――島民の九〇パーセントを占める――と、二番目に大きな住民集団でおよそ一万五〇〇〇人、すなわちイジュウィの人口の五パーセントを占めるピグミーは、深刻な緊張関係によって分断されている（「ピグミー」ということばは軽蔑的だと見なす研究者が多いけれど、コンゴではピグミー自身、この名を自称していて、問題があるとは考えていない）。

リヴィングストン・シャール・シャニアヴは、イジュウィのピグミーのリーダーだ――五〇代の細身の男性で、みずからの主張をもち、仕事をやり遂げるのにふさわしい態度をそなえている。頑固で厳しく、明らかに不満を抱えていて、ストライキ前夜のフランスの労働組合《ユニオン》リーダーを彷彿《ほうふつ》とさせた。

彼は村の人たちとの会合をセッティングしてくれた。出席者はおよそ六〇人。みんなで木の下に座って二時間ほど話し、その後、村人たちが暮らす泥壁《どろかべ》でできたわらぶき屋根の小屋を訪れた。みんなわたしをVIPのように扱い、わたしと通訳者に木の椅子を使わせてくれて、ほかはみんな地面に座った。そして、「ニューヨークから来た大切な教授」が時間をとって話してくれることに感謝する丁重な演説によって、会合がはじまった。でもわたしは、すさまじく申し訳なくて無力な気分だった。非常に貧しいコミュニティで調査をするときは、よくそんな気分になる。

わたしを受け入れてくれた人たちは、生きのびるために直面している日々の格闘を説明した。小土地はもっていないし、ほかの仕事も見つけられないから、食べ物や服を買うお金がない。小学校に通っているのは、ピグミーの子どもではわずか四パーセントなのに、ほかの民族集団では七〇パーセントをこえる。みんなしきりに助けを求めたけれど、わたしにできることはほとんどなかった。

実際、リヴィングストンやほかの村人、そのあとに会った島で暮らすほかのピグミーたちと話しあっていると、一三年前にコンゴ東部の田舎町ニュンズでおこなった調査を思いだした。ニュンズでもイジュウィでも、ピグミーには土地や権力をもつ権利がない。たいてい町や村の周縁部で、ほかのコミュニティから隔離されて暮らしている。多数派の民族集団（イジュウィ

わたしの向かいの地面に座り、日々の暮らしについて語るマフラ（コンゴのイジュウィ島）住民たちの話を聞きながら、ノートパソコンのキーボードを打つわたし。島で会ったすべてのピグミーと同じように、みんな極度の貧困、教育へのアクセス不足、ハヴの隣人たちからの絶え間ない差別に苦しんでいる＝写真提供：Kalegamire Bahozi Kaer, 2016

ではハヴ、ニュンズではバンツー）の人たちと話すと、こんなふうに言う。「ピグミーは怠け者で、汚くて、無礼だ」「やつらは暴力的だよ」「あいつらはくさい」「やつらはバカなんだ」「あいつらは働かない。その代わりに盗む」

コンゴのシンクタンクで主任研究員を務めるオネスフォレ・セマトゥンバが、こういうコメントの背後にあるものを説明してくれた。

わたしたちの心のなかでは、ピグミーは取るに足らない存在なんです。ピグミーはずっとわれわれのために働いてきた。その代償としてわれわれは、古着や自分では食べたくない食べ物を与える。ピグミーと結婚した男を知っていますが、それは大スキャンダルでしたよ。というのも［…］正直なところ、ピグミーとはいっしょに食事することすらないんです。みんなで酒を飲んでいて、そのグループにピグミーがいたら、彼らには専用のグラスを与えて、残りのみんなは同じグラスをシェアします。

偏見は実際にひどく、ハヴはピグミーを人間未満の存在――動物――と見なして、そんなふうに扱うことが多い。問題は社会的な差別にとどまらない。生死を分けることすらある。イジュウィでもニュンズでも、医師が触れたり治療を施したりするのを拒み、ケアを受けられずに死亡したピグミーの話をいくつも聞いた。

イジュウィにこれほど極端な民族分断の傾向があるのなら、暴力的な紛争に陥ってもおかしくないはずなのに、そうならないのはなぜだろう。「イジュウィではピグミーは圧倒的に数が少ない」わたしがインタビューした人たちはそう答える。「だから、反逆したら皆殺しにされるとわかっているんです」。でもニュンズのピグミーは、同じく圧倒的な少数派なのに武器を取って立ちあがった。一九九〇年代なかば、ルワンダとコンゴの反政府組織が国内のいたるところに展開するなかで、ニュンズのピグミーは地位を向上させる機会がようやく訪れたと判断した。そしてルワンダとコンゴの反政府組織と手を組み、バンツーの迫害者と戦う。そこから二〇年にわたってどちらの側もレイプと殺人をくり返し、五〇万をこえる人が場所を追われて、死者は数万人に及び、いくつもの村がすっかり焼きつくされた。それとは対照的に、イジュウィでの民族対立の最も深刻な影響は、死者六人（二〇一二年）、燃やされた家数軒、散発的に起こる殴打、略奪、レイプだ——これらも恐ろしい被害だけれど、あまりにも規模がちがいすぎる。

政府機関、エリート政治、開発、外国による介入に焦点を合わせる従来のアプローチでは、イジュウィのユニークな平和を説明できない。イジュウィでは、国家機関の力はコンゴのほかの場所よりも弱い。首都キンシャサを拠点とするエリートは、歴史上ずっと、東部の州は支配がむずかしいと感じてきた。それに加えてイジュウィは島であり、本土から治めるのは一筋縄ではいかない。イジュウィの島民は、国家の不在に憤《いきどお》ることはまったくなく、昔からそれを歓迎していて、外部のいかなる権力からも独立していることを誇ってきた。また、独立を守るために全力を尽くしてもきた。たとえばベルギーの支配下では、植民地政府の職員が訪ねてくると地元住民は姿を隠し、食料、材木、労働力、税の提供を拒んだ。一八世紀終わりからは、ルワンダとコンゴのほかの地域を逃れた人の避難先になる。新しく人がやってきたことによって島民は、自分たちの運命を中央権力の支配に委ねるのをいっそうしぶるようになった。

現在、イジュウィに関心を払うのは地方自治体だけだけれど、資金不足で影響力はあまりない。それに、コンゴのほかの場所と同じで島民たちは、わずかに存在する国の官僚制度、警察、司法制度は非効率的で不正だらけで腐敗まみれだと見なしている——それらが平和や繁栄の鍵だとはまったく思っていない。

同じことは地元の王たちにも言える。実際、イジュウィへの移住のパターン、島内の政治、複雑きわまる王位継承のために、伝統的権力をめぐってかなりの対立が生まれている。その摩擦によって、一八世紀、一九世紀、二〇世紀はじめにいくつかの戦闘や大虐殺が起こった。一五〇年前にはルワンダによる侵略が可能になり、その後はベルギーによる植民地支配が容易になった。現在、その摩擦が最も顕著に現れているのが、イジュウィの北半分と南半分の根深い対立だ。このふたつの地域には、それぞれ独自のムワミ（mwami、王あるいは伝統的な首長）がいて、どちらも島全体の正統な支配者だと主張している。また、それぞれのリーダーが地方選挙でも国政選挙でも自分たちの候補者を支持し、仕事や特権を自分の地域の住民に確保しようとする。それに加えて、それぞれの地域の住民は、キヴ湖を囲むコンゴ本土およびルワンダの集団と独自の協力ネットワークを築いてきた。くすぶりつづけるこうした対立は、最近は大規模な暴力にはつながっていない。けれどもその対立を考えると、おもにムワミのおかげで島はとても平和なのだという王、その顧問、取り巻きたちから聞いた主張は信じがたい。

さらに悪いことに、土地も不足している。三つの裕福な家族とカトリック教会が合わせて七五パーセントをこえる島の土地を所有している。そのため、残りのおよそ八〇平方キロメートルをほかの三〇万の住民が使用している。この場所では、農業が数少ない生存手段のひとつであるにもかかわらずだ。当然ながらイジュウィでは、土地の利用が諍《いさか》いのおもな原因になっている。この問題でも、普通なら頼れるはずの者たちは、緊張の解消に役立っていない。国の農業サービスは費用が高すぎるから、地元の人はそれを避けるし、地元の伝統的権威は偏りすぎていて役に立たない。そもそもふたりのムワミは、どちらもイジュウィの土地の大部分を支配する家族の一員だ。

その結果、貧困がイジュウィのあらゆる場所にはびこっていて、島民の八二パーセントが一日一ドル未満で生きのびている。平均寿命は二七歳で、四〇歳をこえて生きるのはわずか六パーセントだ。

コンゴ東部の近隣の土地とはちがい、国の力不足を埋めあわせようとする外国人もほとんどいない。ドイツと日本と国連のドナー、および非政府組織と宣教師が、最大の港といくつかの橋、学校、医療センター、国の建物を修復した。それに工場をふたつつくり、数人の人権活動家と和平調停者《メディエーター》に指導をして、社会の結束をうながす演劇をいくつか上演した。地元のグループに計画実施《ロジスティクス》の手助けと事務的な支援を提供し、反性暴力の研修をいくつか実施して、臨時雇いの医師、看護師、農業の専門家を派遣した。それでおしまいだ。こうした取り組みは、近くの土地への国際介入の典型的な規模と比べると、取るに足らない。周囲の土地では、多くの道路、建物、国のサービスに、何十もの非政府組織、外国のドナー、国連機関の支援を示す掲示やロゴがついている。

本土と比べて国際援助が明らかに不足しているため、イジュウィの島民は話し合いのときにしきりにそれを話題にした。わたしの調査アシスタント、カレガミレ・バホジ・ケア——熱心な若い男性で、かみそりのように鋭い知性とすばらしいユーモアのセンスの持ち主——はこう言う。

みんなイジュウィでは戦争が起こったことがないと言うから、政府はぼくらのことを忘れていて、国際社会もぼくらのことを忘れているんです。戦争をはじめさせようとしてるのかって思いますよ。そうすればようやく援助プロジェクトがやってくるんでしょうね！

ケアとその友人たちには、外国のドナーと収入を生むプログラムを故郷に呼ぶには、戦闘をするしかないかのように感じられた。本土のあるコンゴ人が言うように、「イジュウィは戦争がないために苦しんでいる島だ」。

けれどもケアは武器を取らなかったし、ピグミーもイジュウィのほかの島民もそれは同じだ――武装集団の指導者シャンスが勧誘を試みた人たちさえも。これはかなりの驚きだ。貧困、土地不足、弱い国家、政治的緊張、民族差別、島の戦略地政学上の位置。これらが組みあわさることで、コンゴ全土および世界の多くの場所では大規模な暴力につながってきた。でも、イジュウィではそうなっていない。

それはイジュウィが島だからではない。民族対立がないからでもない。多数派が少数派を圧倒しているからでもない。国や善意のアウトサイダーが手助けしているようすもない。イジュウィでは何か別のことが起こっている。

平和への小道

イジュウィから世界が学べるのは次のことだ。島が平和なのは、政府のためでも外国の介入のためでもない。地元住民の行動のためで、そこには最も貧しく力の弱い人たちも含まれる。イジュウィの島民は、「平和の文化」と誇りをこめて呼ぶものを育んできた。ハヴでもピグミーでも、あらゆる知り合いからこのフレーズを――それと対になる「わたしたちは平和な人間です」とともに――何度も聞いた。島のある知識人はこう説明する。「みんな、われわれは特別だという考えを教えこまれているのです。強力なローカル・アイデンティティがあります。祖父はいつも言っていました。イジュウィは二〇〇〇年以上も平和のオアシスなんだって」。一般市民もそれを強調する。「ずっとそんなふうです」。人命が神聖視されていて、流血の強いタブーがあり、伝統的な慣習によって「お互いを愛すべきだと命じられています」。幼いころから、子どもは暴力を避けることを学ぶ。そして大人になると、平和の文化を支えて守ることを選択する。

この非暴力的な世界観は、政治参加へも反映されている。「わたしたちは平和主義者です」二〇〇八年にゴマでひらかれた紛争解決の大きなカンファレンスで、イジュウィの代表はそう断言した。「わたしたちはいかなる雑音も、いかなる紛争も望んでいません」。ほかの民族集団の代表たちは、この立場はかなり「世間知らず《ナイーヴ》」だと思ったと振り返る。

単純に思えるかもしれないけれど、これは実際にうまくいく。たとえば、国の当局者が腐敗しているという長年の問題。この問題はコンゴのあらゆる場所に存在して、戦闘につながることも多い。イジュウィでは非暴力的な抵抗が普通だ。長年島で暮らした高名な歴史家、デイヴィッド・ニューベリーは、「ヤギ、食べ物、女性を要求して住民を虐待した政府当局者」のことを振り返る。それを受けて地元住民は彼をボイコットした。「単純に食料、水、社会的交流を提供するのを拒んだわけです――つまり村八分ですね。すると、向こうはたちまち態度を軟化させました」。それと同じように、ケアと友人たちは若者の平和的な抗議に加わって、住民を悩ませていた検察官と地域行政官を追放したと自慢げに語る。

数多くの有力な草の根組織も、平和の維持に貢献している。個人や家族で解決できない紛争があると、みんな警察や軍隊を呼んだり暴力に訴えたりすることなく、宗教のネットワーク、伝統的な制度、若者グループ、高齢者グループ、女性グループなどに頼る。

地元の教会はとくに重要だ。イジュウィ島民のほとんどがカトリックで、コンゴのほかの場所と同じように、日曜のおもな活動としてミサへ足を運ぶ。したがって、司祭にはとても大きな影響力がある。近隣のキヴ地域の諸州では、また一九九四年のルワンダ大虐殺のときにも、地元教会の上層部にいる司教と指導者が紛争と暴力を煽っていたけれど、イジュウィの伝道者たちは信徒の日常生活に焦点を合わせていて、説教では平和な共生をよく強調する。土地の境界線、窃盗やレイプの疑い、借金や結婚持参金の滞納、非嫡出の子ども、結婚生活の問題、畜牛による作物の破壊などをめぐってふたつの家族が衝突しはじめると、司祭に頼んで紛争を解決してもらうことが多い。実際、司祭はこうした要請をあまりにもたくさん受けるため、広い小教区は、聖職者と平信徒からなる〈平和・正義委員会〉（Peace and Justice Commissions）を立ちあげている。

それに、ムワミと呼ばれるさまざまな伝統的首長もいる。なかでも地元のふたりの王は、島の北半分と南半分との緊張を高める傾向にあるとはいえ、各領土内での平和維持に大きな役割を果たしている。イジュウィの保守的な社会では、このような権威にはいまでも強い影響力がある。慣習では、ハヴ、ピグミーに関係なく臣民の紛争を調停することも彼らの役目に含まれる。したがって、それぞれが定期的に法廷をひらき、住民がだれでも手助けを求められるようにしている。いずれのリーダーも、代理人、下位の首長、有力者の大きなネットワークを通じて、間接的な紛争解決にも取り組んでいる。

結婚も平和維持の道具としてうまく機能している。いまでもこれは島のふたつの王室がよく使う手段で、対立を抑えたり、脅威になりかねない本土の集団と同盟を固めたりするために利用している。

だれもが知っているように、王は対立を煽って自分たちの政治的野望を追求することも多く、王たちの競争が南北島民のあいだで大きな緊張を生んでいる。ムワミが平和構築者《ピース・ビルダー》ではなくトラブルメーカーになっているとき――あるいは彼らと取り巻きが何もしないとき――には、市井《しせい》の人がその役目を引き受ける。

歴史上、村の首長に加えて、村の長老たちが地元の緊張をやわらげる手助けをしてきた。

子どもたちがふざけて走り去るなか、イジュウィの未舗装の道に立つ調査アシスタント、カレガミレ・バホジ・ケア。彼とわたしは、夜でも身の安全に不安を覚えることなく、島のどこでも歩くことができた――コンゴ東部のほかの場所では考えられないことだ＝写真提供：Séverine Autesserre, 2019

治療者《ヒーラー》や教師から宗教指導者、農業従事者まで、イジュウィの一般住民も同じ役割を果たしている。長年のあいだにこうした男女が近所で徐々に信頼と尊敬を得て、問題が起こったときに仲裁者として頼られるようになった。

最近は、一般市民が小さなクラブやコミュニティ組織を何十もつくっている。資金はどこからも提供されていない。これらはもともと人権、開発、ジェンダー間の平等などをあと押しするための団体だったけれど、その多くが地元の衝突を仲裁し、ハヴとピグミーの関係改善をうながすようになった。教会の委員会、長老、ムワミと同じで、こういう組織には国の司法制度と比べてとても大きな利点がある。無料でサービスを提供することだ。正式な司法組織で賄賂《わいろ》が横行し、紛争が緩和されるどころか悪化することすら多い国では、こうした組織が提供する無料の仕事がとくに重要な役目を果たす。

このような強力なネットワークに囲まれ、暴動を扇動しそうな者がいないか警戒することで、一人ひとりの市民が村の安定を維持する手助けをしている。不審な動きがあれば、たとえ家族のだれかが逮捕されることになっても、地元の首長に報告する。島民は、近所にやってくるアウトサイダーにも気を配っている。新しくやってきた人に地元の規範、慣習、生活様式を教え、悪さを企《たくら》んでいそうな者に目を光らせる。おかしなことがあれば地元のリーダーといっしょに動き、問題が暴力に発展しないようにする。

可能なときには、一般市民が自分たちで対処することもある。たとえば数年前、友人で調査アシスタントのケアが、近所の子どもとティーンエイジャーのことを心配しはじめた。その子たちは無礼で、権威を尊重しなかった。ドラッグを使い、お酒を飲んでいた。仲間内でけんかすることも多く、少女たちをレイプしようとした。そこでケアと彼のクラスメイトは、悪党になりかねないこの子たちが空き時間にもっとましなことに取り組めるようにしようと、サッカー・クラブを立ちあげる。ケアたちは助言者《メンター》の役割を果たし、非暴力的な生き方のお手本を示した。こうした取り組みは、いまのところ効果をあげている――いまでは、そのような非行は大幅に減った。

夫婦間の口げんか、親子の諍い、きょうだい、いとこ、親類の口論、島民と地元の首長や行政官との言い争い、地元住民と外部の当局との意見の食いちがい。コンゴのほかの場所でくり返し起こってきたように、こうしたことはすべて、村、地区、州、場合によっては国レベルの戦闘につながりかねない。

少し大げさだと思うかもしれない。でもこの数年間、ニュンズでピグミーとバンツーのあいだに起こっている恐ろしい暴力のことを考えてほしい。一説によると対立のきっかけは、妻がバンツーの男と浮気しているのをピグミーの男性が見つけたことだという。ピグミーがバンツーの畜牛を殺したのが理由だとか、ピグミーがバンツーの市場で売るイモムシ（貴重なごちそう）の税を払わなかったためだとか、バンツーが率いる地元の分離運動と戦うコンゴ軍を手助けしてピグミーが情報提供したのが原因だとか言う住民もいる。もともとの理由が何であれ、そのあとの出来事はすべての話で共通している。被害者側が地元の武装集団に助けを求めて個人的な問題を解決しようとし、それをきっかけに大虐殺とそれに対抗する大虐殺の応報がはじまった。

そもそもコンゴだけでなく、歴史を通じて世界中のあらゆる場所で、このようなありふれた出来事から紛争がはじまっている。みなさんもトロイのヘレネーとトロイア戦争を思い浮かべているかもしれない（トロイア戦争は美女ヘレネーの奪い合いによって生じた）。わたしも考えた——でもそう、これは神話だというのがたいていの見方だ。けれども五三二年には、ふたつの戦車のレーシングチーム（青チームと緑チーム）のファンが、仲間ふたりが投獄されたために、コンスタンティノープル（コンスタンティノポリス、現在のイスタンブール）の皇帝ユスティニアヌス一世に抗議した。そこから一週間にわたる暴動が起こって三万人が死亡し、街の半分近くが破壊された。一八二七年には、アルジェリアを治めるオスマン帝国の太守《たいしゅ》が、仕事上のささいなやり取りで言い争ってかっとなり、フランス領事を蠅払《はえはら》いで叩いた。はからずもこの振る舞いがきっかけとなり、フランスによるアルジェリア侵攻、一三二年におよぶ占領、七年間の壊滅的な独立戦争が起こる。一八五九年には、ブタの銃撃事件をめぐって、アメリカとイギリスが数か月にわたってサンフアン諸島で軍を展開した。一九二五年には、兵士が野良犬を追いかけてうっかり国境をこえたことで、ギリシャとブルガリアが戦争をはじめた。一九六九年には、サッカーのワールドカップ予選のエルサルバドル対ホンジュラス戦をきっかけに、両国が軍事衝突する。その結果、三〇〇〇人をこえる死者と三〇万人をこえる難民が出た。どの例もコンゴの場合と同じで、なんでもない出来事が大規模な武力紛争につながった。

だからイジュウィの島民は、こうした問題が芽を出したらすぐに摘《つ》みとろうとする。敵対する人たちはみずからすすんで、あるいは近所の人、友人、家族、みんなから認められた仲介者にやんわりとうながされて、地元の仲裁人に助けを求める。その後はたいてい地域コミュニティが仲裁プロセスを監督し、広い範囲のコンセンサスをきちんと反映させて、合意した解決策を実行に移す手助けをする。

ようするに、イジュウィを平和に保っているのは島民だ。平和の文化――対立の仲裁に長年役立ってきた規範、慣習、価値観――に日々コミットすることで、安定を維持している。わたしは、市井の人がこの種のアプローチを――もちろんいろいろなかたちで――使うのを世界中で見てきた。コロンビア、イスラエルおよびパレスチナ自治区、ソマリランド。それらの場所でもイジュウィと同じように、安定をもたらしているのは防犯カメラ、銃、弾薬ではなく、地元住民の参加だ。

オルタナティブの平和構築

外国とコンゴのエリートは、遅れていると馬鹿にして迷信や呪術信仰を排除しようとすることが多いけれど、実はこうした強力な信仰がイジュウィ島の平和を支えている。インサイダーとアウトサイダーによる暴力の抑止に役立っていて、ほかの国でさまざまな霊的・宗教的制度が暴力防止に役立っているのと変わらない。

数百年にわたって、イジュウィのおもだった家族は〝血の約束〟によって結びついてきた。中年の島民で人権活動家でもある人物がこう振り返っている。

　わたしが子どものころには、近所の三人の長老が夜に家に集まると、幼い子どもたち、とくに男の子がやってきて、みんなで話しはじめたものです。長老たちは、平和と安定を享受するために先祖がどう暮らしていたか、いまわたしたちがどう暮らすべきかを語るのです。

　長老たちがとくに話すのが、血の約束のことでした。これは友情の約束で、発砲しない、槍《やり》で切りつけないという誓いです。たとえば、あなたとわたしが友だちになり、友情を固めるのなら、あなたはわたしの皮膚を切り、血をカップに注いで、それを飲む。それからわたしもあなたの皮膚を切って血を飲む。そんなふうにして、絶対に裏切らないと約束するわけです。これは非常に尊重されている伝統儀式です――ただ、この一〇年ほどはあまり使われていませんね。衛生面の懸念と近代化とグローバリゼーションのためです。

最近ではこの慣習が使われることは減っているかもしれないけれど、すでに交わされた約束はいまも有効だ。それに長老たちは、子どもたちにこうした正式な友情の絆《きずな》の意味を引きつづき教えている。つながりのある数多くの家族のだれかを傷つけた者は、死に連れ去られる。その恐怖はとても強く、一九九〇年代なかばにルワンダの戦闘員がやってきたときには、若者が逃げだした――イジュウィの島民が兵士を恐れていたからではかならずしもなくて、血の約束で結ばれた人がルワンダ人に苦しめられ、なんらかのかたちで自分も巻きこまれて死が訪れるかもしれないと心配していたからだ。

さらにいうなら、周囲の州の住民は、イジュウィを恐怖と力の神秘的なオーラを帯びた土地と見なしている。もちろんコンゴの人たちは、それを外国人に話すときに少しきまり悪そうにする。けれども近隣の町ゴマで会った人権活動家の一団が、わたしの仕事仲間たちが何度もほのめかしていたことをようやくはっきり理解させてくれた。「どうしてイジュウィは平和なんですか?」というわたしの質問に、一〇分ほど煮え切らない答えを口にしたあと、フォーレスティンという女性がやっと本音を語った。

生まれてこのかた、イジュウィへ行くのは、自分から厄介事を求めにいくことだと知っていました。理由もないのに行くような場所じゃありません。イジュウィには不思議な力があまりにもたくさんあるんです！　今日何か悪いことをしたら、イジュウィへ送られる。みんなそこへ行くのを怖がっています。犯罪者でさえも［…］何か盗もうものなら、その日の終わりには死んでいるんです。反政府勢力すら、あそこへは行きたがりません［…］わたしたちの頭のなかではっきりしています。イジュウィへ行くのなら、それは死を求めているってこと。

テーブルを囲む人はみんな同じ意見だった。イジュウィは祖先の力による守護者《ガーディアン》が住まう場所。それが効果を発揮して、島を安全に保っている。

歴史上、イジュウィは「呪われた《ダムド》者の島」で「社会ののけ者《パーリア》の島」だった。過去数百年のあいだ、この島は本土の村人たちが結婚外で妊娠した女性を送る場所だった。現在、イジュウィは、稲妻をあやつる魔術師の住処《すみか》、霊と特別な関係のある場所、強力な〝ジュジュ（juju）〟（まじないを意味する現地のことば）を生みだす島と、周囲の州の人には映っている。この魔術師たちは守ってくれることもあるけれど、島を侵略しようとしたり、島の秩序を乱そうとしたりすると、危害を加えてくることもある。たとえば、わたしが聞いた数多くの話のひとつでは、政府関係者がイジュウィの大きな土地を売り払おうとしたところ、その人たちの飛行機は島へ向かう途中で墜落したという。当然、地元の人たちは、この事故はイジュウィの魔術師のしわざだと考えた――自分たちの土地を守りたいあの強力な者たちのしわざだと。

　魔術師がいるという疑惑や、血の約束の活用は、イジュウィに固有のものかもしれないけれど、同じような考えはたいていどんな文化にも見いだされる。宗教的信念や天罰への畏《おそ》れは、クエーカーやジャイナ教など、さまざまな宗派で非暴力と平和な行動主義《アクティヴィズム》をあと押ししていて、破壊的な戦闘を停止させてもきた。第一次世界大戦中には、一九一四年末にドイツ軍とイギリス軍が短期の休戦を宣言した。クリスマスだからという、ただそれだけの理由のためで、兵士は塹壕《ざんごう》と塹壕のあいだで友好的に交流した。二〇一八年には、アフガニスタン政府とタリバンが断食月《ラマダン》の終わりを祝うために同じことをしている。同じくアフガニスタンでは、取り残された米海軍のネイヴィー・シールズ隊員が、〝パシュトゥーンワーリー（Pashtunwali）〟のおかげで生きのびた。これは、たとえ敵であっても困っている人をだれでも助けて守るようパシュトゥーン人に命じる、正式ではないけれど強力な掟《おきて》だ。

　リーマ・ボウイーが本書の序文で語るように、リベリアでは男性が自分の母親の裸を見ると呪われると考えられている。したがっていざというときには、自分の服を引き裂くと脅すことで、女性の平和活動家たちは必要な影響力を手に入れ、和平協議をやめたがっている男性の交渉人を動かせる。さらに遠くパプアニューギニアでは、ブーゲンヴィル島の住民が伝統儀式に頼り、ときにそれをカトリックの秘蹟《サクラメント》と組みあわせて、一〇年にわたる内戦の傷を癒やしている。東ティモールでは〝タラ・バンドゥ（Tara Bandu）〟の慣習法が、シエラレオネでは〝ファンブル・トック（Fambul Tok）〟（家族の会話）の儀式がその役目を果たしている。ソマリランドでは氏族の行動規範が同じような目的に資しているし、モザンビークでは元戦闘員が浄《きよ》めの儀式をとりおこなう。ほかにも例はたくさんある。どの文化にも、インサイダーとアウトサイダーが平和を促進するのに使える信仰と伝統がある。

イジュウィの教訓ははっきりしている。平和への最も効果的な道に求められるのは、ローカルな信念体系を理解して最大限に活用し、非暴力の活発な文化を奨励して、草の根のつながりに頼り、コミュニティの結びつきを強くすることだ。

イジュウィをこえて

当然のことのように思えるけれど、うまくいっていることを活かすのは、失敗から学ぶのと同じぐらい重要だ。けれども、これまではそうなっていなかった。コンゴと外国の平和構築者は、イジュウィのことを深く考えようとしない――そもそもすでに平和なのだから、どうして気にかけなければならないの？　でも、この島から学べることはとてもたくさんある。

たいていピース・インクの信奉者たちは、プロジェクトと援助計画を通じて――つまり外部のリソースによって――コンゴのような場所で緊張に取り組もうとする。そして、おもにエリートとやり取りする――大統領、政府、反政府勢力のリーダー、知識人、国の官僚。地元住民の才能と潜在能力を活用し、解き放つことに焦点を合わせる人はほとんどいない。

深刻な貧困、民族の分断、機能不全に陥った国の官僚制、権威主義的な政府、まわりを取り囲む暴力——イジュウィの基本的な現実を見ると、この場所が平和の安息地になるとはとても思えないだろう。たしかに、南北の対立とハヴとピグミーの反目は、いまでも集団暴力の土壌になっている。けれども、こういう緊張が根底にあるにもかかわらず、イジュウィの島民が二〇年にわたって大規模な戦闘を避けてきたのは、それ自体とてつもなく大きな功績だ。

この島は、どんな地域にも可能性があることを示している。だれが——どうやって——暴力を止められるのか。通常の想定がイジュウィに当てはまらないのなら、世界中に当てはまると考える必要がどうしてあるだろう？

どの場所もほかとは異なり、それぞれの状況に固有のさまざまな要因があって、それが平和へつづく道に影響を与える。すでに見たように、イジュウィの安定は有機的で偶然のプロセスの結果であり、特定の場所、歴史、文化、島内の政治に根ざしている。この独特の要因を世界中で再現しようとしても無理だ——馬鹿げてもいる。敵と血の約束をするのが地域を平和にする秘訣だと主張しようものなら、わたしの友人のキプロス人やコロンビア人がどんな顔をするか想像できる。イジュウィのような場所から学べるのは、定型のテンプレートではない。国際平和構築の取り組みの根底にあるおもな想定の一部に、直接異議を申し立てる一連の原則だ。

大部分の政治家や介入者の主張とは異なり、外部の専門家、国の指導者、トップダウンのアプローチは、平和を再構築する唯一の手段ではない。ボトムアップの取り組みも変化をもたらせる。市井の人たちにも、国が抱える根深い問題の一部に対処する力がある。イジュウィの島民はそれをしてきた。地域レベルで島民は、だれもが日々の生活で直面する課題に取り組む方法を見つけてきた。そして、最も困難な状況のなかで成功を収めてきた。

もちろん、草の根の成果は脆《もろ》い。ルワンダかコンゴから、政府か反政府勢力に支えられた強力な武装集団が侵入してきたら、イジュウィの平和は維持できないだろう。だから、トップダウンの平和構築はやはり重要だ。それは地元住民の成果を長くつづかせるのに役立つ。でもそれと同時に、現場からの平和構築に時間とリソースを投じる値打ちもおおいにある。

外国の平和構築者が、コンゴなどの戦争に苛《さいな》まれた国の問題解決を手助けしたいのなら――また、欧米の市民が自分たちのコミュニティを分断する緊張を緩和したければ――、こうした日々の紛争解決活動に取り組むすぐれた人たちを支援すべきだ。それに、世界中で見られるその他のありそうにない平和の事例にもっと注意を払うべきだ――ソマリランド（第五章で詳しく論じる）、アフガニスタンの一部、コロンビア、イラクなど。イジュウィの血の約束や呪術信仰のような、たいてい軽蔑されたり斥《しりぞ》けられたりするオルタナティブの平和構築手法を見つけだし、それを土台として、必要に応じて奨励すべきだ。プログラムをつくるときには、通常は国の首都を拠点とするエリートだけでなく、地元のリーダー、受益者となる人たち、一般市民もそこへ含めるべきだ。

第二章 ロールモデル

ヴィジャヤ（ルカが少年兵の生活から離れるのを手助けしたインド系アメリカ人女性）に、コンゴで国際平和構築の成功事例がないか尋ねたとき、彼女が最初に話したのは自分の功績ではなかった。すぐにあげたのがライフ&ピース研究所、LPIという略称でよく呼ばれる組織だ。「あの人たちの長期的なビジョンを尊敬しているんです」とヴィジャヤは言う。「真に参加型のアプローチも」。リゾルヴ・ネットワークを立ちあげ、ジャスティンとルカと接するときにヴィジャヤがお手本にしたのがLPIだった。

ヴィジャヤの答えを聞いて、わたしは笑顔になった——気が合うと思ったからだ。仕事のやり方を変える方法について、外国の平和構築者にアドバイスするとき、最初によく尋ねられる質問がこれだ。「うまくいっている組織はありますか？　まねをできるお手本は？」そして、わたしもLPIをあげていた。

たいていわたしは、おきまりの前置きから話をはじめる。ピース・インクとわたしが呼ぶ標準的アプローチにつきものの過ち、有害な思いこみ、分析上のエラーをすべて回避している機関や個人はまだ見つけていない。けれども、人や組織は絶えず斬新な方法を見つけ、前へすすんで過去の失敗を回避している。ヴィジャヤはそうした人物のひとりで、ＬＰＩはそうした組織のひとつだ――平和の前線《フロントライン》でうまく機能している組織だとわたしは思っている。

一九八三年、宗教活動家の一団がスウェーデンに集まり、世界中で紛争解決に取り組む教会を支援する方法をブレインストーミングした。このカンファレンスをきっかけに、その二年後に研究機関であるＬＰＩが生まれる。最初の一〇年間、スタッフはアフリカの角《つの》〔ソマリアを中心としたアフリカ大陸北東部の突出部〕での戦争に関する調査と支援プロジェクトを実施し、やがて取り組みの大半をソマリアに集中させる。一九九〇年代にはソマリアと外国の研究者と手を組み、ジョン・ポール・レデラック博士（すさまじく影響力のある研究者で、わたしは彼のことを平和構築の最高権威だと思っている）の教えをまるまる受け入れた。いかなる紛争でも、いちばんの解決策は、それを経験している当事者からやってくるというのが、レデラックの考えだ。ソマリアをはじめとするアフリカでの活動を通して、ＬＰＩは暴力への新しい対処法を徐々に開発していく。そしてこれがＬＰＩの特徴になった――ピース・インクのアウトサイダー主導でトップダウンの標準化された戦略とは完全に異なる、ボトムアップ、柔軟、でしゃばらないアプローチだ。

現在、ＬＰＩの仕事は場所によって異なり、その強みと弱みも場所によってさまざまだ。特定の国のなかでさえ、仕事を引き継いだリーダーや職員の個性、ドナーの要求、地域政治など、数多くの要因によってＬＰＩのプログラムは変化する。だからＬＰＩの取り組み一般の話はせずに、わたしにとって重要な国に焦点を絞りたい。世間一般の考えとは異なり、最も分断された社会でもローカルな平和構築は成功させられるし、草の根の取り組みをアウトサイダーが支援できるとＬＰＩが証明した国——そうそのとおり、コンゴだ。

活動初期

すべては二〇代後半のオランダ人男性、ハンス・ロムケマからはじまった——フレンドリーで率直、情熱的な人物だ。ハンスは一九九六年に〈セーブ・ザ・チルドレン〉の人道支援スタッフとしてルワンダへ渡り、一九九八年にコンゴ東部へ移った。その数年後に話を聞いたときには、キヴ諸州での仕事はとてもおもしろいけれど挫折感もあると語った。暴力に最も苦しむ場所でも、「つねに地域レベルでの平和のチャンスが残っていた」と振り返る。それに多くの村で、住民が自分たちで紛争を解決しようとするのも目にしたという。ハンスはこういう草の根の取り組みをあと押ししたかったけれど、時間、お金、リソースが足りなかった。そこで、最大のドナーであるスウェーデン国際開発協力庁（Ｓｉｄａ）の助けを借り、地域での平和の取り組みを支援したいと望む組織を探しはじめて、ＬＰＩを見つけた。

一年間の調査を経て、ハンスは二〇〇二年にコンゴで正式にＬＰＩのプログラムを立ちあげ、同地の初代代表になる。頭が切れて創造力に富む有望なコンゴ人スタッフたちを雇い、そのなかにはデオ・ブーマもいた——野心的でみずから率先して行動する高校教師だ。並はずれて背が高く、毎年少しずつふくよかにもなっていったデオは（コンゴ東部では太っているのは美、富、成功の印だ）、まわりを引きこむ笑顔の持ち主だ。こちらも自分の気分に関係なく、いつもつられて笑顔になる。教員養成学校に通い、その後、高校での仕事の空き時間に運転、パソコン操作、英会話を独学で身につけた。これらのスキルを使って、やがてルワンダ難民を手助けする国際機関で仕事を得る。その後は組織のはしごをのぼって出世していき、最終的にセーブ・ザ・チルドレンのブカヴ事務所所長としてハンスとともに働いた。のちにハンスがセーブ・ザ・チルドレンを辞めてコンゴでLPIのプログラムをはじめるときには、もちろんデオをメンバーに迎えた。

ハンス、デオ、その同僚たちは、コンゴの紛争に取り組むLPIの方針をいっしょに決めた——二〇〇〇年代はじめにほかの援助機関の大部分が採用していたのとは、はっきりと異なる方針だ。まずLPIは、暴力の結果ではなく原因に焦点を合わせ、人道支援ではなく平和構築に取り組んだ。また、LPIのスタッフはピース・インクのやり方を踏襲しなかった。政府のエリートと反政府勢力のリーダーを中心に据えるのがピース・インクのアプローチで、当時はほぼすべての平和構築者がそれを使っていた。その代わりにLPIは、市民社会の活動家と草の根で協働する。ボトムアップの仕事は、最初からLPIのトレードマークだったのだ。LPIのスタッフは、紛争に関係する国レベル、国際レベルの緊張の種に加えて、いつでもローカルな問題にも取り組もうとする。

ハンス、デオ、チームの面々は専門家と連絡をとり、交渉術の研修に参加して、ローカルな平和構築について理解を深めた。キヴ諸州で進行している草の根の平和の取り組みを一覧にし、ヨーロッパのさまざまな国を説得して、それらに支援を取りつける。次にグループは、信頼できるコンゴ側のパートナーを割りだして、資金、ロジスティクスの支援、研修を提供した。そして、地元エリートの和平交渉から、対立するコミュニティの若者によるサッカーの試合、競合する氏族や民族集団の女性のマイクロクレジット協同組合まで、幅広いプロジェクトを実施する。ハンスは武装集団のリーダーとも直接やり取りして、停戦や武装解除の手助けをした。当時のLPIは、前線の反政府勢力側で活動していた十数の援助機関のひとつであり、平和構築に焦点を合わせる数少ない機関のひとつであって、コンゴの自警団とルワンダの反政府勢力が支配する隔離された土地にアクセスできるふたつの機関のひとつでもあった。

LPIの努力は実を結んだ。ワリカレ地区、マシシ地区、ルチュル地区〔いずれも北キヴ州のなかの地区〕のいくつかの村で、地元の武装集団と反政府組織の兵が戦闘をやめた。ほかの町や農村部では、交戦中のコミュニティが対話を再開し、和解の計画を練りはじめた。大きな成果ではないし、平和が実現したわけでもないけれど、それまでだれもたどり着けなかったところまで到達した。

一九九〇年代から二〇〇〇年代への変わり目の時点では、ボトムアップで仕事をする決断は斬新で大胆だった。ハンスと同僚たちは、多くの批判にさらされる。わたしがハンスに会ったときには、すぐにお手本にできる人物だと感じたけれど、彼には味方よりも敵のほうが多かった。コンゴの人びとは、とんでもなく常識はずれな行動をとるこの外国人を信用していなくて、ありとあらゆる理由で彼を非難した。話を聞く相手によって、彼はルワンダ軍の協力者にもなれば、ルワンダ反政府組織の協力者にもなり、コンゴの反政府集団のスパイにもなれば、その敵のスパイにもなる。殺害の脅迫を何度も受け、実際に反政府勢力のリーダーふたりに殺されかけた。ほかの介入者のなかにも、彼の支持者はあまりいなかった。わたしが話した外交官や国連平和維持活動の関係者は、腐敗している、信頼できない、世間知らずだ、危険だ、といった烙印《らくいん》を彼に押した。また、武器やダイヤモンドを密売する極悪非道の人権侵害者たちと親しくつきあっている、などとして彼を非難した。こうした非難に根拠はない。それらは、深く定着したピース・インクの体制を乱す不届き者への懐疑心に根ざしていた。したがってハンスは抵抗する。でもその後、徐々に希望を失っていった。そしてついに二〇〇四年七月、彼はLPIを去って故郷のオランダへ戻る。その後はフリーランスの政治コンサルタントとして働いている。

個人的にわたしは、ハンスが去ったのはLPIにとって――コンゴにとっても――途方もない損失だと思う。初めて話を聞いたとき、彼は何時間もかけて南キヴの地域政治の表と裏を説明してくれた。あまりにも細かいところまで話すから、彼の早口のひとり語りのなかでわたしは迷子になった。その夜の一〇時には、五時間もぶっつづけでメモをとっていたせいでわたしの手は痛く、長時間座っていたせいで腰もつらかった――でもすばらしい情報を提供してくれていたから、話し合いを終わらせたくなかった。

地元での彼の人脈もすごかった。たとえば二〇〇四年三月、LPIが業務を委託したスウェーデン人の評価者とコンゴ人のアシスタントが、地元の武装集団に誘拐された。指輪や貴重品、靴まで奪われて、森のなかを裸足で何時間も歩かされた。被害者がほかの組織で働いていたら、数週間あるいは数か月間も捕らえられたままで、拷問、死、あるいは両方を経験していた可能性が高い（たとえば同じ年の一二月には、国連のコンサルタントと現地の同僚三人が隣の州で誘拐され、身体的に虐待されて、近くの池に放りこまれ、二週間ものあいだ放置された）。でもさいわい、このケースではハンスが責任者だった。地元と外国の知り合いに連絡し、誘拐された日の夜にはふたりを解放させた。もちろんふたりにはトラウマになる試練だったけれど、一日足らずで片がつき、殴られず、怪我もなく、殺されもしなかった――すべてハンスのおかげだ。

たしかにハンスの仕事には、まちがっていることも確実にあった。ただ、ボトムアップの取り組みに集中することがまちがっていたわけではないし、申し立てられていた悪行が事実だったわけでもない。ハンスがまちがっていたのは、アウトサイダーが平和構築プロセスを主導できるというごく普通の考えを保っていたことだ。その過ちに気づくまでに、五年をこえる歳月と無数の問題、二代にわたるＬＰＩのコンゴ担当局長を経なければならなかった。

評価して再出発する

二〇〇六年、アレクサンドラ・ビラクがコンゴのＬＰＩで働きはじめた。彼女に会ったとき、わたしは少しうらやましく感じずにはいられなかった。当時わたしが望んでいたものを、すべて体現していたからだ。フランスとイギリスの国籍をもち、どちらの言語も完璧に使いこなす。すでにコンゴとルワンダで数年を過ごしていて、現地の状況を裏も表も知りつくしていた。頭がよくて活動的。厳密できまじめで、人を怒らせるのもいとわない。明らかに仕事に忙殺されていたのに、何時間もかけてわたしの質問にすべて答えてくれて、その後、保管してある文書を調べ、わたしの研究に役立ちそうなものを大量に送ってくれた。

アレクサンドラは、着任後すぐに同僚たちのやり方に懸念を抱いた。LPIは地元のパートナーを支える仕事しかしないと主張していたけれど、実際には無数の調停プロセスをスタッフが直接担当していた。ほかのアウトサイダーと同じで、LPIのチームにはじゅうぶんな効果をあげられるだけの知識もスキルもネットワークもなかった。それに加えて、コンゴのパートナー――四〇をこえる地元組織――への支援はあまりにも手薄で、ほとんど役に立っていなかった。ドナーのひとつから強い要望を受け、アレクサンドラは綿密な評価を開始して、すぐに厳しい事実が判明する。LPIのプログラムは長期的な効果をほとんどあげていなかったのだ。それを受けてアレクサンドラは、LPI再編の長いプロセスに着手する。その結果LPIは、ボトムアップで――ただし昔ながらのインサイダーとアウトサイダーの関係をもとに――動く機関から、非常に効果的なアプローチをとる組織へと変貌し、いまや国際行動のお手本になっている。

アレクサンドラは決めた。LPIがプロジェクトを直接実行するのはやめて、地元のパートナーがほんとうの意味で運転席に座れるようにすべきだと。さらに、量ではなく質を目指すべきだとも心に決めた。それ以降、LPIはごく少数の選び抜いた組織に焦点を絞り、それらの組織が必要とする支援をすべて提供する。草の根の取り組みをより大きな和平の取り組みと結びつけるために、LPIはレデラック博士の助言に従って、仲介者としての役割を果たすことにした。都市部を拠点とする地元のパートナーが、地方のコミュニティおよび国内外の有力者とつながれるように手助けするのだ。

スタッフやパートナーが問題とその解決策を知っていると思いこむことなく、LPIは参加型アクションリサーチ（Participatory Action Research）の手法を採用する。これはカナダのベテラン・コンサルタント、アンドレ・ブルクが得意とする手法だ。LPIのさまざまなスタッフが、ブルクのことをこんなふうに説明する。「白い髭《ひげ》をはやしたある種のヒッピーで、いつもカラフルなシャツを着ているんです」。ブルクは、同じくカラフルな巨大付箋《ふせん》を使い、えんえんとつづくブレインストーミングから出てきたアイデアをそれに走り書きして、壁を埋めつくしていたという。あらゆる分野と組織で社会を変えるために使われてきたこの手法の核には、ふたつの考えがある。ひとつは、外部の研究者、プロジェクト実行者、想定される受益者が、ともに問題を理解して解決すること。つまり、みんなが共同調査者の役目を果たすのだ。もうひとつは、調査、行動、振り返りのサイクルに何度もつづけて取り組むこと。アレクサンドラと同僚たちの判断はこうだ。平和構築の世界で参加型アクションリサーチに求められるのは、一般市民に力を与えてコミュニティの紛争を分析できるようにし、最も現実味のある答えについて意見を一致させて、その解決策を実行に移せるようにすることだ。自分たちの行動、パートナー、効果を絶えずモニタリングすることで、LPIは地元住民の助言から恩恵を受け、地元住民から学んで、必要に応じて戦略を修正できるようになる。

その結果できたプロセスは混沌としていて、時間がかかり、従来とは異なるものだった。でも、それはうまく機能した。

それどころか、こうした原則を初めて実行に移したとき、LPIは驚異的な成功を収めた。二〇〇五年から〇七年にかけて、南キヴ州の僻地で大虐殺、殺人、拷問、誘拐、レイプが急増した。この暴力は五二の村で暮らす一〇万をこえる人に影響を与えた。これらの村は、すべてニンジャの首長区とカニオラ村の周辺に集中している。当時のコンゴ東部は平和とはとても言えない場所だったけれど、ニンジャとカニオラの状況はあまりにもひどく、暴力はあまりにもおぞましかったから、外国の介入者がようやく注意を払いはじめた。

その時期にわたしが会った外交官と国連職員の考えでは、犯人は明らかにルワンダ解放民主軍のメンバーだった。コンゴ人を食い物にして生きのびていたルワンダの反政府武装集団だ。その地域はあまりにも辺鄙《へんぴ》なところで、たどり着くのがむずかしい。それに武装勢力は周囲のジャングルにとてもうまく隠れていたから、ニンジャとカニオラの周辺にどれだけのルワンダ人戦闘員がいるのか、一致した見解はなかった――推定数は六〇〇〇から二万と幅があった。わたしたち介入者が知っていたのは、彼らが恐るべき敵だということ。冷酷で、統制がとれていて、完全武装していて、失うものは何もない。それに彼らの暴力がエスカレートすることで、社会秩序が脅《おびや》かされていた。魔女狩りがさかんになり、攻撃者に協力しているとしてコミュニティは近隣の村を非難した。こうした非難が報復の脅威を呼び、さらなる流血につながった。

この危機を政治的に解決するのは不可能だった。ルワンダ政府は、フツの反政府勢力を自国の領土に連れ戻すのを検討することすら拒んだからだ。ルワンダ政府の視点からすると、戦闘員は一九九四年の大虐殺の加害者だ。いまでもツチのマイノリティを脅かす存在であり、本国へ帰還させたり、ほかの場所へ移動させたりするのではなく、皆殺しにされるべきということになる。軍事的な解決策にも、同じく現実味がなかった。コンゴ軍と国連平和維持軍が大規模な作戦をはじめたけれど、反政府勢力を武装解除することはできず、さらなるレイプ、誘拐、殺人によって報復を受ける。状況は絶望的だと思われた。

地元の農業協同組合はどうしたのか。まずは武装集団の動きを理解する必要があると、農家の代表たちは考えた。実際、書記長のウルベン・ビシムワ——とても背が高く、はげ頭で髭をはやした男性——が振り返るように、加害者の攻撃が行き当たりばったりでないことは明らかだった。


たとえば結婚式があったこと、だれそれが二〇〇〇ドルの結婚持参金を受けとったことを知っていて、ぴったりその金額を要求してくるんです。あるいは高校生のディディエンヌがおばあさんのところを訪れたことも知っていて、彼女は到着した日の夜に誘拐されました。奇妙なことです。一方、［反政府勢力が隠れている］森で仕事をする人たちがいて、その人たちの身には何も起こらない。

ウルベンと同僚たちはLPIに支援を求め、ともにたくさん時間をかけて住民や誘拐された人たちと話した。当初、ウルベンたちはしきりにこんな話を聞いた。「加害者のグループは一万人をこえていて、場合によっては一〇万人いてもおかしくない」。被害者はみんな「まったく同じ話」をしていて、戦闘員の数についても、それぞれが同じような大きな数字をあげていた。ウルベンと同僚たちは、どこかうさん臭いと感じた。

調査者たちは何度も地域へ戻り、コミュニティと交流をつづけて、少しずつ信頼を得るようになった。そうして、打ち解けて話をできるようになった。ウルベンはこう振り返る。「夜に訪ねると通夜《つや》をやっていることがあって、みんなお酒を飲みはじめて、ざっくばらんに話しだすんです」。やがて被害者たちは、ほんとうのことを語った。

あの話は、彼ら［加害者］にそう言えと命じられたものなんです。実は、人数はせいぜい一五人ぐらいです。それにルワンダ解放民主軍ではなく、ラスタという反体制派のグループです。

これが「最初のすっぱ抜き」になった。「この種の情報を外国人が手に入れることはできない」とウルベンは考えている。ウルベンと同僚がそれをできたのは、彼らがアウトサイダーではなく、地元の人とつながりのある「地域の農業協同組合」だったからにほかならない――それに、必要な時間を割いてコミュニティとの関係を深めていたからだ。

徐々に戦闘員たちの名前もわかってきた。ラスタのなかには、カニオラ出身の若いガイドがふたりいた。ほかにも村で暮らしたことのある人が数人いて、だれが乳牛を飼っているのか、いつ兵士たちが眠るのか、だれが定期的に訪ねてくるのかといった情報を知っていた。地元にも戦闘員に協力する者がいた。最も重要なのが村長たちで、戦闘員が村に立ち入って買い物をするのを許していた。そのおかげで戦闘員は、快適な暮らしに必要なものをなんでも入手できた。ウルベンは、聞いた話と見た写真に驚いた。「森のなかで暮らしているなんて思えないですよ。なんでも揃ってるんです。発電機、いい食べ物、美白クリーム……」

意外なことに、誘拐者に同情的な被害者すらいる。そのうちのひとりで、誘拐の被害に遭った一一歳の少女は、妊娠して村へ帰ってきた。でもその子には、ラスタとの暮らしがなじみの生活だった。彼女は泣いた。「あの人たちもわたしたちみたいな人なの！　たしかに犯罪者だけど、わたしはあそこに戻りたい」。強制的にラスタの指示のもとに置かれていた人質もいる――「言うとおりにしないと、家族を皆殺しにするぞ」。従うほかに選択肢はなかった。ウルベンはこう締めくくる。「そんなふうにして、ラスタは地域全体を支配することに成功したわけです」

農業協同組合は、コンゴ軍に情報を伝えようとした。でも、それが裏目に出る。地元の司令官には信じてもらえず、それどころか反政府勢力と結託しているのではないかと疑われた。そこで作戦を変更する。ＬＰＩを通じて国連平和維持活動の地域責任者をゆっくりと、少しずつ説得することに成功し、その責任者がコンゴ軍の司令官を説得して戦略を変えさせたのだ。加害者がルワンダ解放民主軍のメンバーではなく、実際にはコンゴ人もいるとわかったことで、ルワンダ側エリートとの高官協議には意味がないことがはっきりした。戦闘員はアウトサイダーで地元のことを知らず、地元の地理に疎《うと》いという想定をもとにした大規模な軍事作戦にも同じく意味がないこともわかった。

この新情報を使って、コンゴ側の兵士がラスタのメンバーを三人殺害してほかを追い払い、大虐殺に終止符を打った。その後、農業協同組合は、社会の和解に向けた長いプロセスに着手する。円卓会議《ラウンドテーブル》を開催して、関係者全員がそれぞれの立場から話をした。住民を手助けして、ラスタへの協力者を見つけ、捕まえ、裁けるようにした。また、強制的に従わされ、罪を問わずにすまされるべき人も明らかにした。彼らの手助けによって、徐々にコミュニティが再建され、住民と住民、村と村のつながりが回復していく。こうして、ラスタの問題は過去の出来事になった。

ウルベンにとって、ＬＰＩの支援は三つの理由からきわめて重要だった。第一に、また最も重要なことに、農業協同組合のメンバーは参加型アクションリサーチの手法を学んだ。多くの時間を割き、当事者の住民たちと交流して話を聞いた。その間ずっと、ウルベンと同僚たちとＬＰＩは、地元の声と考えを強調して伝えるだけで、地元の人たちに指図《さしず》はしなかった。第二に、交通費や組合スタッフの人件費などをまかなう資金も提供され、グループはそれを驚くほど効率的に使った。この取り組み全体の費用はおよそ五万ドルから六万ドルで、ピース・インク型の取り組みに典型的に求められる何百万ドルもの費用とは著しく対照的だ。そして最後に、LPIは農家の代表を国の行政機関、コンゴ軍、国連平和維持活動の現地責任者たちとつなぎ、それらの組織を説得して新しい戦略を採用させた。LPIのうしろ楯がなければ、こうした有力者はだれも地方の小さな組織にまともに取りあってくれなかったはずだと、ウルベンは振り返る。

黄金時代

次のLPIコンゴ担当局長、ピーター・ヴァンホルダー（ベルギー生まれの三〇代男性）が、アレクサンドラがはじめた改革を引き継いだ。参加型アクションリサーチはLPIの中核をなす戦略になり、長年のあいだにわたしが会ったスタッフと現地パートナーはみな、その方法をくり返し誇らしげに口にした。

その原則の大枠はシンプルだ。LPIは地元の人たちの深い専門知識をもとに行動し、世界共通の平和構築アプローチは斥ける。現地スタッフに頼り、少人数の外国人が監督して、その外国人も多くはその国についてすでに幅広い知識をもっている。LPIがプログラムを直接実施することはない。厳選した現地の少数の組織とともに、それらの組織を通じて仕事をする。現地組織のおもな役割は、現場の人を支援すること。このモデルでは、紛争解決の取り組みを考え、設計し、実施するのは、首都や本部に拠点を置く外国人ではない。一般市民も含め、想

野原で牛が休息をとり、現地の村人が歩いているところ。霧がかかった山脈が遠くに見え、ブリキ屋根とわらぶき屋根の家があって、兵士たちがいる。ミネンブウェの高原における家畜の季節移動の典型的な光景だ＝写真提供：Justine Brabant for the Life & Peace Institute, 2012

定される受益者とコミュニティのメンバー自身が、LPIの現地パートナーとコンゴ人スタッフの助けを借りて、和平に向けた取り組みを決定する。

この原則が実際どのように機能するのか、もっとよく理解してもらうために、ルジジ平野で長年つづいていた破壊的な紛争に、LPIがどうアプローチしたのかを見てみたい。ルジジ平野は南キヴ州の山地で、ブルンジとの国境近くにある――緑豊かで豊穣な地域で、霧、キャッサバ、低木の茂みに覆われた人口がまばらな丘だ。当時はほとんどの人が、そこでの戦闘を、ふたつの民族集団とその外国の支援者による単純な戦いと分析していた。ルワンダが支援するバニャムレンゲと、コンゴ政府と手を組んだバベンベだ。二〇〇七年、コンゴの三つの組織が、LPIの支援を受けてこの緊張関係に取り組むことにした。〈組織イノベーション・ネットワーク〉（Réseau d'Innovation Organisationnelle、プロテスタント教会の地元支部）、〈開発および内発的平和のための行動〉（Action pour le Développement et la Paix Endogène、草の根の非営利組織）、〈誓約の箱舟〉（Arche d'Alliance、人権団体）の三つだ。

最初から、紛争分析――だれが、なぜ、何をめぐって戦っているのかを理解すること――が、解決策の設計と実行と同じぐらい重要になった。LPIとパートナーたちには、実は紛争の核心が牛飼いと農家の対立にあることが徐々にわかってきた。長年、住民はみんな、この地域での家畜の季節移動をめぐって戦っていた。バニャムレンゲとバフリルの牛飼いたちは、牧草を求めて畜牛を高地から低地へ移動させる必要がある。その道中で、牛たちはバベンベとバヴィラの農民が育てる作物を食べたり傷つけたりすることが多く、それを受けて農民たちは、家畜を殺したり、ときには牛飼いを殺したりする。この対立は地元に影響を与える――もみ合いや仕返しで数多くの死者や負傷者が出る――だけでなく、それぞれの民族集団のために武装集団が戦うことで、さらに広い意味あいも帯びる。そのうえ、バベンベがコンゴ政府および軍と手を組む一方で、バニャムレンゲはコンゴの反政府運動と協力し、ときおりルワンダやコンゴの軍の部隊とも連携する。

したがって、紛争は民族間のものではあるけれど、介入者たちが考えていたような単純な民族紛争ではなく、コンゴとルワンダの代理戦争でもなかった。それは土地の権利をめぐる全住民の複雑な争いで、既存の民族対立によって深刻化し、本来は関係のない地元、州、国、国際レベルの武装集団、反政府運動、政府の紛争によっていっそうこじれている。もう一度読み返さなければ理解できないと感じたら、それがまさにポイントだ。これらの紛争は複雑で、ひとつやふたつのセンテンスでは要約できない。五〇ページの報告書が必要だ――忙しい外国人の関心をひくにはあまりにも長すぎて、ＬＰＩのスタッフは絶望するしかない。

　当時ＬＰＩで働いていたスウェーデン人スタッフ、トビアス・ペトレリウスは、別の組織のスタッフとしてコソボとジョージアで仕事をしたときは、紛争分析は「活用されていないけれど、行動する前にやらなければいけないこと」だと思っていたと振り返る。彼と同僚たちが焦点を合わせていたのは成果であり、結果だった。それとは対照的に、ＬＰＩに加わると「紛争分析が鍵」であることに気づいた。重要なのは過程《プロセス》だった――ＬＰＩが地元の人の視点を理解したがっていたのは、それが「人びとがひとつになるきっかけ」だったからだ。

　ルジジ平野では、このプロセスに三年かかった。「その紛争分析は時間をかけて成熟させました」とトビアスは説明する。「われわれが何をするか、急いで把握したり考えだしたりする必要はなかったんです」。解決策を決めるのはＬＰＩではないからだ。地元の人たちがＬＰＩの行動を導く。もちろんトビアスはストレスを感じていた――やはり彼は「成果を求めていた」――けれど、ピーター（その時期のコンゴ担当局長）とローチ・ムザリワ（当時のＬＰＩの主要コンゴ人スタッフ）から、プロセスを信じて辛抱するようにと何度も念を押される。「何を望んでいるか、人びとが教えてくれる」とふたりはいつも言っていた。「みんなに話をさせて、時間を与えるんだ。いま報告書をつくる必要はない」

「それはとても大きな気づきでした」とトビアスは振り返る。紛争分析は「活用されない無駄なものではなくて、とても活発でやりがいのあるプロセスだったんです。ミーティングがたくさんあって、行動がたくさん展開されていて」。
この作業を戦闘にかかわる当事者がやるべきだという考えも、ＬＰＩがもたらした革新《イノベーション》だ。ローチはわたしにこう説明した。

たいていの平和構築者は、紛争を理解する時間がないんです。だから標準化された対応をする。近ごろでは「専門家」を自称する人がたくさんいて、問題が起こると、答えはすでにわかっていると思いこんでいます——対応策のカタログがあるからです。この問題はＸだから、治療法はＹにちがいないと。

それとは対照的に、ＬＰＩのチームは、外国人介入者、コンサルタント、専門家、さらには地元パートナーも、できるだけ早く介入するために紛争の背景を理解しようとすべきではないと考えている。アウトサイダーの役割は、地元の人が自分たちの問題をよりよく分析できるように手助けすることだ——安全な空間を提供し、住民が考えを共有してむずかしい問題と向きあえるようにすることで、地元の人は非難から調査へと移れるようになる。わたしが初めて会ったときにピーターが強調していたように、「地元の人たち」というのは「みんなのことです。市民社会、政治家、軍の将校、兵士、反政府勢力のリーダー、大臣、農家、女性グループ。み

参加型アクションリサーチの初期段階の調査結果について話しあう南キヴ州（コンゴ）南部の住民。このリサーチはライフ＆ピース研究所の支援を受け、〈開発および内発的平和のための行動〉〈組織イノベーション・ネットワーク〉〈誓約の箱舟〉が手助けして実施した。女性もプロセスに参加していたが、このときは別の場所に集まっていた＝写真提供：Life & Peace Institute, 2009

んなが参加するわけです」。村の住民だけでなく、「［首都の］キンシャサで糸を引く」人たちもそこには含まれる——つまり、被害者と平和構築者だけでなく、加害者も。ピーターが言うには、「消防士とだけ仕事をして放火魔は放っておくなんてことはしません」。

この新しいアプローチでは、紛争分析のプロセスは動的《ダイナミック》だ。実行されている和平の取り組み、直面している課題、達成された成果にもとづいて変化しつづける。ルジジ平野での牛飼いと農家の対立では、LPIの当初の計画は、状況《コンテクスト》や背景を分析し、大規模なミーティングをひらいてすべての当事者が調査結果に合意できるようにしたうえで、コミュニティ間の調停の仕組みを導入する、というものだった。けれども、チームはすぐに気づいた。思っていたのとは異なり、LPIが向きあっている相手は、他民族への憎しみによってひとつになり、自分たちの名のもとに戦う武装集団をはっきりと支持するような、結束力ある集団ではなかった。実際、地元の人が最初に求めたのは、各コミュニティの内部で調和を育むための対話だった。人びとにとってそれは、計画されていた敵対者とのミーティングの準備に欠かせないステップだった――LPIはその要望に従った。

二年半かけて、コミュニティ内の対話、準備、シャトル外交（先に触れたコンゴの三つの組織が、さまざまな民族集団を行き来した）を重ねたのちに、ようやく地元住民はほかの集団の代表と会う心の準備ができた。この時間はまったく無駄ではなかった。対話がすすむにつれて、各民族集団内で分断があることが明らかになったからだ。メンバーは「敵」についてさまざまな異なる考えをもっていた。それに、「自分たちの」武装集団についても懸念を抱いていた。戦闘員たちが自分たちの民族のなかでもレイプや強要をしていたからだ。話を共有するなかで、地元のさまざまな武装集団が徐々に正統性を一部失っていった。武装集団は、コミュニティの人たちを守り、その信念を代表して、コミュニティのために戦っているとはもはや主張できなくなる。

二〇一〇年三月、四つの民族集団の代表六〇人が参加して、ようやくコミュニティ間のラウンドテーブルがひらかれた。四日間真剣に話しあい、その後、二〇一〇年と一一年に追加のミーティングをひらいて、最終的に農家と牛飼いは一連の包括的合意に達する。すべての伝統的首長と地元の行政関係者もそれを認めた。この合意は創造的であり、また、この現場の特殊な状況に合わせたきわめて具体的なものでもあった。畜牛を高地から低地へ移動させる際に、できるだけ農家に迷惑がかからないルートを決めた。また、牛飼いが伝統的首長に税金を払うことを義務づけた。首長は牛飼いが特定の道を使って土地を「慣例として通行」することを許し、彼らの身の安全を守る。最後に調停委員会をつくり、対立が生じた場合に牛飼いと農家の代表がそこで問題の解消に取り組めるようにした。

その年にピーターが学んだことのひとつが、キンシャサで暮らしているけれどその地域に利害関心のある大臣、反政府勢力のリーダー、ビジネス界のエリートとのかかわりを強化する必要があるということだ――土地をもっていたり、畜牛を飼っていたり、援助しているおじや従兄弟がいたりといった人たちである。実際、親類や仲間を説得してラウンドテーブルへの参加をやめさせようとしたり、合意された措置のうち自分の利害を脅かすものを無視させようとしたりする者もいた。コンゴの副大統領のひとりは、LPIのドナーに資金の打ち切りまで要請している。したがってそれ以降、LPIとそのパートナーは、平和構築プロセスの各段階で関係する国レベルのエリートに情報を提供し、その人たちが意見を出して懸念を声にする機会をふんだんに設けるようにした。そうすることで首都に拠点を置くエリートも徐々に参加するようになり、和平への取り組みを頓挫《とんざ》させようとするのではなく、むしろ支持するようになった。実際、LPIの仕事のこの部分はとても重要になり、二〇一三年にはキンシャサに連絡事務所をつくって、責任者としてザウラティ・ナシブを派遣する――長年LPIに勤務するコンゴ人スタッフで、聡明で熱心な女性だ。

一方、ルジジ平野では、ＬＰＩから資金提供と後方支援を受けた地元組織が、畜牛を連れた牛飼いが使う畑脇の道に印をつけ（畜牛用の横断歩道つき）、正しいルートをはっきり示す標識を立てた。牛飼いは義務づけられた税金を払いはじめる。畜牛一頭、ビール一ケースのかたちで払われることも多い。コンゴで醸造されているラガービール〈プリムス〉が通貨としてよく使われる（わたしはビールが好きではなく、プリムスは苦すぎると思うけれど、通貨にしてはかなりおいしい）。

調停委員会も当初の計画どおりにはいかなかった――でも、最終的にはうまく機能した。もともとＬＰＩは、すぐにそれを立ちあげるつもりだった。けれどもコミュニティ間のラウンドテーブルに参加した人たちは、各コミュニティ内でさらに予備的な話し合いをすることを選んだ。やがて住民は新しい仕組みに合意する。ただしそこにはひねりが加えられていた。調停委員会は、正しい紛争当事者と悪い紛争当事者を決める法廷のような仕組みにするべきではない。全員が話し合いをつづけられるフォーラムにすべきだ、というのがその主旨だ。ここでもやはり、ＬＰＩはそれに従う。

その後、二〇一一年から一四年にかけて、こうした草の根の委員会（全員がＬＰＩおよび提携先の地元組織が訓練し支援するボランティア）が、暴力へエスカレートする前に紛争を調停した。たとえば、バニャムレンゲの牛飼いの牛が道をはずれ、バベンベの農家が耕した畑に侵入して作物を荒らしたときや、ルワンダから畜牛が流入して地域の微妙なバランスが脅かされたときには、手に負えなくなる前に委員会があいだに入って解決策を見いだした。二〇一四年には、地元住民が三つの新しい交渉団をつくり、部隊を抜けるように戦闘員たちを説得した。

もちろんこれらの委員会はすべて、ありとあらゆる問題に直面した。広大な地域をカバーするにはあまりにも数が少なかったから、新しい合意を全住民に周知するのがむずかしかった。それに、調停した紛争（年間一五〇〇件近く！）のすべてで合意にもとづく解決策を見いだせたわけでもない。でもすぐに学習し、合意を成立させて紛争を解決する成功率は、二〇一三年の二八パーセントから一四年の六八パーセントへ跳ねあがった。それに加えて、こうした地元の調停団には、国の司法制度よりもはるかにすぐれた点がふたつあった。まず、貧しい人が法的救済を求められる。弁護士費用を払ったり、裁判官の支持を〝買収〟したりする必要がないからだ――この慣習のせいで、緊張はたいてい緩和されるどころかさらに高まる。負けた側が不当な扱いを受けたと感じて、復讐を企《くわだ》てることが多いからだ。それに調停団の裁定は、加害者を罰することに焦点を合わせていない。互いを尊重するようにうながし、関係者全員にとってうまくいく解決策を見つけることに集中している。

家畜の通り道にはっきり印がつけられ、民族コミュニティ間の関係が改善されて、委員会が紛争調停に取り組んだ結果、目に見える複合効果が出た。数年間、畜牛の季節移動による暴力はほとんど起こらなかった。何十人もの武装集団の戦闘員が武器を手放した。いつも紛争状態にあった民族集団が、徐々に協力のプロセスを再開させた――たとえば同じ市場を利用しはじめた。全般に生活の質が大きく向上したと、多くの住民が感じていた。

同じアプローチと方法論を使い、ＬＰＩは同時期に北キヴと南キヴでほかにふたつのボトムアップ型の取り組みを支援した。ひとつはデオの出身地区カレへを中心としたものだ——この平和構築プロセスを管理するために、デオはLPIを去り、参加型アクションリサーチによる紛争解決に焦点を合わせたコンゴの団体を新しく立ちあげる。

長い話をまとめると、当初の成果がとても有望だったため、コンゴはやがてLPIの世界最大のプログラムになる。それに加えて、コンゴはこの地域で仕事をするほかの平和構築機関のお手本《モデル》になった——ヴィジャヤのリゾルヴ・ネットワークだけでなく、国連平和維持活動の安定化支援ユニット（Stabilization Support Unit）にとっても。

当時、コンゴのLPIは、アウトサイダーとインサイダーの理想の関係とわたしが考えるもの体現していた。外国から来た人は数年間そこにとどまり、現地の状況について知識を深めて、現地でのネットワーク構築に集中する。自分の役割は、地元の利害関係者がつくる計画に技術面と資金面の支援を提供することだと考える。できるだけ目立たないようにして、自分たちの貢献を触れてまわるのではなく、草の根コミュニティの仕事と成果を第一に、コンゴのパートナーのそれを第二に強調する。

ピーター自身、わたしには外国人平和構築者のお手本のように思えた。その数年のあいだに何度か彼に会ったけれど、いつでも思いやりがあってフレンドリーで、まわりのみんなを尊重していて、思慮深く、仕事熱心だった。ピーターの同僚たちに彼のことを尋ねると、くり返し出てくることばは、「献身的」「知識が豊か」「おもしろい」。何よりみんなが強調していたのは、「彼はコンゴを愛している」。実際、ピーターはそこで一〇年近くを過ごした——最初の三年間を人道支援組織〈オックスファム〉で、残りをLPIで。コンゴ人女性と結婚し、子どもをふたりもうけている。現地のことばを習得して、現地の文化と歴史を学んだ。ほかの外国人からは距離をとって、コンゴの人たちと強い友情を育もうとした。つまり周囲のコミュニティに溶けこもうと最善を尽くしていて、しまいにはコンゴの市民権取得の申請をしたという根拠のない噂まで流れるほどだった。援助の世界の外で生きる人から見れば、ピーターの振る舞いは常識的だと思えるかもしれない——そもそも、ことばを話せず、個人的に付き合いのある人もいない国で、どうやって平和構築の手助けができるのだろう？　でも実際、現地に溶けこもうとするこのような試みは、ピース・インクの常識ではきわめて例外的だ。

わたしの視点から言うと、その数年間にLPIとそのパートナーたちがした仕事と成し遂げたすばらしい成果は、ピース・インクの支持者が後生大事にしているさまざまな想定に異議を申し立てている点でも重要だ。平和構築に取り組むのは、戦争終結後である必要はない。紛争分析は、できるだけ早く終わらせなければならない準備段階ではない。草の根の取り組みを支援することは、地元の人が使う戦略を指示することとはちがうし、地元の人のために紛争を解決することでもない。かならずしもお金がたくさんかかるわけでもない。さらに言うなら、対話だけでは不十分だ。話すことで平和は実現できない。行動もする必要がある。それは一度かぎりの出来事ではないし、結果がプロセスより重要なわけでもない。それに、どれもすぐにできることではない。

平和構築は、戦闘や大虐殺が進行中のときにおこなうこともできるし、そうすべきだ。まさに暴力を抑えるのに役立つからだ。紛争分析は計画に不可欠だし、草の根の取り組みを支援するとは、想定される受益者——特別なスキル、教育、資格のない一般市民も含まれる——に問題にどう取り組みたいかを決めさせることだ。対話は継続的で長期的なプロセスであり、それ自体が有益なものだけれど、あとで具体的な行動によって補完する必要がある。これはすべて限られた予算で実現できる（思いだしてほしい。ウルベンの地元の農業協同組合がラスタの問題を解決し、一〇万をこえる人に平和を取り戻すのにかかった費用は、わずか五万ドルほどだった）。ただ、それには時間がかかる。たくさんかかる。それに、その結果もたらされた平和は、その後も日常的に力を注いで維持しなければならない。

破綻と遺産

LPIのスタッフとアプローチはとても斬新だと思ったから、二〇一一年に『インターナショナル・ヘラルド・トリビューン』紙（旧『グローバル・ニューヨーク・タイムズ』紙）に書いた論説でわたしは、モデルとすべき唯一無二の例としてLPIを取りあげた。この記事によってLPIは注目を集め、政治家、ドナー、外交官、国連職員、さまざまな非政府組織の職員から、ミーティング、ブリーフィング、助言、協働《パートナーシップ》の要請が殺到した。これは広報と資金調達の面では理想的だったし、介入者に参加型アクションリサーチの考えを広めるのにおおいに役立ったけれど、時間とエネルギーの面でスタッフの負担が大きく増えることにもなった。

いまになって考えると、こうした注目がひとつの理由になって、その後、コンゴのＬＰＩプログラムが破綻したのかもしれない。善意のドナーと外国の機関がＬＰＩの成果を広範囲に拡大しようとし、キヴ諸州のさまざまな場所で再現しようとしたけれど、ほとんどはＬＰＩモデルの表面的な理解をもとに実行された。その人たちには単純に、ローカルな紛争に対処するためにローカルなレベルでできるだけたくさんプログラムを展開するということでしかなく、ＬＰＩがすでに立ちあげたり支援したりしているローカルな仕組みを通じてそれをするのが理想だったのだ。想定された受益者がプログラム全体を設計するのが大切であることや、そのようなアプローチには時間と柔軟性が求められることをわかっていなかった。つまり、質ではなく量とスピードに目を向けていた。

　ＬＰＩの現地パートナーは、ピーターによると「資金オファーの大砲撃」を受けた——けれどもたいていは、ドナーや国外機関の優先事項とスケジュールにもとづいたプロジェクト資金だった。リソースが不足しているコンゴ東部の環境では、思いがけないこの儲《もう》け話を逃すのはあまりにも惜しく、コンゴの団体はスタッフと活動を増やして需要に応えようとした——彼らもまた質より量を選んだ。さらに悪いことに、資金が流入してきたことで邪《よこしま》なインセンティブも生まれた。平和を構築したいからではなく、現金やその他のリソースを手に入れたいからという理由で、草の根の紛争解決に参加するという動機だ。トビアスが嘆くように、この現象によって「たくさんの無能な人間」が「とても繊細な問題に手を出し」はじめ、やがてルジジ平野現地の和平委員会が一部破壊された。利用可能な資金の管理をめぐってメンバーが争いだし、可能なかぎり分け前を与えないようにしようとほかの人を排除したり、日当が出ない会合への参加を拒んだりするようになる。やがて和平委員会はコミュニティから見て正統性を失い、効力と影響力が脆くも崩れ去った。

もちろんピーターも完璧ではなく、それなりに批判を受けた。州当局と国連職員は、彼がほとんど会ってくれないと不満を漏らした。ピーターのスタッフと地元パートナーは、資金と時間管理の面で彼は「厳しすぎる」し、自分の考えと一致しないアイデアを「あまりにも即座に」斥けすぎると思っていた。コンゴ社会へ溶けこむのも、思うほど簡単ではなかった。身近な家族を除いて、コンゴ人の友人や同僚から完全に受け入れられている感じはしなかった。さらに悪いことに、二〇一五年、ピーターとドナーは、LPIの現地スタッフとパートナーの一部が資金を横領していることに気づきはじめる。ピーターが「人生のなかでもひときわすばらしいひととき」、あるいは「夢の」仕事と思っていたものが、徐々に「試練」に変わりつつあった。

ピーターは事態の改善に努めた——腐敗の告発を調査し、不正に手を染めていた者たちを解雇して、ドナーやパートナーと信頼を再構築しようとした。けれども、そのときにはすでにくたびれ果てていた。何より裏切られたと感じていた。信頼し、支援して、親身になって助言し、友だちとすら思っていた人たちに利用されて動揺した——自分の「全世界が爆発した」とピーターは言う。さらに、自分と家族を脅迫するメッセージも受けとった。明確であからさまなものも遠まわしのものもあったけれど、遠まわしのもののほうがいっそう不安を掻きたてた。二〇一五年に会ったとき、ピーターはあまりにも意気消沈して絶望していたから、彼の友人や同僚の多くと同じく、わたしも心配になった。その翌年、彼は精神的にまいってしまって、すべてを投げ棄ててコンゴを去った。一〇年前のハンスと——また長年のあいだにわたしが会ったほかの多くの平和構築者とも——まさに同じで、過労、殺害の脅迫、懐疑心、裏切りが組みあわさり、やがて耐えられなくなったのだ。

ピーターが去ったことで、ＬＰＩの暗黒時代がはじまった。資金の扱いが不適切だったと決定的に証明されることはなかったけれど、ドナーは信頼を失い、いきなり資金提供をやめた。ＬＰＩの本部もコンゴのプログラムをすべて停止し、コンゴ事務所の運営と財政を健全化して、関与を見なおすことにした。その結果、現地を拠点とするスタッフをほぼ全員解雇する。これを書いている二〇二二年の時点でも、ＬＰＩはコンゴに小さな事務所をひとつ構えているだけで、数人のスタッフが資金を探し、大規模な取り組みを再開する手立てを模索している。ＬＰＩの精神《エートス》と運営上の原理原則《プリンシプル》は変わっていない。ボトムアップの行動と参加型アクションリサーチに焦点を合わせ、地元の人のために働くのではなく、地元の人とともに仕事をすることだ。

資金援助を失ったことで、〈組織イノベーション・ネットワーク〉や〈開発および内発的平和のための行動〉など、ＬＰＩのパートナーも一部のプロジェクトを中止せざるをえなかった。進行中の仕事の成果を固め、ローカルな紛争のより大きな側面に対処する前に断念したものもある。たとえば二〇一五年には、南キヴ州南部を拠点とする反政府組織に対してコンゴ軍が作戦を開始し、隣国ブルンジで政治的な緊張が高まった。ルジジ平野のその後は悲惨だった。部隊を抜けて市民生活に復帰するのを待っていた地元の戦闘員たちが、ふたたび武器をとった。また戦闘によって多くの人が場所を追われ、家畜移動用のルートが意味をなさなくなって、地元の委員会に調停のリクエストが殺到した。牛飼いと農家との暴力が勢いを増して、おなじみの殺人と復讐の連鎖につながる。二〇二〇年までに少なくとも三〇〇人が死亡し、三〇万人が場所を追われて、一四〇の村が跡形もなく焼きつくされた。

わたしは、自分が論説を書いたことをきっかけに、とても尊敬するものが破壊されたことにずっと罪悪感を抱いていて、何年もあとの二〇一八年にピーターにそのことを尋ねた。彼は大笑いして、わたしの記事が出たのは、当時のLPIにとって何よりすばらしいことだったと語った。自分や同僚には広報の時間もスキルもなく、それをする気もなかったけれど、記事のおかげでLPIの取り組みが周知されたからだと。そのあとの出来事はきみのせいじゃないと彼は言う――だからわたしもなんとかそう信じようとしていて、この本で取りあげるほかの組織で同じことがくり返されないことを強く願っている。

ピーター、デオ、ローチとその同僚たちがこの悲しい顚末を振り返るときによく強調する教訓は、みんなの役に立つ。第一に、問題にお金を投じると、利益よりも害を生むことのほうが多い。キヴ諸州における草の根の紛争解決に一時的に資金が流れこむことで、現場での和平の取り組みは、強化されるどころか歪《ゆが》められ、破壊された。第二に、平和構築者はよりよい手続きを整えてリソースの悪用を防ぎ、告発にきちんと対処する必要がある。そもそも横領の疑いは、LPIのパートナーやコンゴに固有の問題とはとても言えない。アメリカの投資会社（バーニー・マドフのポンジ・スキーム〔投資詐欺〕）から国際援助機関（アフガニスタンで使途不明になったUSAID〔アメリカ合衆国国際開発庁〕の何百万ドルもの資金）、ロシアの政党（に加えてオーストリア、ベルギー、ブラジル、中国、フランス、イタリア、インド、セネガル、スペインの政党）まで、あらゆる種類の組織で腐敗行為の告発がたくさんある。銀行やヘッジファンドなら、すぐに営業を全面停止するのが正しいかもしれないけれど、平和構築プロジェクトでそれをすると、とてつもなく大きな代償がついてくる——人命にかかわるからだ。最後に、ボトムアップの取り組みは、州、国、国際レベルのエリートが参加するトップダウンの取り組みによって補完される必要がある。そうしなければ、草の根の努力は、木のてっぺんでの対立によってたやすく脅かされかねない。二〇一〇年のラウンドテーブルの直後にルジジ平野で起こったのがこれで、二〇一五年にコンゴ軍とブルンジの反政府組織が新しい作戦を開始したときも同じだった。

ピーター個人としてはひどい経験をしたかもしれない——当時、彼の考えとして伝えられていたとおり、失敗の経験だったのかもしれない。けれども、地元に溶けこもうとする努力のおかげで、彼はほかの外国人よりも現地の状況をはるかによく理解し、コンゴ人のあいだで正統性を獲得した。そのため、ピーターはよりよい介入者になっていた。

さらに言うなら、LPIはしばらくのあいだコンゴでの活動をほとんど停止しなければならなかったし、いまの事務所は以前のものよりずっと小さいけれど、その仕事の大部分は影響力を保っている。まず、ピーターと同僚たちのたゆまぬ努力のおかげもあって、外国の平和構築者がコンゴでの草の根の紛争に注意を払いはじめた。あとで説明するように、ボトムアップの平和構築は、いまでも受けてしかるべき支持を受けていない。それでも、この一〇年間でとても大きく前進した――少なくとも、ピース・インクの支持者たちもローカルな紛争解決を頭ごなしに否定することはなくなり、その重要性を議論するようになっている。これは確実にLPIのおかげだ。

それに加えて、その後わたしが話したLPIの元パートナー――〈組織イノベーション・ネットワーク〉、〈開発および内発的平和のための行動〉、ウルベンの〈総合的開発のための農民組合〉(Union Paysanne pour le Développement Intégral) など――はすべて、最初にLPIから学んだ参加型アクションリサーチをいまでも使っていると言い、それは現場で紛争に対処するにあたって、考えられるかぎり最善の方法だと誇らしげだった。コンゴ人の元スタッフも同じだ。たとえばデオが運営している平和団体はいま、ルジジ平野でのLPIとまったく同じやり方で動いているし、ローチはそのあとに勤めたどの組織でもLPIの教えを広めようとしてきた。そしてLPIのときと同じように、このアプローチはうまくいく。たとえばデオは、会うたびに、彼がいるカレヘ地区で土地関係の対立と暴力が大幅に減ったことをえんえんと語りつづけた。住民もアウトサイダーも、状況が改善したのは大部分が彼の〈平和と調和のための協会〉(Association pour la Paix et la Concorde) のおかげだと言う。

外国人スタッフもLPIの遺産を受け継いでいる。国連平和維持活動の安定化支援ユニットで働くようになったスタッフも数人いて、その取り組みの一部――コンゴ東部の全体を安定させようとする数百万ドル規模の戦略で、複数のドナーと組織が参加するもの（〝I4S〟と呼ばれる）など――は、LPIの分析と活動方針の一部を明らかに反映している。わたしが会ったほかの多くの介入者も、LPIから大きな影響を受けたと話していた。リゾルヴ・ネットワーク、インターナショナル・アラート〔世界的な平和構築団体〕、国連など、さまざまな組織で働く人たちだ。それにLPIは、コンゴのスタッフが開発したアプローチを使って――また、その成功と課題から学んだ教訓をもとに――、東アフリカでのプログラムをつくっている。

言うまでもなく、コンゴでLPIがあげた具体的な成果のなかには、いまも生きつづけているものがある。ルジジ平野に導入された和平委員会は、引きつづき紛争を調停し、コミュニティ間の関係改善をうながして、紛争がエスカレートして大規模な暴力になるのを防いでいる（この委員会もまた、活動を維持し拡大するために切実に資金を求めてはいるけれど）。マシシやカレへなど、キヴ諸州のほかの場所でLPIのパートナーが立ちあげを手伝った草の根組織も、引きつづき活躍している。何よりLPIのおかげで何千もの男性、女性、子どもがいまも命をつないでいて、未来に希望を抱いている――わたしの本にとっては、それこそがほんとうに大切なことだ。

型にはまらない平和構築

コンゴでのLPIの経験は、たやすいものではなかった。国全体で戦争を終わらせたわけではないし、州や地区でさえも無理だった。スタッフはまちがいを犯して、課題に直面した。財政面も何かがおかしかった——資金が実際に横領されていたのかもしれないし、あるいは最善のシナリオでは、お金は適切に管理されていたけれど、ドナーを納得させられるほどしっかりした報告体制がなく、透明性も足りなかったのかもしれない。

けれども、こういう管理上の問題のために、LPIの成果から目をそらされるべきではない。長年のあいだにLPIのチームは、キヴ諸州のいくつかの場所で紛争を減らす手助けをした。暴力に立ち向かう新しいアプローチと、外国人スタッフが現地の人を手助けして下から平和を築く具体的な方法を考えだした。

ピース・インクの支持者は、たいていアウトサイダーの知識と考えに焦点を合わせるけれど、LPIはそうはせず、インサイダーの専門知識と見識をもとに動く。LPIの物語からは、地元の人を運転席に座らせるのは、世間知らずでも非現実的でもないことがわかるし、資金調達には役立つけれど現場では使えないスローガンでもないことがわかる。それは、暴力に対処するにあたって著しい成果を呼ぶ原則だ。

アレクサンドラ、デオ、ハンス、ローチ、ピーター、ウルベン——これらの並はずれた、けれども普通の人たちがつくったのは、わたしが目にしたなかで最も効果的な平和構築戦略だ。みんなの経験は、〝ピースランド〟の住人がどんなふうに行動できるか／すべきかを教えてくれる。お手本となり、紛争地帯でとてもよく見られるインサイダーとアウトサイダーのおきまりの、非生産的な関係を回避する方法を示してくれる。

第二部

ピース・インク

第三章

インサイダーとアウトサイダー

援助活動家として初めての仕事でコソボへ着任する前、世間知らずだったわたしは、同僚たちの態度、行動、戦略は、出身国と所属組織によってさまざまなのだろうと思っていた。でもすぐにわかった。外国人の平和構築者は、驚くほど似ている——平和維持活動関係者でも、外交官でも、ドナーでも、国際機関や非政府組織の職員でも。

わたしはまわりに溶けこみたいと思っていて、それはむずかしくなかった。調整会議に出席し、標準的なセキュリティ手順に従い、送別会をひらき、おもにほかの外国人と付きあっていた。現地のことばを学ぶ代わりに、専門用語やアルファベットの頭字語だらけの介入者のことばを流暢《りゅうちょう》に話すようになった。ようするにわたしは、ピースランド（紛争地帯から紛争地帯へ飛びまわる援助活動家の世界）の普通の住人になり、ピース・インク（通常の、けれども問題ある戦争終結法、つまり定型的で、トップダウンで、アウトサイダー主導のアプローチ）に精通するようになった。

アフガニスタンとコンゴでの次の任務も順調だった。たしかにこのふたつの国は、地理、文化、言語、人、政治力学、どれをとっても共通点がほとんどない。それでもどちらの国でも、わたしはなじみの環境にいた。外国人同士のかかわり方、現地の人とのかかわり方、生活を営んで仕事をする方法――どれもコソボで経験したものととてもよく似ていた。一度要領をつかんだら、新しい戦争地帯に到着したときに場違いだと感じることはなくなった。

この暮らし方と働き方はあまりにも広く浸透しているから、ほとんどの介入者はそれに気づかない。けれども、習慣にもとづくこうしたインサイダー（紛争地帯で暮らす人）とアウトサイダー（手助けをしにくる外国人）の関係は、和平実現のチャンスを深刻に脅かす。

ピースランドの住人は、地元の人は暴力を取り除くのに必要なものをもっていないけれど、外部の専門家はもっていると思いこんでいることが多い。この思いこみが、戦争に対するピース・インクのアプローチの核にあり、国内と国外の平和構築者いずれにもさまざまな困難を生んでいる。その結果、標準的な国際戦略がうまくいくことはめったになくて、ときに逆効果になる。だからこそ、リーマや彼女の仲間の女性活動家たち〈序文〉、ヴィジャヤやジャスティン〈まえがき〉、ケアやリヴィングストン〈第一章〉、ピーターやデオ〈第二章〉のような人から学んで、おきまりのやり方を見なおすことがとても重要だ。

根深いステレオタイプ

ミシェル・ロセンベはコンゴ人のビジネスマンだ。彼はまた偶然にも、わたしのお気に入りの学生の父親でもあった。わたしが会ったときロセンベは、外国の介入者が見くだした態度でコンゴ側の関係者と口をきき、地元の人たちのアイデアを即座に斥けるのにいらだちを覚えると語った。ロセンベはアフリカ系とヨーロッパ系の血が入っていて、たいていのコンゴ人よりも肌の色が薄い。そんな彼が、社会実験をしてみたことがある。外国でひらかれたある会合で、プエルトリコ人のふりをしてみたのだ。彼に対する参加者の態度は、それまでに経験していたものとはまったくちがった。外国の援助関係者はより敬意をこめて話し、注意深く耳を傾けて、彼の考えを真剣に検討した。

ロセンベの経験は、ピースランドにおけるインサイダーとアウトサイダーの関係を典型的に表している。外国の平和構築者の多くは、紛争地帯の住民には自分たちの問題を解決するのに必要な専門知識、スキル、資質、リソースがないと思いこんでいる。実際、ピースランドの住人は地元の人たちを無学、怠惰《たいだ》、自己中心的、暴力的、信頼できないと見なしていることが多い。二〇〇三年にコンゴで働いていたとき、そこで目にする虐待は普通のことだとチュニジア人の平和維持活動関係者から説明を受けた。

ヨーロッパの感覚とヨーロッパの考えをもってここへ来たらだめだ。暴力と体罰は、ここでは生活の一部なんだから。コンゴ人はそれに慣れている。人を鞭《むち》で打つのがコンゴのやり方。コンゴ人は、われわれと同じようには感じない。

別のときには、ヨーロッパの外交官が、暴力に対するコンゴ人の態度は、中世ヨーロッパ人のものと基本的に同じだという誤った主張をしていた。どちらも加害者と被害者は性的虐待を自然なことだと考えている――彼はそう言い切る。同じように、人道支援に取り組むあるドナーは、わたしにこう説明した。「何世代ものあいだ、一〇人に八人の女性が父親、おじ、近所の人にレイプされてきた」。暴力と略奪がはびこり、腐敗が深く根を張っていて、完全な無秩序状態にある――アフリカ出身者を含む多くの援助活動家が、このような出来事に「コンゴはコンゴだ」というあきらめのことばで反応する。

　ピースランドの住人としてわたしは、あらゆる場所でこういう軽蔑的なステレオタイプに出くわした。「アフガニスタン人は暴力的だ」「アルバニア人はマフィアだ」「ブルンジ人は偽善的な嘘つきだ」「イスラエル人は無礼だ」「セルビア人は残酷だ」「スーダン人は無能で攻撃的だ」「ティモール人は遅れている」というように。実際、援助活動家として働きはじめた最初の数年は、わたしもこういう偏見を不用意に受け入れて同じことを言っていた。たいてい、まわりで耳にしたことを単純にくり返す。そして、立ち止まってそれについて考えるたびに、こういう主張を支える材料が見つかる。前線の同僚に届ける薬をたくさん積んだ飛行機の着陸許可と引き換えに、コンゴ人の政治家から賄賂《わいろ》を要求された――そのひとつの出来事から、コンゴ人の政治家はみんな腐敗していて国民のニーズに無関心だと考える。〈国境なき医師団〉のチームが病院を運営していたアフガニスタンのハザラジャート地域では、アフガニスタン人の武装勢力指揮官が、何千もの住民を拷問にかけて殺害した――だから、アフガニスタン人はみんな危険だと思いこむようになった。コソボ人の同僚のなかに、地元のマフィアと親類関係にある人がいた。彼はプログラム資金の一部を横領していて、それが発覚して解雇されると、〝従兄弟たち〟が来ておまえらを皆殺しにするとわたしの上司に告げた。だから、世界のどこにいても、現地スタッフはだれも信頼できないと頑《かたく》なに考えるようになった。

こういうステレオタイプは、とても広くいきわたっていてありふれているから、わたしが話を聞いた無数の外国人平和構築者が、〝いい〟現地の人に会ったときにとても驚いたと強調していた。働き者の市民、国家ビジョンをもつ指導者、変化を起こしてよりよい状態を実現した活動家、権力の座を悪用しない当局者。

現地の人に否定的なイメージをもっていたせいで、わたしはほかの外国人とばかり付きあいがちだった。受け入れ国の人とのつながりを欠いていたから、わたしが出くわした数人の「腐ったリンゴ」が現地住民全員の代表ではないことに気づけなかった。たった数人の行動をもとに集団全員を判断するのはフェアでないと気づいて、恥ずかしく感じることもたまにあった。でも、まわりに溶けこみたくてたまらなかったから、広く浸透したステレオタイプに異議を申し立てたり、仲間にばつの悪い思いをさせたり、気詰まりな議論をふっかけたりしたくなかった。だからわたしは黙っていた。

もちろん、ヴィジャヤ、ピーター、ハンス、アレクサンドラ、その他大勢の介入者が、この種の軽率なコメントを減らそうと根気強く努力している。受け入れ国の人がたくましく向きあっている困難に耐えられる人は、自分の出身国にはほとんどいないだろうとみんな強調する。

有能で知性があり、無私で信頼できて、誠実で勤勉な現地住民の知り合いをたくさんあげる。でもそういう介入者にできるのは、せいぜい数人の意見を変えたり、会話の収拾がつかなくなるのを防いだりすることぐらいだ。現地人のイメージ全体を向上させられることは、めったにない。

このような否定的な考えがあると、疑いに満ちた雰囲気が広がる。たとえば、わたしが外国で働きはじめたころは、安全保障上の情報や機密書類の共有に細心の注意を払うように訓練を受けた──情報を知った人が友人に伝えたり（その友人は戦闘員、スパイ、武装勢力の指揮官、腐敗した政府当局者などかもしれない）、それを使ってこちらへ危害を加えたりするかもしれない。その根底にあったのは、大部分が根拠のない思いこみだ。現地のスタッフは、アフガニスタン人、コンゴ人、コソボ人などであり、つまりわたしたちアウトサイダーが正そうとしている破綻したシステムを体現する存在であって、信頼できないというのがその考えだ。

根深いステレオタイプは、ありとあらゆるプログラムにも影響を与える。たとえば、平和構築組織が戦争地帯の軍と警察の関係者に提供する性暴力関連の研修を見てみよう──これは、コロンビアと南スーダンのような文化的に異なるさまざまな場所で実施されている。警察と軍による性的虐待は、一見平和な国も含めて世界のどこでも問題で、うまく組み立てられた暴力防止コースは、実際に成果をあげることもある。けれどもあまりに多くの場合、紛争地帯では、もっぱら単純化されたメッセージを伝える指導がおこなわれている。女性をレイプすること、性的虐待一般は悪いことで、たいてい違法だというのがその内容で、戦闘員がレイプや拷問をするのは、それが悪いことだと知らないからとでもいうかのようだ！　軍や警察の関係者に言わせると、馬鹿にされているようで、屈辱的で、非常にいらだたしい。より望ましいのは、悪いことで違法だと知っているにもかかわらず戦闘員がレイプする理由を理解したうえで（司令官直々の命令に従っているのかもしれないし、男らしさを主張しようとしているのかもしれないし、恥をかかされたと思ったことに仕返ししているのかもしれないし、ほかにもさまざまな理由が考えられる）、介入のしかたを調整して、この行動の根本原因に取り組むことだろう。

それにこうした先入観《バイアス》のせいで、アウトサイダーは有意義な平和構築リソースを見落とすことが多い。すでに紛争解決に取り組んでいる地元の既存組織や、現地の人びと自身などだ。イジュウィやルジジ平野で見たように、現地の人びとがもつ知識と赦《ゆる》しの力が、成功と失敗を左右することがある。

「アウトサイダーがいちばんよく知っている」

紛争地帯の住民が問題を解決するには、外国人の専門知識が必要だという考えが浸透している。けれどもこうした考えもまた、ピースランドに存在する知識のヒエラルキーの産物だ。たいていの介入者は、よい平和構築者に必要なのは、選挙運営や異文化間の紛争解決といった専門分野での教育と職務経験だと考えている。

外国の省庁、平和構築機関、ドナー、その他の介入者が紛争地帯で出す求人票では、たいていジェンダー、法の支配、武装解除と動員解除、選挙実施、環境保護といった分野の専門家が求められている。望まれるスキルとして典型的にあげられるのが、大学院の学位とその分野での数年の実務経験だ。その国についての専門知識や現地語の知識は求められない——求められたとしても、たいていリストの最後にあげられる。オーストラリア出身で長年、援助活動家として働いているジェイムズ・スキャンベリーに言わせると、この「ニンジンを育てるにはニンジンを育てる学位が必要だという頑固な考え」のせいで、現場で仕事を得るのはたいてい「カリキュラム馬鹿」だ。つまり高い教育を受けてはいるけれど、現地での経験がほとんど、あるいはまったくない専門家だ。

たいていの介入者と同じように、援助の世界で働きはじめたころのわたしも、この不可解な慣習は完璧に理にかなっていて妥当だと思っていた。平和構築組織は地球全体を視野に入れているのだから、次の危機がどこで発生しても、即座にそこへ派遣できるスタッフが必要だ。それにあとで説明するように、そうした組織は、国と国際的なエリートと協力して、トップダウンで紛争を解決する戦略を好む。たいていのエリートは、多少なりとも英語を話す。だから、たとえばウォロフ語（セネガルなど西アフリカで暮らすウォロフ人のことば）に堪能な人や、西アフリカの歴史、社会、文化に通じた人よりも、ゼネラリストを雇うのは筋が通っている。ウォロフ語や西アフリカの専門家が働けるのは数か国だけだけれど、ゼネラリストはどこでも活動できるからだ。

さらに言うなら、同僚たちとわたしは、自分たちが取り組んでいるのは専門家が求められる専門性の高い仕事なのだと誇りをもって考えていた。この視点からすれば、戦争と貧困は普遍的な問題であり、どこでも同じ人間の本性に根ざしている。戦争と貧困は技術的な問題でもあって、成功事例《ベストプラクティス》と、たくさんある普遍的で実証ずみのアイデアにもとづいた技術主義的な解決策で解決できる。そういう解決策は標準化されてテンプレートになっていることが多く、危機への対処に必要な時間とエネルギーを軽減して、現場で命を救うのに役立つ。だからこそ、一般的な平和構築技術の訓練を受け、さまざまな紛争状況を幅広く経験した外国人が、現地でいちばんの影響力をもっている。

もちろん、現地のことばや文化の知識があるのはいいことだ——現場で生活しやすくなるし、より楽しく過ごせる。でもこれは贅沢《ぜいたく》品だと思われていて、必需品だとは考えられていない。同僚の多くと同じように、かつてはわたしも本を数冊読めば現地の歴史と社会の基本的な特徴は学べると固く信じていた。それに現地語の重要フレーズをいくつか知っていれば、現場で最善の仕事をするのに必要なものはすべて揃うと思っていた。だから大学院では一般的なスキルを身につけるのに集中して、修了後に仕事を得るチャンスを増やそうとした。つまり、ジェイムズ・スキャンベリーの言う〝カリキュラム馬鹿〟になろうと全力を尽くした。

そんなふうに考えていたのは、わたしだけではない。キプロスと南スーダンでは、ギリシャ語やトルコ語、アラビア語やヌエル語を話す外国人の平和構築者は数人しかいなかった。二〇〇五年にハイチで国連に配属されていた警察官一七〇〇人のうち、フランス語やクレオール語で意思疎通をはかれたのは一〇〇人だけだ。二〇一〇年にアフガニスタンのイギリス大使館で働いていた一四〇人ほどの外交官のうち、アフガニスタンで使われていることばのどれかに堪能なのは、わずか三人だった。コンゴの平和維持活動の運営会議に初めて出席したときには、参加者が文字どおりお互いの発言を理解できていないのを目の当たりにして愕然《がくぜん》とした。フランス語を話せない人もいれば、英語の知識がない人もいて、スペイン語でしかコミュニケーションをとれない人もいた。

当然、現地語を話せないと、介入者が住民と交流するのはとても困難になり、対処しようとする紛争を理解するのもむずかしくなる。ある日、わたしはインド出身の国連平和維持軍兵士のパトロールに同行して、コンゴの僻地にあるカセグルという村を訪れた。夜間に政府と反政府勢力の兵士との戦闘があり、死者が数人出ていたので、平和維持軍の兵士たちが調査に向かったのだ。不幸にも彼らはみんな、フランス語やスワヒリ語をひと言も話せなかった。村にいるあいだはずっとピックアップ・トラックのそばに立って警戒していて、通訳――三〇代のエネルギッシュな男性――が道の先まで行って現地のリーダーや住民と話をした。通訳が話を終えると、わたしたちはすぐに立ち去った。基地へ戻る長いドライブのあいだに、平和維持軍の兵士たちはようやく通訳が入手した情報を聞いた。わたしは村で通訳に一部同行していて、フランス語話者として話し合いの内容もところどころ理解できた。だから彼が重要な点をかなり忘れていることや、ほかの点をいくつかまちがって伝えていることがわかった。すでに複雑な状況を、国連が現場で把握するのに手こずっていたのも不思議ではない！

さまざまな紛争地帯で過ごすあいだ、派遣先の国についてあらかじめ深い知識をもっていた

カセグル（コンゴ）で、反政府勢力とコンゴ軍の最近の戦闘について通訳が調査するあいだ、防具で完全に身を固めて警戒する国連平和維持軍の兵士。兵士たちが村で過ごした時間は 20 分未満で、幹線道路を去ることはなく、だれとも交流しなかった＝写真提供：Philippe Rosen, 2011

外国人の援助活動家にはほとんど出会わなかった。たいていの人が、ほかの戦地で同じ技術的な仕事をしたことのある専門家だった——兵士、弁護士、医師、外交官、会計士、ソーシャルワーカー、援助プロジェクトを仕切るプロの管理者などだ。

昇進について言えば、ほとんどの平和構築機関が、特定の地域で過ごした時間ではなく、さまざまな国でやり遂げたミッションの数を評価する。実際、特定の場所に長くいすぎる外国人（ハンスやピーターのような人）が、「現地人になってしまった」として介入者たちに悪く言われるのをよく耳にする——つまり現地の文化に浸りすぎ、受け入れ国の人と親しくなりすぎて、ミッションをうまく実行できないということだ。

したがって平和構築組織は、外国への派遣者を頻繁に交代させる。外交官はたいてい二、三年ごとに異動する。非政府組織のスタッフが同じ場所にとどまるのは、六か月から三年だ（平均するとひとつのミッションに一年）。平和維持活動の分遣隊は六か月から一年ごとに交代し、国連の文民要員は六か月契約で、たいてい何度か更新される。長期的に仕事をすることを誇る開発の実務家たちですら、平均二年ごとに国を移る。このペースだと、外国の平和構築者は、変えたい現地の状況をそもそも深く理解できない。みんな紛争地帯から紛争地帯へ、大陸から大陸へと飛びまわり、ときには一年のあいだに複数の任地で仕事をする。東ティモールの平和構築者が皮肉をこめて語っていた。彼女の同僚のなかには、「三〇歳になるまでに二〇の国で〝平和を実現した〟！」と自慢する人もいるらしい。

平和構築組織が語学力と現地情勢の知識がある人を雇ったときには、そういう人物をいつも専門外の地域へ派遣する。博士課程を終えて仕事を探していたとき、わたしはアカデミックポストとそれ以外の職のどちらにも応募していて、そこにはコンゴでの国連ミッションの政務官も含まれていた。すでにわたしはコンゴで一年以上働いていて、コンゴの紛争と地方政治について六〇〇ページの博士論文を書いていたから、当然その職にぴったりだろうと思っていた。でも、採用担当者から連絡はなかった――何千もの応募書類を処理していたはずだから、意外ではない。けれども驚いたことに、ブルンジでの平和維持ミッションの経済アドバイザーの最終候補に残ったと電話がかかってきた。

ピースランドで働く友人にこの話をするたびに、みんな自分が経験した同じような話を聞かせてくれる。たとえばある友人は歴史家で、コンゴのカタンガ州の政治を専門にしている。二〇一〇年に彼はコンゴの国連平和維持ミッションの職につき、カタンガへ派遣されるようにあらゆる手を尽くした。でもうまくいかなかった。まずはカタンガから一六〇〇キロメートルほど離れたオリエンタル州へ送られた。知り合いはいないし、現地の状況もほとんど知らない土地だ。一年以上にわたって要望を伝えたのち、ようやくコンゴ国内の別の場所へ異動させられた――でも行きついた先は、首都のキンシャサだった。

ボスはだれ？

援助組織についての勉強と専門化に集中したことで、介入者としてのわたしのキャリアはすばらしいスタートを切った。二三歳で大学院を修了し、最初に得た仕事は〈世界の医療団〉フランス本部のコソボ担当副局長だ。アルバニア語やセルビア・クロアチア語は話せた？　ひと言も。コソボのことをよく知っていて、現地に広い人脈があった？　コソボには一度だけ行ったことがあって、インターンシップの一環として一週間滞在した。コソボの歴史、文化、政治の専門家だった？　そこへ向かう飛行機で、バルカン半島について最初の本を読みはじめた――しかも読み終えていない。いったいどうやってその仕事につけたのか、不思議に思うかもしれない。単純なことだ。政治分析の訓練をしっかり受けていて、英語が堪能で、見ばえのする修士号をふたつもっていて、ほかの紛争後の土地や開発途上国の現場で働いた経験があったから。それだけあれば、プロテクション・オフィサー（コソボのマイノリティを手助けするプログラム責任者）としての職を得るのにじゅうぶんで、二か月弱でコソボ担当副局長に昇進した。

当時わたしは、そのことが信じられないほど誇らしくて、興奮していた。自分は重要で華やかで勇気ある人間だと感じた。できることはすべてやって、週七日、一日一二時間働いた。昇進したときは当然だと思った。だって、すばらしい仕事をしていたから。でも職業人生のこの時期を振り返ると、いたたまれない気持ちになる。人の時間とエネルギーをたくさん無駄にしたからだ。たったひとりで働く地元の医師の仕事を〝手助け〟し、〝調整〟しようとして、かなりの時間を費やした。ソーニャはコソボ自治州のなかのアルバニア系住民が支配する土地で、地域で唯一の医師として、セルビア人の孤立地区に閉じこめられた住民に医療を提供していた。六か月のあいだに、わたしは何ひとつ成果をあげなかった。彼女がほんとうに必要とするものを提供できなかった——もっとたくさんの自動車と医師、患者のさらなる安全。わたしが提供するものは、彼女にはどうでもいいものだった。合理的で系統的で手順の決まった回診方法——たくさんミーティングを重ねて、苦労してつくったけれど、いま思うとまったく必要なかった。

それに、アシスタントのネリムのことを考えると、かなり自分が恥ずかしくなる。わたしはコソボの政治と治安の状況を分析し、上司に報告書を書く仕事を任されていた。でもわたしにない専門知識をもち、訓練を受けていたのは、ほかならぬネリムだった。彼は政治問題の調査に二〇年の経験があり、バルカン半島の歴史、政治、文化に驚くほど精通していて、生まれてからずっとコソボで暮らしていた。わたしより年上で分別もあった。でも責任者になったのは、外国人であるわたしだ。部下をもつのは人生で初めてで、彼をどう扱えばいいのかわからなかった。やがて彼に与える仕事を見つけた。地元の新聞の切り抜きを集め、翻訳して要約すること。毎朝、成果物を熱心に掲示板に張りだしてくれたけれど、同僚はだれも読まなかった。わたしもときどき読まなかった。時間、エネルギー、才能を、とんでもなく無駄にしていた。

その後、わたしは財務と管理のトップとして、〈国境なき医師団〉スペイン支部からコンゴへ派遣された。このすばらしい機会にわくわくした。さらに名誉と責任がある管理職だ。二四歳にして、わたしは派遣団のトップから三番目の地位についた。何も知らなかった国を知ることになる。それに、いろいろなことを学ぶだろう。取り組むのは、知識も経験もない仕事ばかりだ――財務のスキルも、管理の知識も、人事を取り仕切る経験も、わたしにはない。だから〈国境なき医師団〉の本部で一週間の研修を受け、その後は仕事をしながら学ぶことになっていた。

そこでもまた精一杯働いた。そしてまた上司は満足してくれた。褒めてもらい、ミッションが終わるときには、次の任務につく機会をオファーされた。でもいま振り返ると、コンゴ人アシスタントのクリスティーヌとオリヴィエのことを考えて恥ずかしくなる。財務、管理、会計の大学学位をもち、さまざまな国際機関で長年の職務経験があるのは、彼女たちのほうだった。ネリムと同じように、わたしがいなくてもなんの問題もなく仕事ができたはずだ。でもわたしは外国人だ。権威ある欧米の大学の学位をもっている。ほかの紛争地帯で働いたこともある。

だから当然、わたしがボスになる。あまりいいボスではなかった。まったくの力不足で、とてもストレスを感じていたから、共感、我慢強さ、そのほか人間として重要な性質をいくつか失っていた。

悲しいことにわたしの経験は、紛争地帯の平和構築者には珍しいものではない。ＬＰＩのモデルとはきわめて対照的に、ほぼすべての援助機関と平和構築組織は外国人を管理職につけ、現地の人を下級のポジションに置いている。出身国で国際機関のリーダーまで出世する人は、ほとんどいない。組織のはしごをのぼるには、外国へ行って国外在住者にならなければいけない。

いまではたいていの外国人平和構築者が、調停を成功させるには〝現地のオーナーシップ(local ownership)〟という考えが欠かせないと、リップサービスで言う。けれども、ＬＰＩやヴィジャヤのリゾルヴ・ネットワークのようなかたちで、この主張を実践している介入者はほとんどいない。計画を立てるときに、彼らが現地の人の意見を求めることはめったにない。現地の住民や当局者と会うのは、すでに決められたプロジェクト案を具体化するためであり、計画そのものが適切かを尋ねるためではない。おもな目標はたいてい、平和構築者の業界用語で言う〝意識啓発(sensitization)〟(その計画がいいものであると当局や住民を納得させること)か〝動員(mobilization)〟(計画の実施に現地の支持を取りつけること)である。言うまでもなく、相談される人がいるとしたら、たいてい国や地方のエリートだ——その国際プロジェクトの受益者であるはずの一般市民が意見を聞かれることはめったにない。同様に現地のパートナーは、すでに設計されたプロジェクトの確認、フォローアップ、インパクト評価には参加するかもしれないけれど、実際に介入策を考えるときには参加しない。重要な設計段階は、たいてい現場の現実から遠く離れた場所で踏まれる。首都の本部で、地位の高い介入者たちによって、ほかのアウトサイダーが集めた情報にもとづいてつくられて、その結果を外国のドナーが承認する。

それどころか、さまざまな紛争地帯を旅すると、外国人が援助と和平のプロジェクトを実際に〝所有《オウン》〟しているのに気づかざるをえない。外国の組織のロゴがあらゆるところに貼りつけられている。たとえば、こんな状況をよく目にする。警察署には、USAID（アメリカ合衆国国際開発庁）とUNOPS（国際連合プロジェクトサービス機関）が建物の資金を提供したことを示す印がついている。その近くの広告掲示板では、EUの補助金を受けたIRC（国際救済委員会）が道路を修復したことが強調されている。その隣にある病院の入口には、〈世界の医療団〉とそのドナーであるフランス政府のエンブレムがついているかもしれない。

このすべてが、すさまじい力の不均衡につながっている。たとえばハイチでは、現地住民は自分たちの国を「NGO共和国」と呼ぶ。二〇一〇年の地震のあと、記者が内務大臣に対応策を尋ねると、こんな答えが返ってきた。「NGOに訊《き》いてください」

インサイダーよりもアウトサイダーを優先させるこのヒエラルキーは、とても根深く浸透している。それを正したいと思っても、改善するのはきわめてむずかしい。わたしの夫フィリップは以前、人道支援組織〈飢餓《きが》に対する行動〉（Action Against Hunger）で働いていて、アフリカを拠点に働く同僚を定期的に訪ねていた。ケニアを訪問しているとき、フィリップはそこのチームがとても進歩的だと絶賛した。たしかに管理職のスタッフは外国人ばかりだったけれど、それでも現地のリーダーシップを促進しようとしていた。ケニア人スタッフが隔週の調整会議の議長を交代で務め、最下級の職員もそれを担当した。

日が経つにつれて、フィリップの興奮はしぼんでいく。外国人の監督者はあらゆる努力をしていたけれど、それでもやはりケニア人スタッフは無力感を覚えていた。どんな犠牲を払うことになっても、外国人からの要請は断れないと思っていた。たとえば外国人がケニア人の同僚にお使いを頼むと、そのケニア人スタッフは昼休みをあきらめてでも従わなければならないと感じる。

フィリップは多くの時間を費やしてこの問題に対処しようとしたけれど、その彼も問題の根深さをわかっていなかった。ある朝、フィリップはオフィスのキッチンへ入り、コーヒーが切れているのに気づいて、不満をこぼしはじめた。するとキッチンを掃除していた女性は、外国人が――とくに本部から派遣されてきた人が――いら立っているのではないかと考えて怯《おび》え、仕事をすべて打ち捨ててコーヒーを買いに走った。一〇分もしないうちにフィリップはコーヒーを飲むことができた。「といっても」とばつが悪そうにフィリップは言う。「ぼくは何も頼んでないんだ。いらついてるのを表に出しただけなんだけどな」

緊張をはらんだ関係

力が不均衡で、介入者が現地の人に否定的なステレオタイプをもっていて、現地のアイデアをないがしろにし、外国の解決策のほうが現地のものよりもすぐれていると思いこんでいることが、必然的に受け入れ側住民の恨みを買う。プエルトリコ人のふりをするほうがまともに取りあってもらえると知ったビジネスマン、ミシェル・ロセンベは、ピースランド住人とのミーティング中に、自分とほかのコンゴ人エリートたちがどんな気持ちだったか説明してくれた。

わたしたちは、常套句《クリーシェ》に閉じこめられていて、それに不愉快な思いをさせられます。「きみたちは無能で腐敗していて非効率的で、グループで動くことができない」。ミーティングに参加するコンゴ人は、この考えを乗りこえて、自分にこう言い聞かせようとしなければなりません。「自分は無能じゃないし腐敗していないし力不足でもない」。話をはじめる前からです。

コンゴ軍の将校も同じように、「子どもみたいに扱われた」と不満を漏らす。カメルーンの弁護士は、介入者たちの非公式の集まりに出席したときに「とても居心地の悪い思いをした」と振り返る。そこで聞いたことに「とてもいら立ちを覚えて」こう思った。「わたしの国についてこんなふうに語るなんて、こいつらはいったい何様なんだ?」スリランカ人の友人も、自国とアメリカで外国人のパーティーに出席したときに、まったく同じ感想を抱いた。ピースランドの住人に大切にされている現地の人たちさえも、こうした全面的なステレオタイプに憤慨している。ある朝、ゴマで話を聞いた紛争解決の専門家ヴィアネ・ビシムワは、こんなふうに激しく不満を口にした。

やつら〔外国人〕はあつかましくもこう言う。「あなたがたは、わたしが平和構築の仕事で会ったコンゴ人のなかでも珍しく優秀な人ですよ」〔…〕いつもいつもいつもこんなことを耳にする。ほんとうに不愉快だね〔…〕そんなのは褒めことばでもなんでもない！平和構築についてすばらしい考えをもっているコンゴ人はたくさんいるんだから。

悲しいことに、おきまりの物語があまりにも浸透しているから、地元住民の多くも、外国人がいちばんよくものを知っているという考えを受け入れている。友人でドイツ人の援助活動家、クリスティアーネ・カイザーはこう嘆く。「よくあることなんだけど、やってほしいってコンゴの人から頼まれることは、実はその地域出身でわたしの隣に座っている人のほうがうまくやる方法を知っているにちがいないの」。でも彼女は、希望に満ちた調子でこうもつけ加える。「新しい世代のあいだでは、これは変わってきている〔…〕。新世代の人は、〝彼女は白人だから、もっとよく知っているにちがいない。彼女は白人だから、彼女に尋ねなければいけない〟と自動的に考えることはなくて、これは進歩だと思う」

あなたがわたしの読者の多くと同じような人なら、クリスティアーネの最後のコメントを読んでこう思うかもしれない。外国人平和構築者と住民の関係には、植民地主義の遺産がどれだけ影響しているのだろう、と。もっともな指摘だと思う。植民地化もまた、アフリカ人、アジア人、アメリカ先住民は野蛮で、その社会は遅れているという考えのうえに成り立っていた。白人は自分たちのほうがかしこく、腐敗が少なくて、暴力的でもないと思っていて、世界のほかの場所を〝文明化〟する義務があると考えていた――地球全体で西洋の政治・経済上の利益を追求するのに都合よく役立った、〝文明化ミッション（civilizing mission）〟の発想だ。ヨーロッパ人と北アメリカ人は、正そうとする社会のことをほとんど知らないのに、アウトサイダーがいちばん物知りで、現地の知識は原始的だという根深い考えによって、自分たちを指導者の立場に置く。

ほとんどの植民地は、第二次世界大戦の終わりから一九七〇年代にかけて独立したけれど、ヨーロッパと北アメリカの国、企業、市民は世界を経済的、政治的、文化的に支配しつづけてきた。つまり、植民地的な権力関係の遺産はずっと存在している。いま介入の対象になっているのは、植民地化の影響をまともに受けていた場所が多く、新興国・開発途上国の市民よりもアウトサイダーのほうがすぐれているという根深い思いこみに支えられて、ピース・インクのアプローチがずっとつづいている。

想像してほしい。ボルティモアの銃暴力を終わらせるために、国連がたとえばカザフスタン出身の紛争解決専門家を任命したとする。その専門家もその上司も、だれもアメリカの人種政治、アメリカ都心部の警察・コミュニティ間の関係、武器をもつ権利をめぐる論争について知識がなく、さらに英語も話せないとしたら、そんな馬鹿げた話はないと思うのではないだろうか？　訪れたことも学んだこともない国へ外国人を派遣し、何も知らない相手を手助けするという考え自体、外部の専門知識に最高の価値を置き、現地のインプットは必要ないと考える世界でしか意味をなさない。だからコンゴ、パレスチナ自治区、東ティモールといったさまざまな場所で、現地の知識人は、介入者の振る舞いは自分たちの親や祖父母が植民地主義について感じていたことを彷彿とさせると語った。屈辱的で、人間として扱われず、憤慨を覚えるものだと。

外国人平和構築者は「傲慢」「えらそう」「いばっている」「説教好き」で、「屈辱的な」やり方で援助を提供する――そんな不満を、数多くの紛争地帯で現地の人から何度も聞いた。ゴマを拠点とする政治アナリストで友人のオネスフォレ・セマトゥンバは、「[介入者は]コンゴ人抜きでコンゴをつくれると自信満々で思っている」とまで言う。

多くの例で現地のパートナーは、外国から押しつけられるものをすべて積極的に斥けている。その国際プログラムの戦略や価値を支持するか否かは関係ない。ときには、単純に手を抜く――ミーティングに遅れてきたり、書類を〝なくし〟たり、誤解したふりをしたりする。場合によっては積極的に資金を横領する。国際プロジェクトに参加するのを公然と拒んで、やがてプロジェクトが失敗に終わることもある（想像できると思うけれど、介入者は、こういう振る舞いはすべて、自分たちの否定的な見解に根拠がある、さらなる証拠と見なす）。

平和維持軍についての意地悪なジョークもたくさんある。地中海の美しい島キプロスでは、平和維持軍は平和維持《ピース・キーピング》ではなく〝砂浜維持《ビーチ・キーピング》〟をしていると島民たちに茶化されている。中南米のいたるところで、いら立った住民がNaciones Unidas（スペイン語で国連のこと）を〝Vacaciones Unidas（休暇連合）〟と呼ぶ。コートジボワールの人たちは、平和維持軍は停戦違反を監視するはずなのに、実際には「n'y voient rien」（フランス語で「何も見ない」という意味で、「Ivoirien（コートジボワール人）」と同じ発音）だと冗談を言う。ほかの機関もジョークの的になっている。たとえばケニアなど、英語でコミュニケーションをとる国の住民は、「NGO」は「何も起こっていない（Nothing Going On）」の略だとよく冗談を言う。

したがって、受け入れ側住民と介入者のあいだに溝が存在するのは、受け入れ側にも一部責任がある。コンゴ人と強い友情を築こうとしたピーターの経験からもわかるように、外国の平和構築者が周囲のコミュニティに溶けこむのを、現地の人がむずかしくしていることがよくある。それに、さまざまな場面で現地の住民は、外国人はみんな同じであるかのように扱う。たとえばピースランドの住人としてコンゴ、南スーダン、ルワンダの地方都市や農村を散歩していたら、あなたが外交官でもボランティアでも、アフリカ系アメリカ人でも白人でも、おそらくまったく同じ経験をする。どこへ行くにも子どもたちがついてきて、あなたに触れるように互いにけしかける。あなたの歩き方や話し方をまねし、ときにはしかめっ面《つら》をしたり石を投げたりする。またときにはわれ先にと群がってきて、手を握ろうとしたり、写真を撮ってほしいとせがんできたりする。大人がその子たちを止めることはめったにない。多くの場合、大人たちもじっと見てきて、ときどき子どもたちといっしょに冷やかしのことばをかけてきたり、こちらのまねをしたりする。初めてこれを経験したときには、たぶんかわいらしいと思うだろう。一〇回目になると、少しうんざりしてくる。一〇〇〇回目には、おそらくわたしやわたしの知り合いのほとんどと同じように、心底いらいらして、国に帰ってだれの目にもとまらずに通りを歩ける日を夢見るようになる。少し迷惑なだけで、たいしたことないじゃないと思うかもしれないけれど、この種の日常的なやり取りのせいで、外国人平和構築者と受け入れ側住民の溝がさらに広がる。

学生からよく尋ねられる。人種、ジェンダー、民族によって、この溝を埋めることができるのではないか。民族や宗教が似ていたら、現地の人ともつながりやすいはずだ、と学生たちは期待している。そうだったらすばらしい。どの場所にも、ありとあらゆる援助活動家がいる。たいてい世界中から集まっていて、さまざまな宗教を信じるあらゆるジェンダー、民族、セクシュアリティの人がいる。だからどこでも受け入れ側の住民は、同じ大陸にルーツをもち、宗教面での考えや身体面の見た目が似た外国人平和構築者をたくさん見つけられる可能性がある。でも残念ながら紛争地帯の住人は、自分たちと同じ大陸、宗教、人種、民族集団のアウトサイダーと、こうした共通点がまったくないアウトサイダーのあいだにほとんどちがいを見いださない。

わたしが働いたことのある場所ではどこでも、「外国人は外国人」だと現地の人から思い知らされた。肌の色、ことば、民族、宗教などと関係なく、みんなすぐに外国人を見分けられる。

わたしたちのボディランゲージ――口調、歩き方、装い方、笑い方、話し方――はちがう。それどころか僻地の住民の多くには、介入者はみんな文字どおりまったく同じに見える。まさにぴったりの例がある。南スーダンである同僚が、わたしと友人のシャーリーを見まちがえた。シャーリーはそこですでに数年働いていた。そのスーダン人男性は、彼女とわたしは「まったく同じ見た目」だと言う。たしかにふたりとも女性で、たいていのアフリカ人より肌の色が薄い。けれどもシャーリーは中国系アメリカ人で、瞳は美しいこげ茶色、髪は黒だ。わたしのほうは、髪はブロンドっぽくて目は青く、顔にはそばかすがある――それにシャーリーよりも背が高い。コンゴでは、ほかにもアジア系、白人、ラテン系、アフリカ系アメリカ人の同僚とよくまちがわれた――男性にも女性にも。

さらに悪いことに、どこの出身でも、どんな見た目でも、何を信じていても、どれだけ深く戦争と調停を経験していても、わたしたちピースランドの住人は同じ内輪《うちわ》の文化と日常のルーティンを共有していて、そのせいで現地の住民から切り離され、インサイダーとアウトサイダーの緊張がいっそう高まっている。

遠くからの和平

本部は、厳しいセキュリティ手順を守ることを外国人平和構築者に求める――わたしはそれを尊重するのにずっと困難を覚えてきた。たとえば、高い壁と有刺鉄線で囲われて防御を固め

国連の兵士が警戒するなか、コンゴの人たちが有刺鉄線が張られたフェンスへ押し寄せているところ。ムシャケ（コンゴ）の南アフリカ人基地にて。村人たちは、平和維持活動関係者たちが南アフリカの祝日〈伝統文化継承の日〉をゲストと祝うのを見ている。ゲストは、ほかの外国人の平和構築者や選ばれた地元のエリート、とくに警察と軍の関係者だ＝写真提供：Philippe Rosen, 2011

た敷地で暮らし、車を運転するときはロックをかけて窓を閉め、自分の組織の人間以外は乗せないようにして、夜には町の裕福な地域にとどまる、といったことだ。こうした標準的なやり方は、危険への対処法として完璧に理にかなっている。けれども、そのせいで外国人と現地住民の溝がさらに広がる。わたしが話を聞いたケニア人の平和構築者が言うように、そのために外国人は「別の種類の人間」に変わってしまう——尊大で、離れたところにいて、異質なものに。個人的な話だけれど、エアコンつきの高級車に乗っているときに、頭に大量の荷物をのせたり、病気の子どもを腕に抱えたりした女性が道路脇を歩いているのを見るたびに、わたしは自分がとても利己的な人間だと感じた。女性たちは虐《しいた》げられ、疲れきっているようで、わたしの車を見て明るい顔になり、希望をこめた目でこちらを見るかもしれない。笑顔になって、乗せてほしいという身振りをするかもしれない。でも現地の人を乗せるのは禁じられているから、いつもそのまま通りすぎた。よそよそしく、近づきがたく、ドアをロックし窓を閉めて。

こうしたセキュリティ上のルールのせいで、平和構築者が情報を集めて分析し、対処する紛争を理解するのも、はるかにむずかしくなる。たとえば援助組織で働いていたときには、特定の武装勢力の指揮官と話してはいけないと上司からよく言われた。「あまりにも危険すぎる」からだと。でも彼らと話さなければ、戦闘の場所、タイミング、理由を詳しく知ることはできない――数百人単位で死んでいる人たちにアクセスするために、チームにとって絶対に必要な詳細だ。セキュリティ手順を守って慎重を期すことで、わたしたちの安全は確保されていたけれど、そのせいで仕事をうまくやり遂げる力が大きく損なわれていた。

さらに言うなら、外国人平和構築者は、道徳的に高い場所とみずから考えるところで動いている。いちばんの目標は「他者を助ける」ことで、現地の住民と当局のことは単なる「受益者」と見なしている。アフリカ中部での話し合いでよく話題にのぼる格言があった。「与える手は、受けとる手よりもいつも高いところにある」

そのうえ紛争地帯の介入者は、みんな同じような、ほかから隔《へだ》てられたライフスタイルで暮らしている。大きなSUVを運転したり、行きつけのバーに通ったり、内輪のジョークを交わしたりといった、わかりやすくて表面的なことだけではない。もっと深い次元で、特定の集団に属している感情もある――その感覚はおもに、家族から遠く離れた場所にいて、絶えず不安にさらされ、不便な環境でアウトサイダーとして生活して働きながら、感情面で疲弊する仕事に取り組んでいるという現実に根ざしている。だから仕事後に外国人平和構築者が緊張をほぐしたり、リラックスしたりしたかったら、たいていの人は自分と同じような人に声をかける――疲弊させられ、しばしば恐ろしい環境で同じ経験をしている人たちに。

紛争地域の多くでは懇親会が毎週ひらかれ、非政府組織のスタッフ、国連職員、外交官が交流する。二〇〇二年にカーブルにいたとき、わたしの社交生活の中心は、木曜夜に世界食糧計画（WFP）の敷地でひらかれる飲み会だった。当時のアフガニスタンでは違法だったアルコールまであって、パキスタンのとんでもないウイスキーやタジキスタンのおぞましいウオツカを楽しめた。二〇一一年のジュバ（南スーダンの首都）では、足を運ぶ先は水曜夜の赤十字国際委員会本部と、土曜の国連平和維持活動の本拠地だった。ゴマ（コンゴ）では、たいてい水曜のハッピーアワーに高級レストラン〈ル・シアレ〉に集まり、週末は、そのときにいちばん腕のいいシェフがいるホテルに集合する。いつでも高級で美しくてとても値の張る場所、一般市民にはとても手の出ない店が会場だった。

戦争中の国から国へ飛びまわる経験を何年か積んだあとは、世界のどこに行きついても――それが紛争地帯であるかぎり――、おそらく自分と同じような知り合いがいる。夫とわたしには世界中に幅広いネットワークがあって、新しい紛争を調査することにしたら、フェイスブックに投稿するだけで、調査先に着いたら連絡を取る人のリストが数時間のうちにできあがる。

こういう人脈があるおかげで、平和構築者は外国の新しい任地へ派遣されたときに現地になじみやすくなるし、コミュニティを求める気持ちも満たされる。以前のミッションで会った人と再会することも多く、ほかの国にいたときの暮らし方、働き方、社交のしかたにたちまち戻れる。こういうつながりがあることで、毎週の外国人パーティーもはるかに魅力的になる。別の場所や組織で知りあった人と再会するチャンスがあるからだ——到着したときに友人がいると、受け入れ国の人と交流する動機はさらに小さくなる。

現地人と外国人の関係は、安全状況が悪化すると——そういう状況のもとでは、外国人はたいてい分散し、孤立して、怯えている——さらに緊張をはらむ。数十年の経験がある友人のクリスティアーネは、国際平和構築者としての生活は「一触即発の場で踊っている」ようなものだと言う。困難な生活条件のなか、ストレスの多い職務に取り組み、切実に必要なお祭り騒ぎに興じてめまぐるしく暮らす。その結果、たいていたどり着くのは「よく働き、よく遊ぶ」のメンタリティだ。そこから外国人同士の密な結びつきができ、深くて強い仲間意識も生まれる。介入者だというだけで、ディナー、パーティー、ミーティングに招かれたり、機密の情報や書類にアクセスできたりすることも多い。ベテランの外国人の多くが、ほかの外国人平和構築者を「ファミリー」と呼ぶのも不思議ではない。未知のものからなる大海原《おおうなばら》のまんなかで、安心できる小島になるのがその人たちなのだ。

一人ひとりの視点から見れば、すべて完璧に理にかなっている。でも結局そのせいで、介入者はある種の閉鎖空間《バブル》のなかで暮らすことになり、ほかのアウトサイダーとばかり交流して、

ニャンザレ（コンゴ）の難民キャンプに隣接する国連軍の基地。白いコンテナのオフィスが敷地の境界線になっている。物理的に近い場所にいるにもかかわらず、ここで暮らすインド人の平和維持軍兵士は、コンゴ人の隣人とほとんど交流がない＝写真提供：Philippe Rosen, 2011

受け入れ国の人とは接触がなくなる。わたしがピースランドの住人になった直後の数か月は、外国人の援助関係者がひらく夜の集まりにコソボ人の同僚がめったにいないのが意外だった。一方わたしの組織では、毎月パーティーをひらき、外国人の友人たちと現地スタッフ全員を招いて、地元の音楽に合わせてみんなで踊った。あとになって、ほかの介入者たちがこの習慣を妙だと思っていたことを知った。介入者たちはその音楽に退屈し、ときには現地スタッフの存在に居心地の悪さを覚えていた。わたしたちが現地スタッフと仲よくするのを、節操がないと考えてもいた。

コンゴでわたしが出席したあるイベントのことを考えると、このふたつのグループの分断がはっきりとわかる。国連機関で働く友人が、自分の送別会にゲストを五〇人ほど招いていて、コンゴ人と外国人の彼の同僚全員と、非政府組織で働く数名の外国人がその場にいた。わたしがレストランに到着すると、コンゴ人のゲストが席にずらりと座っている。外国人はみんな部屋の奥にぎゅうぎゅう詰めになっていて、外国人だけでひとつのテーブルを囲んでいた。パーティーは何時間もつづいたけれど、ふたつのグループが交わることは一度もなかった。一年後に別の友人を訪ねて東ティモールへ行ったときにも、同じような分断を目にした。首都ディリにある国連の敷地にはカフェがふたつあって、ひとつは外国人の職員がひいきにし、もうひとつはティモール人スタッフの行きつけだった。

国際援助活動家になったあとの数か月で、わたしは日常のルーティンをたくさん学び、同僚とわたしはそれを世界中で忠実に再現した。その結果はどこでも同じようなものだった。わたしたち外国人平和構築者は、信じられないほどの時間とエネルギーを費やして報告書を書き、変化を数字で証明する手段を必死に探して、その成果を宣伝する。こういう仕事上のルーティンはあまりにも平凡でありふれているから、現場の介入者とその上司たちは、たいていそれを気にとめもしない。でもこうしたおきまりの仕事のやり方のせいで、受け入れ国の人よりも外国人のほうがえらいというイメージが強化され、現地の仕事相手の反感を買って、国際事業へのさらなる抵抗を招く。それに介入者と現地人を隔てる溝が固定され、国際的な和平の取り組みは効果が低下する。

まちがいの喜劇

現地の知識と人脈がないために、平和構築者は現場に到着しても勝手がわからないことが多い。夫もわたしも同じような戸惑いを経験した――彼はブルンジで、わたしはアフガニスタンで。男性同士が人前で手をつないだり、互いに腕を相手の身体にまわして歩いたり、ハグしあったりするのを何度も目にして、どちらの国も保守的で不寛容だというステレオタイプがあるけれど、実は同性愛者の権利《ゲイ・ライツ》の面ではかなり先進的なのだと感じていた――でもやがて気づいた。実はこれはＬＧＢＴＱ＋プライドの表明ではまったくなく、礼儀についての別の考えの表れだった。彼らにとって身体に触れることは、話し相手に注意を払っていることを示す手段なのだ。それにジェンダー規範では、男性が女性に触れるのはもちろんだめだけれど、ほかの男性に触れるのはまったく問題ないとされている。

文化についてのこの種の誤解から、完全に的はずれな援助プログラムが頻繁に生まれる。わたしが気に入っている例が、コンドームの使用の話だ。ＨＩＶ予防の取り組みの一環として、人道支援組織はよくコンドームを配る。それをもらいにたくさんの人がやってくることも多く、ドナーはプログラムが効果をあげていると思ってよろこぶ。現地の人もおおよろこびだ。大人は耐久性のあるビニール・ポーチを無料で手に入れられて、南スーダンではそれにたばこの葉を入れて持ち歩き、ブルンジでは水を貯えておく。子どもは新しい風船を手に入れて遊べる。

ほかにも、いかにもという話がある。武器を手放した戦闘員に金銭的な報酬を与える武装解除プロジェクトの例だ。たとえばコンゴでは、銃を手放した人は一〇〇ドルもらえた。みんないちばんおんぼろのライフルを持参し、その後、新しいライフルを二挺《ちょう》買って(闇市場では一挺四〇ドルで買える)、さらにビールを飲むお金まで残っている。

国連平和維持軍が二〇一〇年にコンゴで民間人を守ろうとしたやり方も、ひときわ馬鹿げていると思った。情勢が不安定な村で、連絡窓口になる人たちに携帯電話を配ったのだ。理屈のうえではすばらしいアイデアだった。攻撃を受けたら、村人は最寄りの平和維持軍に電話をかけられる。けれども実際には、携帯電話を配った村は電波が届かず、電気が通っていないから充電もできなかった。

外国人援助活動家は現地の文化に通じていないし、すぐに別の任地へ移る。だから前任地のプログラムを再現することが多い。新しい配属先でも同じ効果があるはずだとでもいうかのように。ピースランドの住人は、画一的なテンプレートは役に立たず、それぞれの文脈にプログラムを合わせることが重要だといつも口にするけれど、青写真とモデルを使いがちなため、全般的なアプローチは足を引っ張られ、日々の仕事をやり遂げるのもむずかしくなっている。

ときどきピースランドに出まわる小話がある。こんな話だ。国連がコソボでの活動報告書を発表したけれど、なぜかこの文書はリベリアに焦点を合わせていた。不可解な食いちがいが生じた理由を突きとめようと、国連は内部調査をはじめる。その結果、この報告書をつくったスタッフは、リベリアからコソボへ配置転換されたばかりだったことがわかった。新しいポジションにつくと、彼は前のポジションで使ったのとまったく同じ戦略をまったく同じように実行した。そして報告書を書く段になると、テンプレートになる文書をひらいて「検索」ボタンをクリックし、「リベリア」を「コソボ」に置きかえた。このとき彼は、運悪くいくつか見落としをしていたのだ（わたしの学生がこんなまねをしようものなら、どんな成績がつくか簡単に想像できる）。

コソボ、コンゴ、アフガニスタンのどこにいても、さまざまな国際機関について、いろいろなバージョンでこの話が語られるのを聞いた。おもしろくて、たぶんつくり話だけれど、この話には、わたしが紛争地帯にいるときにいつも耳にする苦情が凝縮されている。世界のどこにいても、平和構築者の多くは同じ戦略を使い、同じ報告書を書いて、同じような暮らしを送る。

大惨事に襲われるとき

職業上の習慣と誤解が分析上の誤りにつながることがある——危険な結果を招くことも多く、致命的なことすらある。研究をはじめてすぐのころ、わたしはそれに気づいた。二〇〇四年五月にブカヴ（コンゴ）にいたときのこと。毎週、わたしは調整会議に出席していた。外交官、ドナー、平和維持活動関係者、そのほかの援助関係者が、地域の人道上と安全保障上の状況を話しあう場だ。一か月の報告と話し合いを経て、州は落ちついていて、ブカヴ自体もなんの問題もなく安全だと意見が一致していた。けれども五月末の会議が終わった数時間後、街で大規模な戦闘が勃発する。その後の二日間、わたしは外交官、ドナー、平和維持活動関係者たちと国連の敷地に閉じこめられて、まわりではあちこちでライフルが発射され、通りでは爆弾が炸裂していた。

やがて反政府勢力が街を占領し、略奪、レイプ、殺人を次々とくり広げる。そんななか、少年とその母親が、隣の家に数人の兵士が入っていくのを見た。悲鳴と怒鳴り声が聞こえる――隣人がレイプされそうになっているのは明らかだ。少年は近くの国連基地へ走って助けを求めた。運悪く、見張り番をしていたのはウルグアイ人兵士で、スワヒリ語もフランス語も話せなかった。少年はなんとかして事情を伝えようとするけれど、その兵士は理解できない。ようやく兵士は思いっきり笑顔になり、わかったと合図した。そしてキャンプのなかへ入り、数分後にクッキーを一パック持って出てきて、誇らしげに少年に手渡した。

このぞっとするエピソードは、怒って恥じた国連の連隊長がその数年後に詳しく語ってくれたものだ。この一件に示されているのは、ことばの問題だけではない。戦闘、爆撃、レイプ、殺人のまっただなかに、少年が平和維持軍の兵士――近隣住民を守ることがまさにその仕事だ――の注意をひこうとしていたら、その子が助けを求めているのは明らかだろう。でもこのケースでは、コンゴ人の子どもがほしがるもの（子どもたちが外国人によくねだるクッキーやお金）についての兵士の根深いイメージが、常識をうわまわってしまったのだ。

紛争地帯で過ごすあいだ、同じようなことを数えきれないほど経験して耳にした。コンゴで南アフリカの平和維持部隊とパトロールに出かけたときは、指揮官がずっと大声でキニャルワンダ語のあいさつを口にしていた。一方でわたしは感心した。彼は立派に努力して現地語を学び、とてもフレンドリーに振る舞っていたから。他方でわたしは気まずくもあった。キニャルワンダ語話者とその他のコンゴ人のあいだには民族間の緊張があり、過去一五年間で何万もの死者が出ているこの場所で、宿敵のことばであいさつするのはおそらく得策とはいえない。

さらに悪いことに、こうした過ちが全国規模の大惨事につながることも多い。インサイダーとアウトサイダーが分断されていること、外国人が支配的な立場にいること、現地住民が軽視されていること、介入者の知識が重んじられていることによって、世界中で見られる型にはまったトップダウンの和平アプローチが可能になり、それがつづいている。アフガニスタン、コンゴ、コロンビア、イスラエル、パレスチナ自治区、ソマリア、その他さまざまな場所で、ピース・インクはいつも現地住民を助けるのに失敗してきた――最悪の場合には、むしろ害を及ぼしてきた。ただ、その話をする前にはっきりさせておきたい――望みがないわけではない。

あきらめるか、巻き返しをはかるか

このように課題がいろいろとあるため、この仕組みはうまくいかないと思いがちで、援助活動家の多くがある意味で希望を失っている。二〇一〇年、コンゴでのクリスマス・パーティーで再会した友人のカーラ*は、このことに苦しんでいた。天気のいいあたたかい日で、みんなお祭り気分だったけれど、カーラはちがった。カクテルを飲んでいるときに彼女はわたしを傍《わき》へ呼んで、もうコンゴ人には耐えられないとわめきだした。現地人の同僚とのあいだに抱えているあらゆる問題について、えんえんと話しつづける。しばらくすると口をつぐみ、とてもふさぎこんだ表情になって、アフリカへ来てから自分は変わってしまったと言った。昔は平等、尊敬、公平を信じていて、だからこそ国連で働くようになった。それなのに、経験したことのせいで、以前はとても嫌っていたたぐいの人間になってしまった。ピースランドを離れなければならないとカーラは言う。そうすれば、ようやく普通に戻れるだろうと。

さいわいカーラはまちがっていた。コンゴを去ることにはなったけれど、平和構築の仕事は辞めず、しばらく時間をあけて紛争地帯へ復帰した。まずはアフリカへ戻り、そのあと国連は彼女を別の大陸へ派遣する。キャリアのなかで初めて、カーラは自分の母語を住民が話す国で平和構築者として働くようになった。小さな町を拠点にし、ほかの外国人援助活動家を数人受け入れて、社交生活には外国人に加えて現地の人も含まれるようになった。カーラはこの新しい場所に魅了され、歴史、政治、文化について読めるものはなんでも読んだ。そして、可能なかぎり長くそこへとどまろうと心に決めた。

わたしが訪ねていくと、カーラは地元の人はかしこく、勇敢で、献身的だとしきりに口にし、住民とかかわることができてどれだけ恵まれているか、この地域がどれだけ魅力的かを熱心に語った——そして五〇年前に起こったあまり知られていない出来事と、彼女の外国人の同僚もわたしも聞いたことのない文化的規範についてえんえんと話した。それが紛争の軌跡をすべてかたちづくったのだという。カーラはようやくいつもの彼女に戻った、とわたしは思った。現地の人にフレンドリーで礼儀正しく接して、現地の人の考えにも注意を払い、仕事に身を捧げて、情熱があり献身的で、何より有能だった。

国連ミッションのカーラ、リゾルヴのヴィジャヤ、ＬＰＩのピーターと同じように、だれもがアウトサイダーとインサイダーの関係の習慣的なパターンを変え、根深いステレオタイプを揺るがして、平和構築を成功させるチャンスを大幅に高める手助けができる。簡単ではないし時間もかかるけれど、不可能ではない。

第四章　デザインされた介入

毎月、フランスの国連大使が、コンゴ関係の仕事をする人から選んだ一団をニューヨークの住まいに招き、昼食会をひらいていた。二〇〇九年一一月、わたしはその招待客に選ばれた。とても気どった会だ。カクテルが出される部屋は、わたしのアパートメント全体の倍ぐらいの広さがあって、座るのをためらうぐらいスタイリッシュなソファがあり、壁にはしゃれた絵がかかっている。そのあとの食事は、さまざまなお皿、グラス、カトラリーとともに提供されるけれど、食べ物はほとんどない。

最初は怖《お》じ気づいた。環境のせいだけではなく、出席者のなかには、わたしの研究分野でひときわ高名な人も数人いたからだ。その後、昼食会がすすんでいくと、わたしはすっかり混乱した。わたしの隣に座っていたコンゴの国連大使は、自分の国でいかに順調に物事がすすんでいるかをしきりに語る――状況は「平和的」で「民主的」だとまで言った。テーブルの向かいに座っていた国連の大物たち（政治局長、アフリカ部門のトップ、平和維持活動の副部長）もそれに賛成して、国連が役割を果たし、コンゴで安定の実現を手助けしたことを誇る。フランスの国連大使かゲストのだれか――パリの軍事省や外務省からの訪問者――が、こういう発言に異議を唱えるのではないかと思っていた。でもそんなことはなく、みんな笑顔でうなずくだけだ。

わたしはあえて口をきかなかったし、フランスの国連大使に話を振られなければ、たぶん何も言わなかったと思う。でも大使は、研究者に期待される「あらゆる図々しさ」と「容赦のない正直さ」で意見を述べてほしいと求めてきた。だからわたしは言った。わたしの基準では、コンゴはまだ内戦と国際戦争のまっただなかで、国連平和維持活動軍の仕事はひどいものだと。まともな研究者ならだれでもそうするように、エビデンスと統計とデータをあげた。そして毎月何百人もの死者が出ていて、コンゴの領土内で数十の武装集団がいまも活動していることを強調した。話し終えると沈黙が訪れ、きまりの悪そうな含み笑いが少し聞こえて、間もなく昼食会はおひらきになった。その後、わたしは二度と招かれなかった。

たしかにわたしは社交のスキルが足りないし、（研究者の基準でいっても）率直すぎるきらいがある。けれどもポイントはそこにはない。わたしの考えでは、この話が示しているのは、テーブルを囲む意思決定者が何を適切な平和構築の方法だと思っているのか、どんな結果を目指しているのか、ピース・インクのアプローチにどのような問題があるのかだ。

波及《トリクルダウン》する平和

る。

憶《おぼ》えていると思うけれど、ピースランドの住人——国連平和維持軍の兵士、外国の外交官、紛争解決に関与する数多くの非政府組織のスタッフ——は、特殊な世界観を共有している。わたしもそのひとりで、この文化のなかで生きていたから、それがどれだけ強力かよく知ってい

ほとんどの外国人平和構築者と同じように、わたしもエリートが紛争の原因だと考えるように訓練を受けた。暴力を抑える最も有望な方法は外部からの介入であり、外交による和平プロセスだけが適切な手法だと思っていた。だから最初の何度かのミッションでは、暴力はトップダウンの問題で、戦闘と大虐殺はおもに国内紛争と国際紛争から生じるのだと考えていた。コソボでは、反政府勢力のリーダーから政治家に転じた者たちの権力闘争に焦点を合わせた。アフガニスタンでは、アメリカとその同盟諸国が支える政府と、タリバンおよび外国の支援者との紛争にひたすら目を向けていた。たいていの介入者は、これと同じようにエリート（たとえばコロンビアの大統領とさまざまな反政府集団）、政府（イスラエルの行政とパレスチナ自治政府など）、国家（ロシアとウクライナなど）の緊張が、いつでも暴力の根本原因だと思っている。

ほんとうにそう考えていたら、解決策ははっきりしている。戦争中と戦争後の地帯で平和を築くには、さまざまな国と武装集団のリーダーたちの和解を手助けしなければならない。戦闘をやめるよう支持者に指示したり、反政府勢力や犯罪者に悩まされている場所へ部隊や警察官

を展開させたり、抵抗を呼んでいる差別的な法律を変えたりというように、きわめて重要な決断を下して暴力を終わらせることができるのは、彼らだけなのだから。理想を言えば、国家の構造を強化して、政府が領土を支配するのに必要な道具を手に入れられるようにする必要もある。いま受け入れられている定説《ドグマ》によると、エリートが戦闘をやめて国の官僚機構が適切に動いていたら、平和は国全体に波及《トリクルダウン》するという。だから首都に拠点を構え、国内外のカウンターパート（交渉を進める際の、互いに対等な地位にいる相手方のこと）を探して、高官による協議に全精力を集中させる。

　草の根の緊張には取り組まない。重要だと思っていないし、注意を払う値打ちがあるとも思っていないからだ。時間、エネルギー、リソースの無駄だと思っている。それに、一般人の取り組みを支えるなんて意味がないと心から信じきっている。普通、大統領や反政府勢力の司令官といった国内外のリーダーを和解させるために、一般市民にできることはあまりない――あなたやわたしにトランプと金正恩《キムジョンウン》を和解させる力がないのと同じだ。有力なアウトサイダーに頼るトップダウンの手法を使えば、この仕事をやり遂げられると思っている。その主張を裏づける成功事例もいくつかあげられる。エルサルバドル、ナミビア、北アイルランド、クロアチアの東スラヴォニアといった例で、一九八〇年代終わりから九〇年代にかけてエリートに集中したトップダウンの介入によって戦争を終結させ、数十年にわたる平和を実現した場所だ。

　その実例として、北アイルランドで〝厄介ごと（The Troubles）〟として知られる内戦の終結を、どのように説明するかを見てみよう。ピース・インクの支持者には、一見したところ完璧なサクセス・ストーリーだ。三〇年にわたって暴力がつづき、三五〇〇人の死者が出たのち、一九九〇年代にイギリスとアイルランドの政府は、アメリカとEUの支援を受けて現地の武装集団のリーダーたちを説得し、協議にもちこんで、和平協定に署名させた。聖金曜日協定（ベルファスト合意）によって、連合派《ユニオニスト》（親英派で統一派とも）（おもにプロテスタント）と共和派《リパブリカン》（ナショナリストの過激派）（おもにカトリック）の戦闘員を含むすべての紛争当事者を落ちつかせる新しい統治体制と国の機関がつくられた。北アイルランドはイギリスの一部にとどまるけれど、独自の議会と政府を与えられ、アイルランドとの国境はひらかれて、住民はイギリスの市民権に加えて（あるいはその代わりに）アイルランドの市民権も取得できるようになった。議員は地元の警察も改革し（それまではプロテスタントによる抑圧の道具だった）、不利な条件のもとに置かれたカトリックのコミュニティのために雇用、住宅、インフラ、保健医療サービスへ巨額の投資をする。そして、暴力行為ではなく平和な政治活動によって闘いをつづけるように支持者たちを納得させた。結局、ほとんどの武装組織は解散し、紛争関連の年間死者数は五人以下まで減って、イギリス軍は二〇〇七年に撤退した。

たしかに、北アイルランドの政治、経済、治安の状況は、一九八〇年代や九〇年代よりもいまのほうがずっといい。この改善をおもに牽引《けんいん》したのは、エリートに焦点を絞って国家を中心に据えた戦略だ。けれども、但《ただ》し書きをつけておく必要がある。このトップダウンの平和構築は、まぎれもない成功を収めたとはとても言えず、わたしが二〇二〇年に話を聞いた住民、活動家、元戦闘員はくり返しそれを強調していた。緊張の原因は多くがいまも残っていて、とりわけ過去の残虐行為への怒りと、カトリックとプロテスタントのコミュニティの社会・経済面での格差に対する憤りは、いまなお燻《くすぶ》りつづけている。ユニオニストとリパブリカンの住民はいまでもたいてい別々の地区で暮らしていて、お互いに恐れを抱いていることも多い。ベルファストやデリーといった主要都市の一部は、いまも武装集団が支配している。それにイギリスのEU離脱（ブレグジット）によって、ひらかれた国境や二重国籍の可能性など、和平プロセスの重要な成果がいくつか脅かされている。したがって二〇一八年以降は、また暴力が勢いを増してきた。現時点では全般に、北アイルランドの紛争は、解決されたというより凍結されていると言ったほうがいい。

学生からよく尋ねられる。なぜトップダウンの手法をそもそも使いつづける必要があるのかと。北アイルランドの例には、その答えがはっきりと示されている。一連の国際協定と国内改革のおかげで、リーダーたちは数十年にわたる戦闘を終結させ、包摂的な政治的代表をともなう強力な民主主義を築いた。このようにエリートに焦点を合わせる戦略は、実際に役立つこともある――ただしさまざまな点で、それだけでは不十分でもある。

こういう限界があるにもかかわらず、以前のわたしと同じように、あなたが典型的な介入者だったら、また別の思いこみももっている。よきものはすべていっしょにやってくる、という思いこみだ。この考えでは、選挙、よい統治《グッド・ガバナンス》、人権、権力分立、報道の自由、教育、ジェンダー平等などは、互いに補強しあって平和を促進する。だから、紛争地帯でそれらをパッケージで実行に移そうとする。とくに熱心に取り組むのが総選挙の実施で、それがある種の万能薬だと思っている。そもそもそれは、民主化と国家再建に何より欠かせない手順ではないのか？　だから、そこにたくさんお金をかける――たとえばアメリカは、選挙支援を含む民主主義の推進に年間二四億ドルを投じている。

研究者はこのアプローチを「自由主義的平和《リベラル・ピース》」計画《アジェンダ》と呼び、批判者は、戦争に引き裂かれた場所へ欧米の制度、政策、価値観を押しつけようとする試みだとしてそれを糾弾《きゅうだん》する。この計画は、フランス、南アフリカ、アメリカなど数多くの国と、アフリカ連合、国連、世界銀行といった多様な機関、さまざまな非政府組織が採用している。

これをふまえると、国連大使の昼食会のゲストが何を考えていたかがわかる。たいていの政治家、平和構築者、普通の監視要員《オブザーバー》と同じように、みんなコンゴで暴力を終わらせるいちばんの方法は、世界の指導者とエリートの協定、および国政選挙だと心から信じていた。そして二〇〇九年終わりには、仕事をやり遂げたと思っていた。

コンゴの戦争を終結させるために外部から大規模な介入がなされてきて、一九九〇年代なかば以来、五〇〇〇万をこえる死者が出た。外国の外交官、平和維持活動関係者、無数の国際機関や非政府組織のスタッフが、巨額の予算をかけたカンファレンスを数えきれないほどひらき、大統領、反政府勢力のリーダー、反体制派のリーダーを和解させようとしてきた――たとえば一九九九年にザンビアのルサカで（三〇〇〇万ドル）、二〇〇二年に南アフリカのサンシティで（四〇〇〇万ドル）、二〇〇八年にゴマで（二〇〇〇万ドル）、二〇一三年にエチオピアのアディスアベバで。こうした会議の最後には、コンゴ、ルワンダ、ウガンダの政府と、コンゴのおもだった反政府勢力のリーダーが、いくつもの協定に署名する。その間ずっと、介入者は総選挙の実施にも焦点を合わせていた。

しばらくのあいだ――二〇〇三年から〇七年まで――、このアプローチはうまく機能しているようだった。ほとんどの外国軍がコンゴを去った。コンゴ政府の（名目上の）支配のもと、国はふたたび統一されたひとつの領土になって、競合する武装集団に支配された地域の寄せ集めではなくなった。代議士や議員が新しい法案を通過させ、新しい憲法をつくった――すべてがとても自由主義的《リベラル》で民主的だった。

二〇〇六年、コンゴが一九六〇年以来初めての自由な国政選挙を実施したとき、多くのオブザーバーは、この地域でようやく暴力が終結したと思った。外国のジャーナリスト、活動家、政治家は、こうした選挙の開催を効果的な国際介入の例として褒めたたえた。

国連大使の昼食会がひらかれた二〇〇九年の時点で、介入者たちは標準パッケージのおもな要素をすでに導入していた――エリートの協定と総選挙だ。したがって大使のゲストたちは、現場での暴力はやがて収まると信じていた。

実際には収まらなかった。

二〇一〇年代を通じて、コンゴは大規模な強制移住と恐ろしい人権侵害に直面する。東部の諸州での戦闘によって、本格的な内戦や国際戦争がくり返し再発した。外国の平和構築者が平和の一歩手前にいると感じるたびに、紛争がまた勃発するのがつねだった。

二〇一一年に、またその後一六年から一八年にかけて、コンゴが次の総選挙に備えるなか、各国の首脳、ジャーナリスト、活動家、外交官は、(二〇〇一年からついていた)権力の座にしがみつこうとするジョゼフ・カビラ大統領の企てをめぐるドラマにおおむね目を向けていた。選挙関係の緊張のせいで暴力がつづいているのだから、投票がおこなわれれば落ちつくというのが、その人たちの見方だった。今回もやはり、その通りにはならなかった。

二〇一七年までに、コンゴでは四五〇万人の国内避難民が出ていた——アフリカ全土で最大の数だ。二〇一八年から二一年にかけて、コンゴでは世界最悪レベルの性暴力が報告されている。二〇二二年には推定二七〇〇万人が人道支援を必要としていた。国内避難民の数は六三〇万人まで増え、およそ一〇〇万人が近隣諸国へ保護を求めた。

近道をする

どうしてこんな状況に陥るのかを理解するために、ピースランドの住人が普段どのように戦略を決めるのか見てみよう。憶えていると思うけれど、みんな現地の状況を深く知らないから、それぞれの紛争の特徴に合わせたプログラムは設計できない。さらに悪いことに、みんないつも時間に追われている。上司、ドナー、同僚から、迅速に動くように求められている——そもそも、そうしなければ人が死につづける。

スウェーデン人の平和構築者、エリック[*]の話を見てみよう。わたしの著書、『コンゴの問題』(*The Trouble with the Congo*、未邦訳)を読んで、賛成する点がたくさんあったという。エリックは、所属機関でコンゴのプログラムを担当することになると、直面している状況の分析に時間をかけ、現地の人たちを巻きこむことにした。すると上司たちから、考えすぎだし質問しすぎだと批判された。期待されていたのは、プロジェクトを実行に移して行動することだ。どうすれば自分の仕事によって現場の状況を実際に改善できるのか。それを考えるのに時間を割くことは、求められていなかったのだ。

世界中の数えきれないほどのピースランドの住人から、同じような話を聞いた。ピースランドの住人が仕事をする環境は、信じられないほど困難だ（厳しい締め切り、政治的な圧力、国についての適切な知識の不足など）。そのため具体的な問題を一つひとつ深く分析して最善の対応を考えるのではなく、平和構築者は近道《ショートカット》をしなければならない。習慣、ドナーの要求、流行《トレンド》、組織内のロジックから生まれる考えを使う必要がある。場合によってはこうした考えは、平和構築者が「変化の理論（theories of change）」と呼ぶものとして形式化されている——なぜ、どのようにして、特定の行動（たとえば選挙の実施）が目標達成（たとえば平和）に役立つのかについての仮説だ。エリックの同僚のひとりがこうまとめている。「わたしたちはいつも想定をもとに動きます。それについて考えることすらない。ただ行動するだけです」

こういう考えと変化の理論の問題は、その多くが非現実的で還元主義的なことだ。六か月や一年でワークショップ・シリーズを開催するプロジェクトによって、民主主義や平和が生まれる——平和構築者やドナーがそう説明するのをよく耳にしてきた。でも実際には、民主主義も平和も発展させるのに数十年かかるし、数回のワークショップよりももう少し手間がかかる。

さらに悪いことに、平和構築者の多くは、自分たちの取り組みが戦争と平和の行く末に影響を与えると思いこんでいるけれど、この思いこみを支えるエビデンスはないことが多い。二年ほど前、〈エビデンス・フォー・ピース〉(Evidence for Peace) プロジェクトが、平和構築活動のインパクト評価を、入手できるかぎりすべて調査した。その結果、介入者はアンケートとインタビューを使って、取り組みが個人、社会、組織に与えた影響を評価していることがわかった。残念ながら、「平和と暴力をめぐる実際の成果」に影響を与えたか否かは、ほとんど評価されていない。つまり強制移住、本国送還、犯罪、ギャングの暴力、集団間あるいは個人間の摩擦、安全についての認識などへの影響はわからない。

ひとつには問題は、平和構築者とドナーが、数量化できる成果を絶対的基準と見なしていることにある——そのようなデータは客観的かつ具体的で、作成するのに現地住民の関与は最低限しか求められない。けれども、すべてを数字で測れるわけではない。たとえば二〇一〇年代はじめに、ブルンジの国連平和維持活動が〈武装解除、動員解除、社会復帰〉(Disarmament, Demobilization, and Reintegration) プログラムの成功を評価しようとした。有益な評価をするには、武器を使った暴力がブルンジで減ったかどうかを調べるべきだろうけれど、そのようなマクロの成果のなかからプログラムの貢献を特定することはできない。その代わりに、ブルンジ人が武器を使いたがっているか、いまでも暴力は政治戦略として許容できると思っているかを評価することも考えられた。けれども、「それを測定する方法はだれも知りませんでした」とスタッフは言う。そこで、集めた武器の数を数えることにした——ほとんどの人が銃をもっていて、武器がたくさん隠されていて、国境線が穴だらけでさらなる武器を簡単に輸入できる国では、なんの意味もない指標だ。

別のやり方もある。平和構築の評価を設計し実施する際に現地の人を完全に巻きこみ、意味ある指標はどんなものか、望まれる成果はどんなものかを、現地の人たちが決める。つまり、ヴィジャヤがしていたように、たとえばルカのような元少年兵が未来時制で話しはじめたり、ルカが「銃の代わりに鉛筆を手に持ちたがって」いることをジャスティンのような母親が目にしたりしたときに、プロジェクトは成功したと認めるということだ。実際、同僚のパミーナ・ファーコーが、このような（関係する住民とのフォーカス・グループを使って質的な調査を設計する）アプローチの方法論について本を一冊書いていて、その恩恵を示すためにパイロット・プロジェクトをいくつか実施している。でもこれまでのところ、そのアドバイスに従うように多くの介入者を説得することはできていない。

平和構築者は、実際に与えた影響よりも、計画していた行動を実行に移せたかどうか——開催したワークショップの数や研修を受けた人の数など——で成功を判断することが多い。たとえば、わたしが東ティモールで〈未来のために〉（Ba'Futuru）のスタッフと会ったときのことを見てみよう。〈未来のために〉は、現地と外国の知人の多くがすばらしい平和構築機関としてあげていた組織だ。伝手《つて》をたどって、ようやくわたしはジュリオ*に話を聞くことができた。彼の上司によると、その組織の効果を詳しく話せる人物だという。でも残念ながら、どれだけたくさん質問しても、どんなふうに質問しても、ジュリオは彼の組織が実施した紛争解決の研修を楽しんだという人の話しかしなかった。わたしは三〇分以上ねばった。ジュリオはパソコンに保存した長いメモや〈未来のために〉が実施したモニタリングと評価にまで目を通した。でも面会が終わるときには、新しく身につけたスキルを使って実際に紛争を解決した人の事例は、たったひとつしか見つけられなかった。

さまざまな紛争地帯で、これと同じもどかしい経験をした。話を聞いた平和構築者のほとんどは、自分のプロジェクト――ラジオ番組、調停、ミーティングなど――についてえんえんと語ったけれど、それらの行動が実際に与えた影響を尋ねると、あやふやなことしか言えなかったり、答えられなかったりした。

わたしだけではない。ミルト・ローエンシュタインは成功を収めたアメリカ人ビジネスマンで、引退後は夢中で情熱を注げるもの――本人いわく「第二のキャリア」――を見つけ、それに多くの資産を投じてきた。そう、平和構築だ。二〇〇三年、ミルトは「成果重視の平和構築」と彼が呼ぶものの研究に報いる賞をつくった。八〇をこえる論文が届いたけれど、すぐれた八本のなかでも、現場での成果を検討したものはひとつしかなかった。二〇一六年にはヨーロッパと北アメリカから平和構築者を集め、紛争後の環境への最も費用対効果の高いアプローチについてブレインストーミングした。そこでもやはり、和平調停の実際の成果については、ほとんど何も導き出されなかった。

全般に、不安になるほどの数の介入者が、実際のエビデンスではなく、うまくいく方法についてのまちがった思いこみをもとにプログラムを設計している。ここまで本書を読んできたみなさんなら、そうした思いちがいの多くにおそらくすでに気づいていると思う。こんな考えだ。

- 現地の専門知識よりも専門家の知識のほうがすぐれている
- アウトサイダーがいちばんよく知っている
- 現地の人は信頼できないし無能だ
- テンプレートを使うのが望ましい
- 必要なのはトップダウンの行動だけだ
- 暴力が起こっているあいだは、草の根の平和構築はできない
- 対話だけでじゅうぶんで、対話は一度きりでいい
- プロセスよりも結果が重要だ
- 平和構築には大きな費用がかかる
- いつでもプログラムにお金があればあるほどいい
- 国際的な取り組みは目立つべきだ
- 平和構築はすぐに成功させられる（数か月あるいは数年のうちに）

さらに、〝よきこと〟――たとえば民主主義と平和――はいっしょに起こるという、広くいきわたった考えを見てみよう。

選挙への執着

たしかに、平均すると、民主主義諸国は権威主義諸国よりも平和だ——この問題については大量の研究がある。実際、成熟した民主主義国同士が戦争をしたことはない。それに、民主主義国は内戦を経験することも比較的少ない。市民の不満に平和に対処する制度があるからだ。

理屈のうえでは、平和を築く方法として民主主義を推進するのは理にかなっている。けれども、そうすると重要な但し書きを見すごすことになる。戦争をする可能性が最も高いのは、独裁制から民主主義へ移行している最中の国なのだ。実のところ、体制転換の規模が大きければ大きいほど、移行中の国は暴力的になりがちだ。つまり暴力のリスクが最も高い場所は、まさに自由で公正な選挙を初めて実施し、報道の自由やグッド・ガバナンスなどを実行に移そうとしている場所にほかならない——介入者のパッケージが指示するとおりに。

その典型例が、ルワンダで内戦を終わらせるはずが、実際にはジェノサイドのきっかけになった和平協定だ。フツの政府とツチの反政府集団が（一九九三年にタンザニアのアルーシャで）和平協定の交渉をしたとき、外国の後援者たち（ベルギー、フランス、ドイツ、アメリカなど）は、選挙と権限の分割を課すことに成功した。後援者にとってこれは、ルワンダの紛争を解決する完璧な手段だった。しかし不幸なことに、フツのリーダーたちは国の絶対的支配を手放したくなかった。そこで権力を失うのを防ごうと、兵士を集め、青年武装集団をつくって、民族対立を煽った。この緊張がたちまちエスカレートして一九九四年のジェノサイドにつながり、推定八〇万から一〇〇万の死者が出る。

同じく民主化のプロセスによって、一九九〇年代はじめにはアンゴラ、コンゴ、旧ユーゴスラビアで内戦が勃発し、ボスニア、カンボジア、中央アフリカ共和国、エルサルバドルなど、紛争から回復しようとする多くの国で暴力が過熱した。問題は民主化という考えそのものではなく、介入者がそれを押しつけたやり方にあった。まず何より選挙をすぐに実施することに集中して、選挙を安全で意味あるものにするために求められる条件には目を向けていなかった。実際、独裁政権が崩れだすと、ありとあらゆる社会集団が権力を求めて競いはじめる。不幸なことに、民主主義へ移行中の国には、この大規模な政治競争をうまく統制する強力で首尾一貫した国の制度がないことが多い。エリートがアイデンティティ集団を単位として選挙運動をし、支持者を結集させると（よくあることだ）、それが問題になる。ナショナリズムに訴えると、全国民がひとつになって隣国と敵対するようになるし、宗教や民族に訴えると、同じ領土のなかでなんらかの集団が結集してほかの集団と敵対するようになる。それに、言論、集会、運動の自由がすでに定着していなければ、現職者が軍隊や警察を使って競争相手を抑えつけ、勝利の可能性を高めることになりがちだ。これはすべてエスカレートして、全面的な戦闘につながることが多い。

世間一般の通念とは異なり、民主化は暴力の解毒剤ではなく、むしろその反対だ。内戦再発のリスクを倍増させる。紛争から抜け出しつつある国では、あらためて暴力が起こる可能性が二一パーセント（民主化なし）から三九パーセント（民主化あり）へ跳ねあがる。時間をかけるとましになる――指導者たちが選挙を実施するまでに一年ではなく五年待てば、戦争再発の可能性は三一パーセント減る。けれども近年では、待つ時間はどんどん短くなっている――平均二・七年で、一九八九年以前の半分だ。

さらに言うなら、研究者仲間たちの発見によると、戦争から抜け出しつつある国で選挙を実施すると、経済回復のチャンスが低下する。そのうえ、民主化をすすめている戦争後の国の多くのように、完全に独裁的でも完全に民主的でもない体制のもとでは、テロが起こりやすい。

ようするに、平和構築者が提供する〝パッケージ〟のさまざまな要素は、互いに緊張関係にあることが多い。戦争から抜け出しつつある社会では、短期的には民主主義と平和（や経済の繁栄）はしばしばトレードオフになる。選挙はすぐに実施できるけれど、そうすると暴力が過熱するおそれがある。その代わりに、選挙実施に求められる時間、リソース、エネルギーを使って、紛争の根本原因に取り組むこともできる。たとえばコンゴでは、平和につながる可能性が高いのは選挙ではない。長年の紛争の根本にある貧困、格差、失業に対処し、差別および土地と司法へのアクセス不足に対処することだ。同じことは多くの開発途上国に当てはまる。

教育や国家再建など、〝パッケージ〟のほかの重要要素でも同じような問題がある。それらは平和を促進せず、むしろ暴力を過熱させるおそれがあって、実際に過熱することも多い。

たとえば、介入者はたいてい、教育はいいものだと思っている。教育水準が高くなると暴力的でない社会になると考えていて、和平に向けた取り組みの多くで学校事業を中心に据える。なかには緊張緩和につながる教育プログラムもあるけれど、残念ながらほかは、紛争を積極的に過熱させる。何百年も前から同じだ。ナチ・ドイツで教師が生徒にユダヤ人のことをどう教えていたかを考えるだけでも、それがわかる。ユダヤ人は、強くて力のあるドイツ人の打倒を目論《もくろ》む永遠の破壊活動家で、高潔な市民ならだれもが排除に協力すべき害虫だとされていた。一九七〇年代には、スリランカ政府がナチスの先例にならう。スリランカ政府は、宿敵で少数派のタミル人を打ち破った英雄として、シンハラ人の仏教徒（多数派民族）を描きだした。このねじ曲げられた歴史が少なからず影響し、ふたつの集団のあいだで憎しみに火がくべられて、その後二六年にわたって血みどろの民族紛争がつづいた。同じようにルワンダでは、一九九四年のジェノサイドの以前、最中、終結後に、教育プログラムによって不寛容、ステレオタイプ化、民族対立が助長された。またアフガニスタンでは、平和構築を手助けする手段として外国のドナーが資金提供した学校も、結局は暴力に勢いをつけただけだ。

同様に、国家建設も平和構築にかならずしも貢献するわけではない。もちろん理想の世界では、たとえばアイスランドやニュージーランドのように、国家が自国の領土で和平の取り組みをすべて実行、調整、支援する。これによって草の根の紛争解決の取り組みが長つづきし、それをトップダウンの開発と結びつけやすくなる。

でも残念ながら、わたしたちは理想の世界で生きてはいない。ソマリアや南スーダンのような場所では、国家は安全確保やインフラ整備など、最も基本的な責任すら果たせない。ピース・インクの支持者は、だからこそ国家を「建設」や「再建」する必要があると主張する。でもアフガニスタンからコロンビアまで、ほとんどの戦争地帯では、地方と国の官僚機構を支配するのは紛争の当事者だ。そのような例ではつねに、国の制度を再建すると、地方と国の政府が市民をさらに効果的に抑圧できるようになる。

憶えているかもしれないけれど、コンゴでは国家が強力になっても社会の平和は促進されていない。むしろコンゴ政府が住民を投獄、拷問、殺害しやすくなった。国の権限をコンゴの鉱山の町まで広げた結果、ある種類の加害者（反政府集団）が別の種類（軍）に代わり、戦闘員の数が増えて、無防備な住民は生計を立てる術を失い、新たに失業した若い男性の多くが、生きのびるために武装集団に加わっている。

イラクの状況はさらにひどい。イラクではアウトサイダー主導の国家建設の取り組みによって、大規模な暴力と宗派間の紛争に火がついた。二〇〇三年にサッダーム・フサインの政権を転覆させたあと、アメリカとその同盟諸国は既存のイラク軍を解散させ、バアス党とつながりのある公務員を解雇した。およそ三〇万人の訓練を受けた戦闘員と何万人もの文民が生活の糧を奪われ、疎外感を覚えて、恨みを抱き、その結果、多くの人が抵抗運動に加わった。イラクの新政府と外国の支援者は、国全体の秩序を維持し、新国家でなんらかの代表制を促進する道を見つけなければならなかった。そこで急いで警察と軍隊を再建したけれど、新規採用者の政治組織とのつながりはほとんど審査しなかった。それに現地の武装集団、伝統的コミュニティ、部族の指導者にも頼った。このふたつの措置によって、過激な宗教運動と民族ナショナリスト集団が力を得る。全般に国家再建の取り組みは、平和と和解をうながす代わりに権力闘争を引き起こし、社会の分断をいっそう深めて、マイノリティ集団への攻撃を増加させた。

くり返し言うと、問題は国家建設という考えそのものではない——税金の申告をしたり身分証明書の更新をしたりするときはいやでたまらないけれど、それでも、わたしがフランスやアメリカにいるときには、官僚機構と制度に頼ることができてありがたい。問題は、考えなしにテンプレートを自動的に使うこと、技術官僚的なトップダウンの措置をとること、環境によっては、そうした手段のせいで状況が実は悪化しかねないと気づいていないことにある。残念ながら、よきものはすべていっしょにやってこない。

欠けているもの

ほかにも問題のある思いこみがふたつあって、それがほとんどの調停戦略を形成している。ひとつ目が、ローカルな緊張は国や国際レベルの緊張を反映しているという考えだ。たとえば、ふたりの政治家が国の支配をめぐって競合していたら、現場の暴力はこの政治的な競争関係の結果だとピースランドの住人は考える。ふたつ目は、国や国際レベルの舞台で和平を実現すれば、それが地方まで波及する傾向にあるという考えだ。つまりこのふたりの政治家が和平協定に署名したら、その協定によって国のすみずみまで平和がいきわたると介入者は思っている。

実際には、ローカルな紛争は、たとえ国や国際レベルの紛争と結びついていても、独自のものであることが多い——ジャングルに隠れていたラスタや、ルジジ平野の畜牛の通り道をめぐる紛争の例を憶えていたらわかるかもしれない〔それぞれ第二章〕。したがって、国や国際レベルでの和解は、かならずしも現場での和平にはつながらない。これは単なるわたし個人の意見ではないし、コンゴに固有の問題でもない。最近、第一線で活躍する専門家のチームが、エリートによる協定がどれほどの頻度で戦争終結につながっているかを評価した。長年の研究と、さまざまな大陸における近年の紛争二一件を詳しく分析した結果、研究者たちが出したのはがっかりする結論だった。エリートによる協定によって実際に暴力が終結したとはっきりわかる例は、ひとつもなかったのだ。平和のトリクルダウンは、経済のトリクルダウンと同じぐらいイデオロギー的なものだとわかった。

わたしがこれを痛感したのは、二〇〇三年にニュンズで、同年代のコンゴ人女性イザベル*と会ったときだ。その二年ほど前、バンツーとピグミーのとりわけ激しい紛争があったときに、地元の武装集団がイザベルの村を襲った。多くの住民が殺害され、ほかの多くがレイプされて、すべてを奪われた。イザベルとほかの村人は森に逃げたけれど、隠れ場所はたちまち武装集団に見つかる。「彼らはほとんど毎週やってきました」とイザベルは振り返る。「なんなら週に二、三度も。わたしたちの持ち物を略奪して、わたしたちを殴って、みんなを裸にして、女性と無理やり愛しあう［レイプする］の」。ある日、イザベルは誘拐されそうになったけれど、夫が割って入った。「お願いだから、イザベルは連れていかないでくれ。代わりにおれを連れていってほしい」。そうして彼は武装集団といっしょに森へ消え、それ以来、イザベルは彼に会っていない。

イザベルは彼をとても誇りに思っていた――深く愛してもいた。それに明らかに助けを必要としていた。わたしたちが会ったのは、〈国境なき医師団〉の同僚が支援する地元の栄養センターへ、栄養不足の幼子《おさなご》を彼女が連れてきたのがきっかけだった。食べ物を見つけるのに苦労していて、今日こそは夫が帰ってくるんじゃないかと毎朝願っていると彼女は語った。それでも彼女は毅然《きぜん》としていて、わたしの目を見てはっきりと、穏やかに話した。

イザベルは、彼女の村がくり返し襲われる理由を詳しく説明してくれた。それはコンゴとルワンダの戦争など、国や国際レベルの緊張とはなんの関係もなかった。原因は、村人が食べ物を育て、生きるために必要な土地を、反政府勢力が奪いたかったからだ。また逃げたり、新しい隠れ場所を見つけたりしようとしなかった理由を尋ねると、イザベルは淡々と答えた。「慣れてるから。自分たちの土地の近くにいて、そこから離れたくないの」

イザベルの話は、そのあともずっとわたしの心に残っていた。彼女のなかにわたし自身を見ていたから、というだけでなく——別の世界では彼女と友だちになれたかもしれない——、彼女の話は、ローカルな紛争の恐ろしい影響を体現しているからでもある。外国人の平和構築者は、こうした影響をたいてい無視している。

それに、長年の研究を経てわたしにはわかっていた。不幸なことに、イザベルの経験は典型的なものだった。フランス国連大使の昼食会のゲストが思いこんでいたのとは（それに昔のわたしが考えていたのとも）異なり、コンゴで暴力を引き起こしているのは、国際レベルと国レベルの問題だけではない。長年のボトムアップの緊張も暴力につながっている。おもな煽動者は、村人、伝統的な首長、コミュニティの権力者だ。紛争の多くは、はっきりとローカルな政治、社会、経済の利害を中心に起こっている。ローカルというのは、個人、家族、氏族、村、地区のレベルのことだ。

たとえば、伝統的な法によってだれが村や領土の長《おさ》になるかをめぐって、さまざまな競争がある——つまり地域で最高位の人物になることは、小さな王になることに相当し、そこには信頼に足る（それに多くの場合おべっかを使う）顧問たち、たくさんの特権、領土内で暮らす全住民からの尊敬、自分が選んだ臣下に土地を分配する権限がついてくる。また人びとは、行政上の権力を奪いあう。市長、知事、警察署長になると、大きな収入と名声が得られるからだ。

それに加えて、特定の小さな土地や地所の支配をめぐって個人が争う。コンゴ農村部の貧困率の高さを考えると、土地を耕せるか否かが生死の分かれ目になることがあまりにも多い。土地を耕せれば、家族を食べさせるだけの作物を育てられ、運がよければ少し余分な収入ができて、子どもを学校へ通わせたり、子どもに服を買い与えたりできるかもしれない。コンゴの文化では、地主になると社会的地位もあがり、コミュニティの問題に発言力をもてる。言うまでもなく、ダイヤモンド、金、銅などの鉱業資源がある土地もあって、そこが開発されれば裕福になれる。

この競争は、たとえばひとつの村や地域で局地的な戦闘につながることがよくあり、それがエスカレートして州全体や、場合によっては近隣諸国まで広がることもかなり頻繁にある。みなさんが本書以外でコンゴについて読んだことがあったら、おそらく最もなじみがあるであろう紛争の例を見てみよう。キヴ諸州におけるルワンダ系コンゴ人と、いわゆる〝土着コミュニティ〟との紛争だ。緊張関係がはじまったのは、ベルギー植民地だった一九三〇年代のことで、当時は土地と地方権力へのアクセスをめぐって両者が競合していた。一九六〇年にコンゴが独立すると、ふたつの集団の敵意は高まる。それぞれの陣営が国の政治家と手を結び、さまざまな村の支配を確保して、特定の土地や地所の領有権を主張したからだ。そして一九九四年にルワンダでジェノサイドが起こったときには、これらの人たちはみなコンゴとルワンダの武装集団と手を組み、キヴ諸州で自分たちのローカルな関心事をさらに追求した。それ以降、土地と権力をめぐるこのような局所的対立がボトムアップで暴力に火をくべつづけていて、国際レベルと国レベルの和平調停をたびたび脅かしてきた。

これはコンゴだけの話ではない。個人的な確執やさまざまな地域紛争（土地、水、家畜、地位、権力、リソースなどをめぐるもの）が、数多くの戦中や戦後の状況のなかで暴力に火をくべている。イザベルが経験したような、筆舌に尽くしがたい苦悩を世界中で生んでいる。そしてコンゴの場合と同じように、平和構築への従来型アプローチの成果をたびたび危険にさらしている。

その典型例が、太平洋の島、東ティモールだ。二四年間の占領ののち、一九九九年に一〇〇万人の住民がインドネシアからの独立を勝ちとった。現在進行中の暴力は、民族対立、国の政治エリート間の競争、インドネシアとの紛争の結果であると同時に、土地をめぐる対立、家族間の敵対、報復の伝統の結果でもある。不幸なことに、国外の平和構築者のほとんどは、ボトムアップで緊張を生んでいるこれらの要素を無視し、島の東部と西部の人の和解、警察と軍の摩擦の緩和、ティモール国家の支援に集中してきた。けれども草の根の問題を無視した結果、広範囲にわたる暴力がつづいている。二〇〇六年には局所的な紛争がエスカレートして大規模な暴動になり、和平プロセスがすべて崩壊した。

同じくピースランドの住人と政治家は、アフガニスタンの戦争でもたいてい国と国際レベルの側面を強調する。一九七八年の共産主義者によるクーデターをきっかけに起こった暴動、ソヴィエトとアメリカの侵攻（それぞれ一九七九年から八九年にかけてと二〇〇一年から二一年にかけて）、政府および欧米の同盟諸国とタリバンおよびその国際ネットワークとの現在の闘争（後者が軍事的な勝利を収めるまで）。たしかに四〇年以上にわたって、こうした紛争すべてが広範囲にわたる流血を引き起こしてきた。でも、ほかのさまざまな問題も同じく流血につながってきた。研究者が時間を割いて話を聞くと、アフガニスタンの人がいつも口にするのがそういう問題だ。地方権力、土地、水、負債、結婚、離婚、その他の個人的、金銭的な問題をめぐる諍い。こうした緊張が、アウトサイダーがしきりに語るエリートたちの闘争を焚《た》きつけていて、それに焚きつけられてもいる。それらの紛争が重なりあった結果は？　一五〇〇万をこえる死者と六〇〇万の強制移住。これまでのところの数だ。

南スーダン（継続中の内戦によって、二〇一三年以来四〇万の死者が出ている）では、戦闘に火をくべているのは、サルヴァ・キール大統領とリエク・マシャール副大統領の緊張関係だけではない。牛飼いと農家の無数の小競り合い、牛泥棒、氏族の対立もその原因だ。ブーゲンヴィル島では、一九八八年から九七年にかけて猛威をふるった破壊的暴力は、パプアニューギニアと島の分離独立派との紛争のためであると同時に、土地争い、魔女狩り、地元の政治権力の奪い合いのためでもあった。二〇一八年のナイジェリアでは、新聞の見出しをしきりににぎわせたイスラム急進主義集団〈ボコ・ハラム〉による死者よりも、牛飼いと農家の衝突による死者のほうがさらに多かった。ブルンジ、インドネシア、ネパール、マリ、ソマリア、スーダン。ローカルな対立が深刻な暴力のきっかけになった場所は、枚挙に暇《いとま》がない。

友人のケニー・グラックは、ダールフール（スーダン）で紛争当事者間の協定を仲介する取り組みを長年支えるなかで、絶えずこのジレンマを経験した。ケニーは何度も同じいら立ちを口にする。彼が代表するアフリカ連合および国連、またこのプロセスで鍵を握る外交官たちは、武装集団のリーダーたちが兵士を支配していると思っていた。したがってケニーの仕事は、政府と反政府勢力のリーダーの和解を手助けし、停戦と包括的協定に署名させて、暴力が終結するのを待つことだった。けれども、武装集団の司令官が譲歩してようやく和平協定に署名すると、そのたびに地域の戦闘員の大集団が妥協に反対し、離反して戦闘をつづける。ケニーと一部の同僚は問題に気づいた。兵士たちのモチベーションはトップのリーダーたちのものと異なり、司令官は、実は兵士をほとんど支配していなかったのだ。

ケニーはやがてイエメンの戦争調停チームに異動し、その後、中央アフリカ共和国で働いて、どちらでもまったく同じ問題に直面した。「いまだに、スイス政府とドイツ政府の紛争を扱っているかのように、調停者を訓練して［和平］プロセスを設計してるんだ」と彼は不満をこぼす。国連とアフリカ連合は、「文書《テキスト》がすべて」の「よく訓練された弁護士集団」が参加者であるかのように協議をひらく。でも実際には、中央アフリカ共和国でもイエメンでも、スーダンと同じように武装集団内での結束はほとんどなく、指揮系統は弱くて、一般の戦闘員がリーダーとは異なる考えを追求することも多い——したがって、国際的な和平の取り組みはくり返し挫《くじ》かれる。

ケニーの苦境は、残念ながら珍しいものではない。赤十字国際委員会によると、現在の紛争の四四パーセントには三から九の異なる勢力が関与していて、二二パーセントには一〇をこえる勢力が関係している。なかには数百（コンゴやリビア）、さらには一〇〇〇をこえるところ（シリア）まである。これらの場所すべてで武装集団は細分化しつづけていて、トップのリーダー数人だけを外国の首都へ集めるピース・インクの取り組みは、現場にほとんど影響を与えられない。

戦争のボトムアップの原因に注目するからといって、紛争と平和にエリートが与える影響を無視していいわけではない。多くの場合、暴力がはじまって広がり、和平プロセスの最中も和平協定が結ばれたあともつづくのは、地方、国、国際レベルの問題が組みあわさった結果だ。国と国際レベルの指導者は、自分の関心を追求する手段として戦闘をはじめることが多い。それに、武装集団を操作する。一般市民のあいだで憎しみを煽る。大規模な攻撃を仕掛けて、何千もの民間人を傷つける。したがって、こうしたエリートたちを和解させようとするトップダウンのアプローチは、やはり欠かせない。

ただし、ピース・インクにつきものの問題を取り除くために、こうしたトップダウンの戦略を修正する必要がある。それで終わりではない。ローカルな紛争の原因は、国や国際レベルのものとは異なることが多いため、トップで和平を実現しても、かならずしも現場での緊張は収まらない。戦争中と戦後の状況のなかで暴力を理解し、それに対処したければ、エリート、政府、反政府勢力のリーダー以外にも目を向けて、州、地域、個人のモチベーションも考慮に入れる必要がある。紛争は木のてっぺんと草の根の両方から解決しなければならないのだ。

さいわい――ピース・インクの歯車がよく思いこんでいるのとは異なり――、ローカルな取り組みを支援するのに、かならずしも大きな費用はかからない。村に平和をもたらすのに役立つと村人たちがわかっている取り組みを実行するために、わたしは二〇ドルや五〇ドルのお金を求められることが数えきれないほどあった――近隣の武装集団のリーダーと話すために移動したり、紛争中のふたつの集団のあいだで会合をひらいたりといったことの費用だ。ウルベン・ビシームアとLPIが、コンゴでラスタ危機を解決する手助けをした話を思いだしてほしい。六万ドル未満のお金で、彼らはあわせて一〇万をこえる住民がいる五二の村全体で平和を取り戻すことに成功した。リゾルヴでヴィジャヤが取り組むパイロット・プロジェクト――ジャスティン、ルカ、コンゴ東部にある彼女たちの村全体を変えた事業――にかかった費用は五〇〇〇ドル未満だ。エリートの協議を支えるために外交官が使う何百万ドルもの費用と比べてほしい。国際便の航空券、贅沢なホテル、多額の日当、豪華な会議場――そうして結ばれた協定は、数日あるいは数週間で破綻する。たとえば、コンゴ東部で戦争を〝終結〟させるために二〇〇八年にゴマでひらかれたカンファレンスには、二〇〇万ドルをこえる費用がかかったのに、暴力はその後もずっとつづいた。シリアでの戦争に対処するために二〇一二年にひらかれたアラブ連盟の首脳会談（五億ドル）も、朝鮮半島に安定をもたらそうと二〇一八年にひらかれたトランプと金正恩の会談（一二〇〇万ドル）も同じだ。

現地で採用された人や現地のパートナーが、同等のスキルをもつ介入者と同じぐらいの給料をもらったとしても（もらってしかるべきだ）、現地の人に頼るほうが外国人の平和構築者を雇うよりもたいていずっと安くつく。国内スタッフには、高価な保険、航空券、要塞のような宿、危険地域への派遣に報いるボーナス、そのほか外国人が求めることの多い手当をまかなう必要がない。

掻きたてられる怒り

たいていの読者と同じなら、おそらくあなたも知りたいだろう。戦後に平和を構築する最善の方法について、多くの介入者がいまだに誤った見解をもっているのはなぜなのか。批判を向けてくる人たちの辛辣《しんらつ》さに、わたしはよく驚かされる——ハンスとピーター（ＬＰＩのコンゴ担当局長）への厳しい批判を読んだときには、あなたも同じようにショックを受けたかもしれない。そもそも選挙は特効薬ではなく、暴力はローカルな問題にも焚きつけられていて、当事者の住民が平和構築の取り組みの設計に参加すべきであり、戦争を終結させるにはトップダウンとボトムアップの仕事がどちらも求められるというのは、かなり常識的な考えだ。それなのに、わたしは何度も同じ経験をしてきた。カンファレンスやミーティングの場で研究報告をすると、少なくともひとりが、ときには数人が、怒ってこんなことをわめく。「よくもまあ、そんなことを言えたもんだ」——あるいは「白人女性であるあなたには、（議論の対象になっている国で）何が起こっているかなんてわからないんですよ！」

いまでは、これは個人的な攻撃ではないとわかる。こうした怒りの反応はすべて、政策立案者と現場の実践者が、いつもながらの平和構築のアプローチにどれだけ拘泥《こうでい》しているかを反映している。インサイダーに任せてボトムアップで暴力に対処するという考えが大きな課題を突きつけること、それゆえ、そうした提案に直面したピース・インクの専門家は脅威を感じることが、そこからわかる。

介入者がとても大切にしている考えがいくつかあり、それに疑問を投げかけると、かならず感情的な反応を呼ぶ。そのひとつが、すでに見たように、戦争と暴力を減らすいちばんの方法は選挙の実施だという根深い考えだ。わたしがそれに疑問を投げかけるたびに、こう言われる。「アフガニスタン人（あるいはコンゴ人、ティモール人）には民主主義はいらないと思ってるんですか?!」もうひとつが、国内の問題へは干渉すべきでないという規範だ。ローカルな紛争解決を支援すべきだとか、一般市民と直接やり取りすべきだとか発言すると、「とんでもない植民地主義者（あるいは帝国主義者）だ」とよく言われる。個人的には、この非難はかなり皮肉だと思う。ピースランドの住人は、紛争地帯の住民が戦争から回復するのを手助けできるのはアウトサイダーだけだといつも言っているからだ。ピース・インクは国のエリートとのやり取りを優先しているから、国の主権を尊重していることになるとでもいうかのように！

実際、この最後の姿勢はあまりにも深く根を張っていて、国際機関と各国の外務省の構造とアイデンティティを根本からかたちづくっている。それらの組織は、外交、政府間関係、国家間関係に焦点を合わせていて、現地で行動を展開するのに必要な職員、部署、手順、資金提供パターンはもっていない。アメリカ国務省の職員にボトムアップ型平和構築の重要性についてブリーフィングしたときには、ベテラン職員にこう反論された。「でもセヴリーヌ、われわれは国家なんです。相手も国家です。地域レベルで仕事をするようにはできていない」。同様に、国連職員もいつも念を押す。大きな取り組みをするには、安全保障理事会の一五か国すべての賛成と、受け入れ国の同意が必要なのだと。こういうハイレベルの平和構築者にとっては、仕事はそもそも国家中心主義的なものであり、そうあるべきということになる。

核にあるこうした考えに異議を唱えると、当然ながら防御反応をたくさん呼ぶ。あなたが典型的な介入者だったらと想像してみてほしい。たいていの外国人平和構築者と同じように、あなたも外部から働きかけることで変化を起こせるという想定のもとにキャリアを築いてきた。何年も、場合によっては何十年もかけて、紛争地帯の住民をよりよく手助けするのに必要なスキルを身につけた。外交上の慣例とことばも学んだ。高官による協議の専門家になり、国レベルと国際レベルの問題解決に精通して、世界の指導者やエリートと話す経験を積んできた――あるいは、こうした能力をすべて身につけることを目指している。そんなところへだれかがやってきて、すべてに疑問を投げかける。人生を捧げてきた仕事が、実は思っていたほど重要ではないかもしれないと言われ、場合によっては害を与えていると言われる。

ローカルな紛争解決が重要であり、市井の人が自分たちの未来について発言する権利をもつべきだという主張に、理屈のうえでは一定の価値を見いだすかもしれないけれど、だからといって気分がよくなるわけではない。ほとんどの平和構築者のように、あなたもかしこくて洞察力ある善意の人なら、ほかにどうすればよかったのだろうと考えはじめる。この業界を去るべき？　「現地人になってしまう」べき？　そのままでいるべき？――あるいはシステムを変えようとできるかも？　残念ながら、身動きが取れないと感じる可能性が高い。国連や外務省、大手の平和組織で働く友人はみんな、勤務先の全体的な目標や構造を変える力はないと思っている。そういう官僚機構は巨大かつ複雑で、変化と新しい発想に抵抗することで知られている。こんな状況のなかでわたしの話を聞いたら、あなたも心を掻き乱されるのではないだろうか？

それに、地域レベルよりも、国や国際レベルの和平プロセスに取り組むほうがずっと快適だ。わたしがその仕事をしていたときには、ほとんどの時間を首都で過ごし、高級ホテルに泊まって、感じのいいレストランへ行き、水と電気も安定して使えた。交流するエリートたちとは、たやすくつながることができる――フランス語や英語を習得しているし、そのうえ映画、本、音楽といった文化的な話題もたくさん共有しているからだ。場合によっては同じ大学の出身だったり、同じ街で暮らしたことがあったり、同じ社交の輪のなかにいたりする。それに大臣、知事、将軍、大統領に会う機会もあった――自分の国でははるかに格上で、会うことのない人たちだ。

いまでも憶えている。博士論文のための調査をしているとき、コンゴの領土で活動する最も重要な三つの反政府組織のリーダー、副官、長官に話を聞いて、とても複雑な気持ちになった。面会前には、彼らは直接あるいは間接的に数えきれないほどの殺人、レイプ、拷問に手を染めているのだろうと思っていた——友人が言うように、血に「どっぷり浸っている」のだと(ひとりは、二〇〇人をこえる殺害の指示を含む戦争犯罪でのちに投獄された)。でも実際に会うと、彼らに魅了された。リーダーはわたしを対等な人間のように扱ってくれた。思慮深く、礼儀正しくて、わたしの研究に関心を示してくれた——わたしに気のあるそぶりすら見せた。副官は友人のように接してきた。冗談を言い、メモを取るのにわたしが使っていたテクノロジーに驚いて(キーボードつきの電子手帳で、当時はかなりしゃれていた)、共通の知り合いの名前をあげた。彼もわたしもベルギーに家族がいて、ベルギーでの暮らしの印象を語りあった。長官は穏やかに、親切に、辛抱強く、率直にすべての質問に答えてくれて、研究に有益な情報と助言を山ほど提供してくれた。三人のだれと接していても、わたしは自分と似ていて、自分のことを理解してくれる人と話していると感じた。そして、自分に嫌悪感を抱いて面会を終えた——あんな極悪非道な人間《モンスター》を、いったいどうして好きになれるの?

恥ずかしい気持ちをなんとか乗りこえ、同僚にこの話をすると、同じ経験をしている平和構築者と研究者がたくさんいることがわかった。反政府勢力のリーダーや独裁者は、おぞましい人権侵害に手を染めているかもしれないけれど、多くの場合、カリスマ性があったり、知的だったり、きちんと話ができたりして、介入者にとって気持ちのいい話し相手になる。彼らと付きあっていると自分が重要人物になったような気がするし、帰国後には華やかで刺激的な人物のような気分になる――こういう話を学生にすると、すさまじくタフな人間だと思われる。

このような状況を、ローカルな紛争解決や、和平の取り組みに一般市民を巻きこむことと比べてみよう。そういう取り組みに参加するときは、ほとんどの時間を地方の町や村で過ごす。最低限の（たいていおんぼろの）家具しかないホテルやゲストハウスに泊まる。電気はほとんど、あるいはまったく通っていなくて、水道水もめったに使えず、たいていインターネットも使えない。かならずしも好きではない――それにいつもわたしの胃に合わない――現地の食べ物を食べる。かかわる人はわたしとは共通点がほとんどなくて、たいていこちらのことを風変わりな人間、あるいは歩く財布と思っている。ときどきわたしのことをとても重要な人物だと思って、話すときにぎこちなくなる――なかにはひざまずく人までいた（とても、とても、きまりが悪かった）。わたしのオルタナティブな平和構築戦略は、いちばん理にかなった手法ではあるかもしれないけれど、かならずしも楽しくはない。

平和構築への現在のアプローチから離れなければならないとしたら、多くの介入者が地位、快適さ、場合によっては仕事を失う。わたしが提案するアプローチは、介入者の世界観とアイデンティティにも疑問を投げかける。だから当然、外部の専門知識とトップダウンの行動ではとうてい不十分だと言われたら、それと闘おうとする。あなたもそうするのではないだろうか？

トップダウンの専制

スウェーデン人外交官のレーナ・スンドは、この闘いで高い代償を払った。彼女は、わたしのヒーローのひとりでもある。男性が支配する世界で成功した女性だから、という理由だけではない――ちなみに彼女は駐アンゴラ大使、コンゴの国連平和維持軍副司令官、アフリカ大湖沼地域のスウェーデン特使を務めた。親切でおもしろおかしくて親しみやすい人だから、という理由だけでもない――博士論文の調査のために話を聞いたとき、彼女は、話を聞かせる学生としてではなく、知的に対等な人間としてわたしを扱ってくれた数少ない人だった。コンゴでローカルな紛争解決の重要性に気づいた最初のアウトサイダーのひとりで、この二〇年のほとんどを費やしてピース・インクの改革を訴えてきた人でもある。

コンゴで国連事務総長特別副代表を務めていたとき（二〇〇二年から〇四年まで）、スンドは数人の信頼する協力者とともに部署を立ちあげ、継続中の暴力への新しいアプローチを提唱した。トップダウンの行動の機が熟すまで、ボトムアップで紛争を管理するやり方だ。国や国際レベルの指導者よりも地域や州の指導者に対してのほうが、はるかに大きな影響を与えられると感じていたから、後者と仕事をするほうが時間とエネルギーを効率的に使えると考えたのだ。

スンドが振り返るように、これはとても斬新で議論を呼ぶ考えだったため、彼女のチームはまず方針書を書き、草の根の緊張に対処するのも国連平和維持軍の仕事の一部だと説明しなければならなかった。それにスンドは、同僚にローカルな紛争へ注意を払わせたければ、ローカルな問題が国レベルの和解を脅かすと主張するのがいちばんだと気づいた。

　本部は二〇〇三年なかばに彼女の新しい戦略を正式に承認したけれど、実行に移されたことはあまりなかった。東部のさまざまな州で暴力の分析がいくつかおこなわれ、それらの紛争に取り組む行動計画がふたつほどつくられて、多少の研修が実施され、選ばれた村のあいだで停戦協議がいくつかなされただけだ。それどころかスンドは、普通なら彼女の地位についてくるはずの威信、権力、影響力の恩恵を受けられなかった。彼女と協力者たちは、アイデアを実行に移そうとするたびにすさまじい抵抗に直面する。和平調停に取り組む同僚のなかには、中傷工作をはじめる者もいて、彼女たちを「権威主義的」で「傲慢」だと批判し、まわりの人間と寝ることでトップにのぼりつめたのだと馬鹿にして、数えきれないほどのぞっとするようなジョークであざ笑った。スンド自身、レズビアンだという噂を流される——性差別的《セクシスト》で保守的な多くの同僚のなかでは、彼女を貶める誹謗《ひぼう》中傷になる。不幸なことに、それは効果を発揮した。スンドは深く傷ついて、彼女と彼女のチームはオルタナティブの戦略を実行に移せなかった。

　二〇〇四年にスンドがミッションを離れたあとは、ローカルな平和構築を主張する別の人物、フランソワ・グリニョンが取り組みをつづけようとしたけれど、やはりたいした成功は収められなかった。数年のうちに、スンドのアイデアは固く守られた秘密になる。それについて話すことに同意してくれた国連職員はわずか数人で、それすら面会を重ねて信頼を得たうえでようやくだったし、秘密を守るという条件つきだった。この話題について話しているときはみんな、何か恥ずかしいことを話しあっているような反応を示した。

それに、二〇〇二年から〇四年のあいだにスンドのチームが作成した文書も、手に入れるのがとてもむずかしかった。すでに放棄されて実行に移されなかったものだし、だれにも見せないと約束したのに、それでもなかなか入手できなかった。興味深いことに、文書を共有したがらないのは、守秘義務のためではなかった——ほとんどの人は、その文書に機密情報は含まれていないと言っていたし、それをようやくわたしにくれた人も、ほかに見せるなとは言わなかった。情報提供者たちは、文書を「なくした」とか、「別荘にしまっていて見つけられなかった」とか、取るに足らない言い訳をした。当時、平和維持活動のトップを務めていたウィリアム・スウィングは、それらの記録をわたしに手渡してもいいか「尋ねなければならない」とまで言った。彼は現場の最高責任者だったから、だれの許可をもらう必要があるのかと不思議だった。結局のところ、スンドのボトムアップ型の平和構築戦略は、きまりの悪い秘密になっていて、平和維持活動の内部の人はわたしがそれを調べるのを望んでいないのだと感じた。

ローカルな紛争へのアプローチを国連平和維持活動関係者に再考させようとする試みは、ほかにもいくつかあった。いちばん長くつづいたのが、新しくできた安定化支援ユニットのメンバーが二〇一〇年代なかばに実施したものだ。その人たちもコンゴのさまざまな州を幅広く分析し、ローカルな問題が現在進行中の暴力に火をくべていることを示して、ローカルな問題にもっと目を向けることでトップダウンのアプローチを補完するように同僚たちをうながそうとした。だが、結局は馬鹿にされて無視された。二〇一七年五月、国連平和活動局（Department of Peacekeeping Operations）がニューヨーク本部にわたしとほかのふたりの研究者を呼び、「地域と国のダイナミクスの緊張関係――コンゴ民主共和国への国際介入におけるジレンマ」というテーマで講演会をひらいたとき、国連は関心を示しそうな職員をすべて招いていた――唯一の例外が、この議論にだれよりも関心がある人たち、つまり安定化支援ユニットのメンバーだ。まさにこの問題にすべての時間とエネルギーを費やしているのに、どうして招かなかったのかと尋ねると、その人たちを参加させることはだれも思いつかなかったと主催者は言った。安定化支援ユニットのメンバーは、ミッションのなかで完全に隅に追いやられていて、まったく関係がないと見なされていたのだ。

一方でスンドは、和平へのよりよいアプローチを引きつづき提唱していた。二〇一七年に会ったときは、アフリカ大湖沼地域のスウェーデン特使を務めていた。新しいポジションにつき、国連がローカルな紛争と向きあうようにと一五年間も主張してきたのに、状況はたいして変わっていないと彼女は感じていた。全般に焦点が合わされているのは、やはり選挙、高官による協議、エリートとの会合だった。たしかにローカルな紛争解決に多少の注意が払われるようにはなっていて、スウェーデンは草の根の平和構築プログラムにいくらかの資金を割り当てていた。それでもやはり、ピース・インクのアプローチがまだ支配的だと彼女は感じていた。

残念ながらスンドの言うとおりだった。同じ年にわたしが、大統領選挙ではコンゴの暴力を終結させられないと論じるエッセイを『フォーリン・アフェアーズ』誌に発表すると、四人の研究者からたちまち反応があった。現在進行中の危機に有効な解決策は、選挙、国家再建、制度構築だけで、ローカルな紛争解決は不十分だし必要ないという。その後間もなく、ベルギーの上級外交官との朝食会でそのうちのふたりに会い、外交官もそのふたりに賛成だと率直に口にした。首都キンシャサでの権力闘争を解決することで、国全体の暴力を終結させられると（でも彼は、何かがおかしいと感じていたにちがいない。それを口にするやいなや、いまの発言は引用しないでほしいと言ったから）。その数か月後、アメリカ合衆国議会がコンゴについての公聴会をひらく。そこでもやはり、いかに選挙を実施し、大統領を説得して権力の座を離れさせるかに焦点が合わされていた――わたしは、ほかの問題を議論にもちこもうとしたのだけれど。

いつもどおり、平和維持活動関係者は選挙のことで頭がいっぱいだった。二〇一七年には、平和維持活動のシニア・アドバイザーがわたしに不満を漏らした。彼の同僚たちは、まるでそれが「唯一」重要なことだとでもいうかのように、「いつも選挙実施のことばかり」口にしているのだという。作成した紛争分析書では、一六ページのうち一二ページを選挙のことが占めているほどだった。

たしかに、この二〇年間で状況はよくなった。二〇〇〇年代はじめにローカルな平和構築について研究をはじめたころには、情報提供者のほとんどは、わたしが何をしようとしているのか理解していなかった――性暴力の研究をしていると思われることが多かった（なぜかはいまだにわからない）。理解すると多くの人は身構えて、場合によっては無礼な態度を見せた。ある外交官は、面会中はほとんど礼儀正しくていねいだったのに、草の根の緊張をめぐる彼の大使館の行動について補足の質問をはじめると、うんざりした態度を取るようになった。笑いはじめる人も何人かいた。フレンドリーだった外交官や国連職員も、ローカルな取り組みについて尋ねると腹を立てることが多かった。当時の知り合いで、介入者について同じ問題提起をしようとしていた少数の人——レーナ・スンドと彼女のチーム、LPIのコンゴ担当局長ハンス・ロムケマなど——も、同じような反応を経験していた。

それとは対照的にいまでは、重要な指導者たちでさえも、ローカルな緊張が暴力過熱に果たす役割を口にする。アフガニスタン、コンゴ、イラク、南スーダン、どこでも同じだ。国連平和維持活動の任務には、草の根の紛争解決をうながすという注意書きが含まれることもたまにある。アメリカ合衆国国際開発庁（USAID）、イギリスとスウェーデンのそれに相当する機関のようなドナーも、ローカルな和平の取り組みに資金を投じてきた。草の根の紛争解決を専門とする国際NGOも増えていて、シリアからフィリピンまで、世界中でプログラムを実施している。

とはいえ、政治家、外交官、平和維持活動関係者、その他の援助活動家たちは、いまでもほとんどの時間とリソースを国レベルと国際レベルの問題に費やしていて、ジャーナリストや一部の研究者もそれは同じだ。

たとえば、南スーダンでたくさん経験を積んだ平和構築者（それに博士課程でのわたしの教え子でもあった）ステファニー・シュワルツの分析をもとに、同国における戦争への国際社会のアプローチを見てみよう。「ローカルな紛争について数百ページ分の分析」があり、ジャーナリストはローカルな問題も徐々に取りあげるようになっている。それでも和平プロセスの支援者——ノルウェー、イギリス、アメリカ——は、高官による協議にこだわりつづけ、エチオピアやケニアといった隣国でエリートたちの大規模なカンファレンスをひらいている。「そこにすべての資金が費やされている」とステファニーは嘆く。また、多くの資金が、とりわけ高額の日当と高級ホテルへの宿泊費として、大統領およびおもだった反政府勢力リーダーの協議チームの懐《ふところ》に入る。

たしかに、「草の根を巻きこむ」試みはある。けれどもそれは、数人の活動家を選び、アディスアベバやナイロビに飛ばして、エリートのカンファレンスでほかの市民を代表させるものだ。当然これは、ローカルな紛争解決の支持者がボトムアップのアプローチを主張するときに想定しているものとは異なる。

アフリカだけの問題ではない。二〇一六年に話を聞いたティモール人の大物政治家ジョゼ・テイシェイラは、面会の時間をすべて費やして、ローカルな問題は重要ではないとわたしを説得しようとした。重要なのは国の首脳部で、とりわけ政府と反体制派のリーダーとの関係なのだと。同じ年に会ったトップクラスのアメリカ政府関係者も、同僚たちによる平和構築の仕事は、「主要勢力間の協定を取りまとめる」ための「高官による和平協議」だと言っていた。「ほかの要素は、それと比べるとすべて二次的です」と彼は説明し、「草の根の平和構築は枝葉の問題と見なされることが多い」と言う。二〇一八年四月に国連平和維持活動の大ボス（事務次長）ジャン゠ピエール・ラクロワと会ったときには、部下の仕事はローカルな紛争解決を支援することではないと単刀直入に語っていた。国の政治プロセスに全力を集中させる必要があるのだと。彼と同じように、国や国際レベルのダイナミクスとはっきり結びついていない介入はエネルギーの無駄だと、引きつづき主張している平和構築者がたくさんいる。

「いいところもある！」

大学のある同僚が、冗談っぽくこんな不満を口にしたことがある。わたしの本を学期のはじめに授業で取りあげることはできない。なぜなら、学生がわたしの本を読むとボトムアップの平和構築に夢中になって、標準的な紛争解決アプローチのことを話したがらなくなるからだと。学生は「オトセールの小さなクローン」になり、選挙、政府、制度、国のエリートたちの協議などに焦点を合わせる普通の戦略をしきりに批判するという。

二〇一七年五月に国連平和活動局でひらかれた会合に参加した研究者のひとりも、同じような懸念を口にしていた。報告のなかで彼女は、ローカルな紛争解決は現在、関心の的になっているファッショナブルな話題であり、だれもがそれについて話しているせいで、とても重要なトップダウンの仕事が犠牲になっていると不満を述べた。彼女に言わせると、選挙や高官による協議といった基本に戻る必要がある。

わたしのオルタナティブな平和構築戦略が、実際にみんなの最重要課題だったらいいのにと思う。ボトムアップの和平への取り組みを使えば、標準的なトップダウンの取り組みにつきもののさまざまな問題に対処できる――トップダウンの取り組みによって、草の根の戦略の問題点に対処できるのと同じだ。同様に、外国と地元の平和構築者は、ともに仕事をすることで和平に向けて最大の貢献ができる。それぞれがお互いの限界を埋めあわせることができるからだ。だから目標とすべきは、国際的な取り組みやトップダウンの仕事を排除することではなく、それを見なおすことだ。

ボトムアップのプロセスでは、一般住民、草の根の非政府組織、コミュニティの権威、市民社会の代表がおもなアクターであるべきだ。草の根の問題に取り組む知識、ネットワーク、正統性をもつのは、その人たちだけなのだから。

もちろん障害はある。市井の人と地方のエリートには、効果的な平和構築プログラムを実施するためのお金、移動手段、場所、場合によっては具体的なスキルがないことが多い。したがって外国の介入者は、ローカルな紛争解決のための資金、ロジスティクス、技術面の支援を広げるべきだ。

おそらくみなさんも憶えているように、コンゴのキヴ地域では、LPIとコンゴのパートナーがコミュニティ間をつなぐフォーラムを立ちあげ、土地をめぐるローカルな紛争について詳しく話しあえるようにして、そのフォーラムのおかげで暴力を抑える解決策を見いだせた。コンゴ東部の全域で切実に求められているのが、この種のプログラムだ――ジャスティン、ルカ、ケアア、イザベルとその夫のような人たちを、直接手助けできるようなもの。たしかに、こういうアプローチによって一夜で状況が魔法のようによくなるわけではない。でも、紛争の根深い原因を考慮に入れるこうしたアプローチは、流れを大きく変える可能性がある――コンゴだけでなく、世界中の紛争地帯で。

けれども、この修正された戦略がうまくいくためには、ものの見方を変えなければならない。ボトムアップの取り組みを支援するのは、単に地域の人と話したり、地域の人にお金を渡したりするよりも複雑だ。ピース・インクにつきものの文化である、インサイダーとアウトサイダーの緊張をはらんだ関係も乗りこえなければならないし、和平に求められることについての思いこみも捨てなければならない。残念ながら、いまのところほとんどの介入者は、言うべきことは言っているけれど、やるべきことはやっていない。ピース・インクのアプローチは、いまも健在ではびこっている。さいわい、よりよい前進の道があるし、まねをできるお手本もある。

第三部

新しい平和のマニフェスト

第五章　一つひとつの平和

イジュウィ島の話を聞くと、ピース・インクの支持者たちはよく同じ質問をする。たいてい「その島は例外なのでは？」と言う。「ほかにも、そこみたいな平和の飛び地はあるのですか？」「一般化できるの？」「おそらく、ほかの場所ではイジュウィは再現できないはず……」

イジュウィは例外ではない。同じようなサクセス・ストーリーが世界中にある。いくつかの例が点々とあるだけではない。アフガニスタンにも、コロンビアにも、イラクにも、イスラエルにも、コソボにも、フィリピンにも、ほかのいくつかの国にもある。なかでもソマリランドは、とくに注目すべき例だ。圧倒的に不利な状況のなか、ソマリランドの住民は、イジュウィで小さな規模で用いられているのと同じような手法を使って、比較的広い土地で長期間にわたって暴力を抑えてきた。

ソマリランド、コロンビア、イスラエル、パレスチナ自治区、その他の場所の住人は、信じられないような話を語ってくれる——国内でも外国でも、うまく平和を築きたければ、そこから学べることがたくさんある。

ソマリランドとソマリア

わたしはソマリランド——アフリカの東の角《つの》にある乾燥した土地——にずっと前から魅了されてきた。わたしが見つけた効果的なボトムアップの平和構築のなかで、世界最大の事例だからだ。でも長年、不安を乗りこえられずに、そこへ足を運べなかった。訪問を考えるたびに、ソマリランド共和国は正式には存在しないことを思いだした。そこは、ソマリア連邦共和国の北西部にあたる。

当然、ソマリアの評判にわたしは怯えていた。数十年にわたる戦闘、爆撃、テロ攻撃、無政府状態、極度の貧困。とはいえ、状況はアフガニスタン、コンゴ、スーダンとたいして変わらない。ソマリランドを訪れるのが恐ろしかったほんとうの理由は、親しい友人のランダル・ローデがケニア北部で誘拐され、ソマリアで人質に取られたからだ。

普段と変わらない夜だった——チームの面々に会うために、ランダルは国境の町マンデラをいつもどおり訪れていた。そのとき、重武装して軍の制服に身を包んだ男たちに滞在先を襲撃され、彼とふたりの援助活動家が連れ去られた。彼らの姿をふたたび目にするのは、その数か月後だ。

当時わたしの夫フィリップは、ランダルが所属する人道支援組織の人事部長だったから、誘拐犯は彼を連絡相手のひとりにした。その間ずっと、フィリップはベッド脇のテーブルに携帯

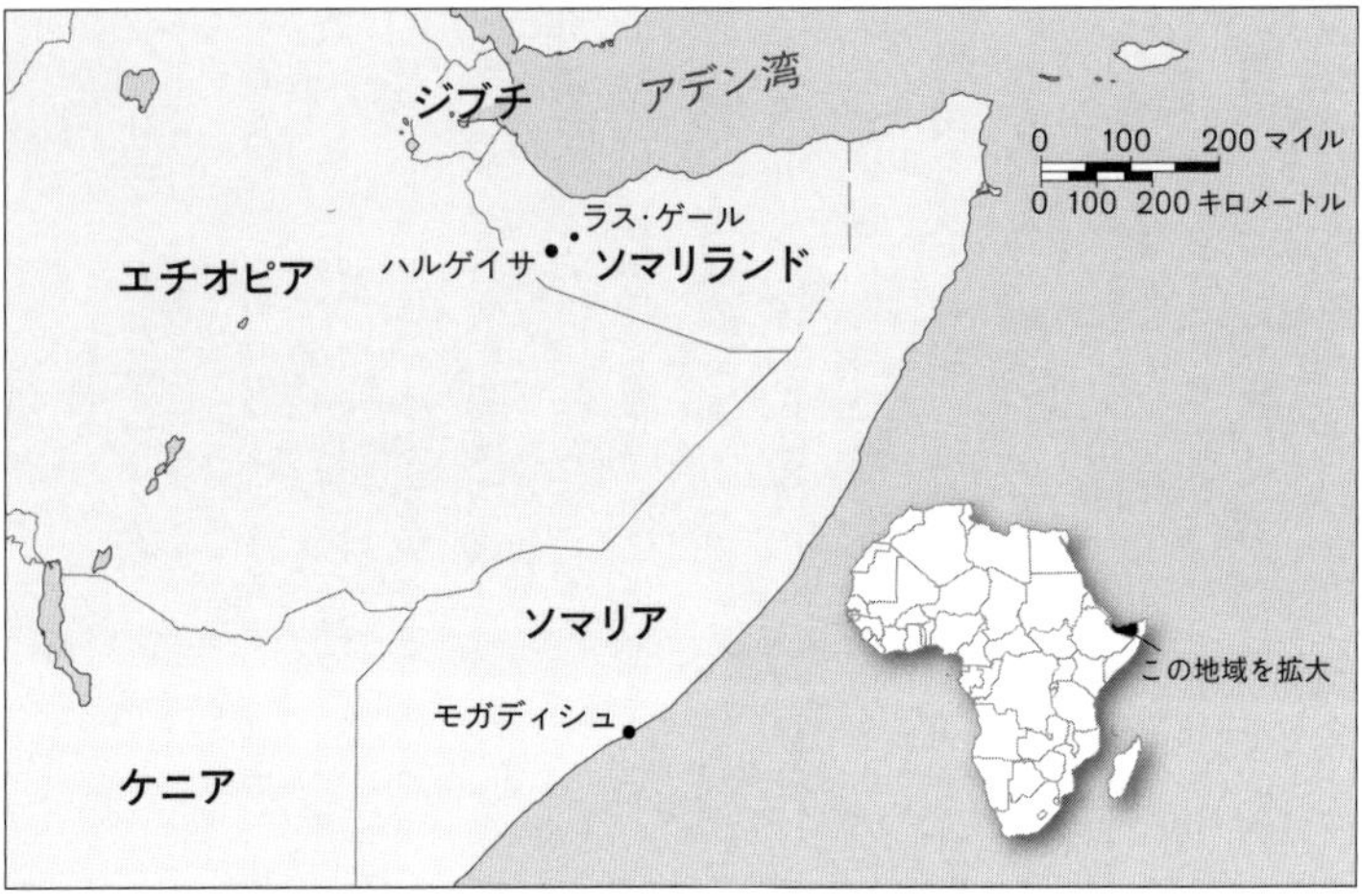

アフリカの角にあるソマリランドの地図

電話を置いて寝て、誘拐犯からの電話を待った。電話がかかってこないと、知らせがないことに悶々《もんもん》とした（ランダルはだいじょうぶなのか？　何も言ってこないということは、もう死んでいる？　いままさに拷問を受けているのでは？　飢えに苦しんでいるのでは？）。電話がかかってくると、さらに苦しい思いをした。そうした電話をいまでもはっきり憶えている。真夜中に電話が鳴って、夫が慌ててそれに出る。わたしは半分眠りながら、ついにいい知らせがきたのではと期待するけれど、誘拐犯がわめき声をあげる。あまりにも大きな声で、部屋の反対側にいるわたしのところまで聞こえる。「やつを殺すぞ！　金をよこさなければ、やつを殺すぞ！」真夜中にそんな電話を受けたあと、また眠りにつこうとするのを想像してほしい……。

ランダルが解放されるまでに七九日かかった。この試練のあと、彼がすぐに立ちなおったことに、わたしはいまでも驚いている。数か月後、彼は南スーダンの人道支援ミッションに戻った。いつもの思慮深く、おもしろおかしく、フレンドリーな彼のままだ。囚《とら》われの身から解放されたあとのいちばんの変化は、空手の黒帯になったこと。

わたしは遠くでかかわっただけだけれど、それでも不安と向きあい、自分の研究にとって最善のことをするまでに八年かかった。ただ、自分の懸念は見当ちがいだったことに徐々に気づいていった――実際かなり見当ちがいだった。まずランダルが誘拐されたのはケニアで、人質に取られていたのはソマリアの南部だ。一方、ソマリランドはソマリアの北部にある。たいていのアウトサイダーと同じように、わたしもよくあるまちがいを犯して、局所的な出来事を国全体に当てはめていた――わたしのキャリアはすべて、地域や自治体によるちがいの研究を土台に築かれているのだから、それを考えると皮肉なことだ。また何より重要なことに、ソマリランドはほぼすべての面でソマリアと完全に異なる。

ソマリアでは、政府とその軍は、首都モガディシュのほかはほとんど支配していない。国の残りの場所は係争中の領土か、多数ある地方の武装集団のどれかが支配している。それらのなかでひときわ強力なのが、武装集団アル・シャバーブ（アルカイダと手を組んでいる）とイスラム国（ＩＳＩＬ、イラクとシリアの聖戦士《ジハーディスト》ネットワーク）だ。戦闘と流血が毎日起こっている。政府とその同盟国は、毎週のように攻撃されている。それでも訪問を考える人が不安を覚えないとしたら、さらにこうも指摘しておきたい。ソマリアは、世界で最も好ましくないカテゴリーでかなりの上位につけている。世界で二番目に腐敗した国、二番目に脆弱《ぜいじゃく》な国家、二番目に頭脳流出の割合が高い国、二番目に経済衰退と貧困の率が高い国などだ。

ソマリランドの分離独立運動には、おもな動機がふたつある。ソマリアのエリートによる執拗な差別と虐待から逃れることと、ソマリアという沈みかけの船（国家）を捨てること。それはうまくいった。一九九一年にソマリランド共和国が独立を宣言して以来、現地の人たちは、有効な行政、まともな軍隊と警察、有能な諜報機関を含む、きちんと機能する国家制度をつくりあげてきた。あるていど民主的な選挙を実施して大統領、議員、地区の指導者を選び、落選者は暴力に訴えることなく結果を受け入れる。わずか八〇票差で落選した大統領候補や、対立候補が腐敗していて票を買収していたのではと疑う別の大統領候補の場合も同じだった。この疑似国家は、ソマリランドの領土の大部分をうまく支配していて、それはおおむね地域の長老たちの協力関係のおかげだ。

そこへ足を踏みいれる前から、ソマリランドは異例の存在だと聞いていた。わたしが紛争地帯へ旅するときには、たいてい外付けのバッテリーをたくさん持っていく――そして、たいてい飛行機の二〇キログラムの重量制限をはるかにオーバーする。どういうわけか、これからの旅の不安の多くが、こういうさまざまな予備のデバイスに集中しがちだ。正しいケーブルを荷物に入れた？　バッテリーはじゅうぶんある？　サージ・プロテクター（電流の変化から機械を守る装置）は持っていくべき？　わたしの心のなかでは、荷造りに余分な気づかいを求められるということは、不安定で危険な場所へ行くということだ。そこで停電が起こると、新しい武装集団が支配権を握り、抵抗を阻止しようとしている可能性もじゅうぶんある。それとは対照的に、ソマリランドへ発つ前には、住民は発電機すら必要としていないと言われた。ささいな点と思えるかもしれないけれど、それはかなり多くのことを物語っている。つまり電気の供給が安定しているということで、ソマリランドは良好な送電網を維持できるほど安全で安定していて豊かだということだ。いつもの持ち物なしでフィールドワークに行けるのは贅沢だと感じた。

ソマリランドでは、さまざまな氏族、分家、分家の分家、分家の分家の分家、家族のあいだで緊張がたくさんあるけれど、こうした紛争が暴力につながることはソマリアよりもずっと少ない。暴力につながったときも、大規模な戦闘までエスカレートすることはまれだ。二〇〇〇年から二〇年までのあいだに、ソマリアでは紛争によって三万一八四九人が死亡した。ソマリランドでは三六五人だ。人口はソマリランドの三倍にすぎないのに（ソマリアは一一〇〇万人でソマリランドは四〇〇万人）、ソマリアでは九〇倍近くの死者が出たことになる。それに、ソマリランドで最後のテロ攻撃があったのは二〇〇八年一〇月だ。外国人が最後に誘拐されたのも同じぐらい前で、二〇〇八年二月までさかのぼる――しかも、一二時間未満で地元の軍が誘拐者を捕まえて人質を解放した。

二〇一七年終わりにソマリランドで過ごしたときには、このうえなく安全だと感じた。東部の国境周辺地域――一帯の領土をめぐってソマリランドとプントランド（ソマリアから離脱した別の地域）が戦闘をつづけている――に近づきさえしなければ、平和な国にいるみたいだ。

夜のとばりがおりるハルゲイサの住宅街。1980年代の“独立”戦争で街のおよそ90%が破壊されたが、いまではソマリランドの首都は安全な通り、大きな家、正常に機能する送電網を誇っている＝写真提供：Séverine Autesserre, 2017

のどかな田舎の村と忙しない首都があり、首都にはすばらしい夜の娯楽とひどい交通渋滞がある。あからさまによそ者のわたしですら、首都ハルゲイサでは歩いて人に会いにいけた。ソマリアでは危険すぎて無理だっただろう。夜に外出もした――もっぱら車で移動したし、ひとりで出かけることはなかったけれど、それでもアフガニスタンにいたときのように厳重に警備された敷地に閉じこめられることはなかった。ソマリランドのいちばんの観光地ラス・ゲールを訪れ、七七五〇年前の洞窟壁画を見て、友人と（また、ハルゲイサの外へ出る外国人全員に義務として政府がつける武装衛兵と）岩がごろつく土地を歩いて最寄りの村まで戻った。のちには友人が泳ぎにいっているあいだ、ベルベラのビーチをひとりで散策した。

ソマリランドの半砂漠地帯の絶景を提供する、ラス・ゲールの先史時代の洞窟壁画。気候変動のために干魃《かんばつ》と洪水の頻度が増し、人びとの暮らしが脅かされて、土地、水、家畜をめぐる紛争に火をくべている＝写真提供：Séverine Autesserre, 2017

それに、ハルゲイサの外の田舎の村で話を聞いた一般人の多くが、村は平和かと尋ねると、同じ例を口にした。外国人の女性であるわたしでも、夜そこで過ごしてもだいじょうぶだし、外で寝たり――ひとりで――歩きまわったりしてもなんの問題もないと。

もちろんソマリランドは楽園《パラダイス》ではない――イジュウィがそうでないのと同じように。そこで女性として生きるのは、とてもたいへんだ。女性が直面する法的な制約はあまりないけれど、実際には二流の市民のように扱われる。政治的な力はなく、教育、安定した職、ビジネスの機会にはほとんどアクセスできない。女性器切除は普通で、事実上すべての成人女性が〝切除《カッティング》〟を経験している。児童婚も一般的だ。日々の活動まで制限されている。たとえば、女性はジムや特定のレストランのメインフロアには行けない。男性専用だからだ。

苦しんでいるのは女性だけではない。人口のおよそ六五パーセントが失業している——その多くが大学の学位をもつ若者で、なかにはほかの氏族の若者と戦うギャングのような集団に加わる人もいる。田舎は主要都市よりもずっと貧しく、電気、教育、保健医療といった公共サービスにも恵まれていない。氏族の分家のあいだで小規模な戦いもひっきりなしに起こっている。弱小氏族は、権力、富、職へのアクセスを求めると差別に直面する。政治指導者や国の官僚に腐敗がはびこっていると市民は嘆く。それにわたしが話した人はみんな、ソマリアからの独立を国際社会が認めることを求めていた。主権国家でなければ得られない開発、ビジネス、外国からの援助、政治的影響力の行使の機会がたくさんあるからだ。概して、ソマリランドには問題がたくさんある。それでも、ソマリアのほかの場所よりもはるかに平和で繁栄している。

ボトムアップの平和 vs. ピース・インク

ソマリランドの並はずれた平和の理由を理解してもらうには、そのためだけに本がまる一冊必要だろうけれど、手短な分析だけでも重要な学びを得られる。イジュウィと同じように、ソマリランドは草の根による長年の平和構築から恩恵を受けている。その一方でソマリアのほかの場所では、ピース・インクのアプローチが幅をきかせて失敗している。

一九八〇年代から紛争解決の取り組みに参加してきた知識人で、いまは現地の研究所で所長を務めるハローン・ユスフは、わたしにこう語った。「ソマリアの南部と中部では、武装勢力の指揮官たちをモガディシュやナイロビへ集めて和平を結ばせる国際社会のアプローチは住民から完全に切り離されていて、ほんとうの意味での草の根の参加はありませんでした」。それが人びとの不信感につながった。

外国のドナーは、ソマリアで年間一五億ドルをこえる資金を平和構築に使っている。ドナーは、トップダウンの戦略および〝ウォーロード〟、つまり武装勢力の指揮官——多くの場合、氏族の有力者や政治的党派のリーダー——とのやり取りに焦点を合わせる。武装勢力の指揮官たちは、昔の封建領主のように軍事力を使って領土を支配し、住民を搾取《さくしゅ》して、リソースを手に入れる。外交官と国連職員は欧米と同じような国家、つまり選挙で選ばれた政府が率いる近代的な官僚組織をそなえた国をつくろうと、努力をつづけている。反政府勢力の指導者と政府のエリートを頻繁に国外に招いて大規模な和平首脳会談をひらき（この三一年間で二五回も！）、そこでは外国人が立案したテンプレートとスケジュールに従うことを強いる。そして停戦協定と権限分割協定の締結を祝うけれど、署名した当事者は、そのほとんど直後にきまってそれを破る。このアプローチは、暴力を減らすのに失敗してきただけでなく、国際援助への深い依存も生んだ——近年では、ソマリアの年間予算の四五パーセントを外国からの援助資金が占めている。

それとは対照的に、「ソマリランドでは伝統的な［ガバナンスの］仕組みがより強く、平和は草の根で築かれて、人びとは武装勢力の指揮官よりも伝統的な指導者を信頼していました」とユスフは強調する。

ソマリランドの伝統的な指導者が、日々の平和を維持するのに必要な権力と尊敬をいまも保っている一方で、ソマリアのほかの場所ではそうなっていない。その理由は、植民地時代および植民地後の歴史のちがいによって説明できる。一九世紀終わりから二〇世紀はじめにかけてソマリアを植民地化したとき、イタリアは、領土、資源、住民を完全に支配する現代版ローマ帝国を築きたいと望んでいた。そのため、ソマリアの植民地に直接深く関与し、既存の権力構造を破壊して現地のエリートをお飾りの立場に追いやった。他方でイギリスは、ソマリランドの国内問題に干渉しなくても、第一の目標を達成できた。地球規模の貿易ルートを守ることだ。したがって既存の指導者を通じて支配し、そうすることで保護領の社会・政治構造の一部を保存して、伝統的エリートの影響力を強化した。

一九六〇年に植民地支配が終わり、どちらの土地も統一されたソマリアへ併合される。ソマリア政府は、氏族の慣習に代えて近代国家の制度を導入しようとした。けれども、ソマリランドの住民はたちまち新体制に不満を抱く。支配権を握った南部の人間は腐敗していて、安全保障や開発といった基本的な公共サービスを提供できなかった。一九六九年に軍事独裁政権が成立すると、北部の人間はさらに差別され、やがて残虐に抑圧される。一九八一年、ソマリランドの住民は立ちあがった。当初、反乱者は中央政府の転覆を望んでいたけれど、その後、分離独立に方針を変えて、一九九一年に独立を宣言する。全般に氏族制度を政治綱領の中心に据え、長老たちに頼って戦闘員を動員し、統制した。

ソマリランドは、ソマリアの一部だった最後の一〇年間と独立直後の時期に、広範囲にわたる暴力を経験した。一九八七年から八九年までの期間だけで、南部が主導する政府は五万人をこえる住民を殺害し（のちに国連はこの大虐殺をジェノサイドに分類する）、人口の半分は逃げざるをえなかった。一九九〇年代はじめに故郷へ戻ってきたとき、ソマリランドの住民が目にしたのは、集団墓地、破壊された街、壊滅状態にある国だった。家畜、牧草地、食糧援助、港、空港、道路、貿易、中央政府の支配をめぐって、氏族と氏族、分家と分家が戦った。

したがって地域の長老たちは、自分たちの意思で合計三九回の和平会議をひらいた。地域コミュニティ、とくにソマリランドの主要都市（ボラマ、ハルゲイサ、ベルベラ）のコミュニティが参加者を受け入れて食事を提供した。地元のビジネスマンが集会の資金を出し、そのほかに、新しくできた治安機構や新紙幣の印刷（通常は連邦政府の仕事）などの費用もまかなった。地域の宗教界と社会のエリートは、ゲリラのリーダーが合意に達する手助けをした。国外移住者《ディアスポラ》までが、資金を提供して戦闘員たちの仲裁をした。

これらの人がみな、多くの場合何か月も、ときにはさらに長期にわたって、際限なく話しあった。最終的に戦闘員たちは停戦、行動規範、今後の方針に合意する——起こった殺人は赦して忘れ、建物、畜牛、その他の財産を失った人に補償をする。そして、周囲からのはかりしれない尊敬のみによって身を固めた氏族の長老たちが、戦闘員たちから武器を回収した。使ったのは武力ではなく、道徳面での影響力だ。中立的な立場にいて、イスラムの宗教法とヘール

街の中心にあるハルゲイサ戦争記念碑では、暴力と破壊を描いた壁画の上に、撃墜された実物の戦闘機がのせられている。これは公式にはソマリランドの独立闘争を称える記念碑だが、敵と味方をこえた人間性の象徴と見なしたがる住民もいる。この戦闘機のパイロットは、最後の最後に命令の実行を拒んで爆弾を落とさず、何千人もの命を救ったという＝写真提供：Séverine Autesserre, 2017

（Xeer）という慣習法（ソマリアの伝統的な法律制度）の幅広い知識をもつというイメージのおかげで、彼らは平和を支えるのに最もふさわしい存在だった。ある将校の話によると、伝統的な族長は非常に尊敬されているので、兵士たちはその指示に背《そむ》くことなど考えもしなかったという。

それと並行して、地域の住民は自分たちでも草の根の和解会議をひらき、エリートたちの決定が実行に移されるのを助けた。たとえば若者が武装解除に抵抗すると、父親やおじが銃を取りあげた――必要であれば力ずくで。一九九七年にはソマリランドは平和になっていて、この二五年間その状態を保っている。

ユスフが強調していたように、ソ

マリアでは外国の外交官と国連職員が和平の取り組みを主導していたけれど、ソマリランドでは（イジュウィと同じように）国際社会の関与は限られていた。現地で会った人はほぼ全員、ソマリランドの住民は外からの支援なしで平和を築いたと言っていたけれど、わたしはそこまで言うつもりはない。国際社会の支援も多少はあったからだ。とはいえ、ＬＰＩのアフリカの角プログラムが率いるボトムアップの紛争解決という顕著な例外はあるものの、援助は平和の構築と維持ではなく、おもに人道危機への対応（食糧や水の供給、難民の帰還、地雷の撤去）、経済発展の促進（道路、送電網、学校などの建設）、それに近年では反テロの取り組みに集中してきた。

どの国も国際機関もソマリランドの独立を認めていないため、それがおもな理由となって、ソマリランドの和平プロセスは外部の関与を欠いている。毎日ハルゲイサの当局が、ソマリランドの全住民のために采配をふるっている。公共インフラ――学校、病院、道路、港――をつくり、すぐれた送電網を維持している。税金を集め、紙幣を発行して、経済を運営している。警察官と軍の部隊に指示を出し、住民を暴力とテロから守っている。地域の伝統的な指導者と協力して、家畜をめぐる争いから氏族の内部抗争まで、大小の紛争を解決している。ソマリアの首都モガディシュのエリートと、選挙で選ばれた公職者は、たいていの日はソマリランドの出来事にほとんど関与しない。でも、ソマリランドを独立国家として認めたら、アフリカ各地でさらなる分離独立運動に扉をひらき、ソマリア南部と中部での和平プロセスを脅かすだろうと諸外国は恐れている。それに、憶えているかもしれないけれど、標準的な慣習では、外国の平和構築者はおおむね国の指導者とやり取りすべきとされている。したがって、ほとんどのドナー、国連機関、その他の国際機関は典型的なピース・インクのやり方に従い、ソマリランドを事実上支配しているハルゲイサの当局ではなく、主権者として理屈のうえでそこを支配しているソマリアの中央政府と仕事をする。

さらにアウトサイダーは、ソマリランドは周縁部であり、重要ではないと考えていて、投資したり、そのために戦ったりする価値のある場所とは思っていないことが多い。また、イジュウィの場合と同じように、外国の平和構築者は、この土地がすでに比較的安定していて平和だと知っている。限られた時間とリソースを、なぜそこに費やすのか？ ソマリア南部と中部の壊滅的な状況に対処するために、それを使えるというのに。

このように国際社会からの支援がないため、ソマリランドの住民は、切実に必要としているリソースと必死に求めている主権を手に入れられずにいる。でも逆説的に、これはそれほど悪いことではないのかもしれない。まず承認を求めて戦うことで、団結と平和がうながされる。多くの住民が、緊張を取り除くために犠牲を払って最善を尽くしていると説明していた。そうすることで、長期的な目標の達成につながるかもしれないからだ。最終的に独立して主権を獲得するのがその目標である。

さらに重要なことに、外国の資金が入っていないことで、まさに地域主導の平和が可能になっている。ユスフが示唆し、現地の知識人や外国人研究者の多くが強調してきたとおりだ。このために政治家やゲリラのリーダーは、地域コミュニティ、ビジネス界のエリート、国外移住者に頼って資金とロジスティクスをまかなうしかなかった。それによって、市民に対する政府の説明責任《アカウンタビリティ》が高まった。さらにいうなら、ソマリランドの和平プロセスは内部主導で、内部の資金に支えられているから、自分たちのペースですすめられる。和平会議が数か月つづくこともあり、プロセス全体に数年費やすこともある。協議は慣習的な調停手段によってすすみ、地域の状況に合わせて調整される。そのような協議によって、ソマリランドの氏族と独自のイスラム法およびイスラム的価値観に頼る、ユニークな社会、政治、経済体制が生まれた。これは、ソマリアで幅をきかせているピース・インクの有害なアプローチとは正反対だ。

　ソマリアがいまも戦争中で、ソマリランドが平和なのは、すべて外国の平和構築者のせいだと言いたいわけではない。そもそもソマリランドにもアウトサイダーはいるし、和平プロセスを支援してもいる。ただ、典型的なピース・インクのやり方で振る舞っていないだけだ。ほとんどの国と国際機関がソマリランドを独立国家と認めていないから、それらのスタッフは、ソマリランド政府の代表を通して仕事をする必要がない。代わりに外国人介入者は、幅広い草の根のエリートとやり取りする傾向にある。控えめな姿勢でいる必要もあるし、いつもどおりの行動計画を押しつけることもできない。その結果、ソマリランドの平和は地域でつくられ、地域で管理されて、地域で資金がまかなわれ、地域で所有されている。これは大臣から小作農、ビジネス関係者まで、わたしが会った住民が会話のなかでしきりにくり返していたことばだ――政策文書や学術論文でわたしが目にすることを、うまくまとめたフレーズだと思う。

日々の平和

歴史、文化、地理的な位置は大きく異なるけれど、イジュウィとソマリランドには、驚くほど似ている点がほかにもある。

イジュウィの場合とまさに同じように、ソマリランドの平和には単純な理由があると、外国人の論者たちはしきりに言う。南部の人はさまざまな民族紛争の影響を受けているけれど、ソマリランドの住民はみんな同じ氏族の出身だから紛争をする理由がないのだと。でもこれは正しくない。たしかにソマリランドには支配的な氏族がひとつある（イサック氏族）けれど、ほかの氏族（ガダブルシ氏族やワルセンゲリ氏族）出身の住民も少数いる。さらに重要なことに、氏族の内部抗争（分家、家族、親族間の抗争）はソマリランドでもソマリアでも緊張の大きな原因で、ソマリアでは広範囲の暴力につながっている。したがって、ソマリランドが比較的平和なのは民族的均質性のためだと考えるのは、イジュウィの場合と同じように正確ではない。

とはいえ、どの氏族であってもソマリランドの住民は、社会・経済面での価値観（たとえば戦争中に女性と子どもを守ること）と経済的な関心（地方の町へ投資することなど）を根底で共有している。さらに重要なことに、イジュウィの島民と同じようにソマリランドの住民もみな、本人たちの言う「平和のアイデンティティ」「平和を愛する社会」「ずっと平和を支えてきたコミュニティの規範と価値観」に誇りをもっている。ソマリランド国歌のタイトルは、「平和とともに末永く」。たしかにソマリランドにはイジュウィよりも日常的な暴力がたくさんあるけ

ラス・ゲール近郊で、住まい——廃材からつくった大きく持ち運び可能な伝統的テント——のそばで木を集める一家。この家族のように、ソマリランドの人口の半数以上が遊牧生活を送っている＝写真提供：Séverine Autesserre, 2017

れど、滞在中は何度もこんなことばを聞いた。「ここは平和で、わたしたちは平和な人間です——隣のソマリアの人たちとはちがう！」

それに加えて、イジュウィと同じように伝統的指導者、地域のエリート、一般市民が積極的に動いて平和を維持している。

氏族の長たちがグルティ（Guurti）、すなわち長老院の議員を務める。ソマリランドの住民もアウトサイダーも、独立後に起こった大規模な紛争の数々をグルティがうまく調停してきたことを認めている。たとえば、わたしがソマリランドを訪れる少し前に、ふたつの分家が戦闘をはじめた。片方のメンバーがもう片方の土地で畜牛に草を食べさせたのが原因だ。二二人が死亡し、九九人が負傷して、紛争はエスカレートしていた。そこで、グルティが介入する。代表団を送り、紛争の中心になっている土地は政府の所有地にすると決めた。さらに重要なことに、長期的な安定をうながすために両者を話しあわせ、戦闘中の死者一人ひとりの扱いを決めさせた。最終的に両者は妥協点を見いだす。殺害された男性ひとりあたりラクダ一〇〇頭、女性ひとりあたり五〇頭を支払う、というのがその内容だ（ジェンダーによるちがいは腹立たしいけれど、それはまた別の問題である）。グルティの議員たちは、どちらもそれにきちんと従ったと誇らしげに語る。実際ソマリランドでは、戦闘の当事者が合意に達すると――この例では停戦、行動規範、犠牲者への補償についての合意――、あらゆるレベル（地域、州、国）の長老たちが、取り決めが忠実に実行されるようにする。

もちろんイジュウィの場合と同じように、こうした伝統的な族長たちも批判と非難を受けている。腐敗、変化への抵抗、お高くとまった態度、権力の独占。さいわいイジュウィの場合と同じように、必要なときはいつも普通の人が介入する。

ハルゲイサにたくさんある大学のひとつで学長を務めるフセイン・ブルハン博士は、こう説明する。「平和を維持しているものを知りたいのなら、指導者だけでなく、庶民のことを語らなければなりません」。この話がまだ語られていないのは残念だと彼は言う。分析ではいつでも「権力構造、指導者、エリート」に焦点が合わされるからだ。そしてブルハンは、平和のために草の根レベルで組織化している個人とコミュニティについて語ってくれた。

> だれかが資金を提供しているからではなく、地域からこんな声があがるんです。「たくさん問題があって、ここやあそこで犠牲者が出た。なんとかしよう」〔…〕みんなこんな気持ちをもっています。「わたしはわたしの銃を置く。あなたはあなたの銃を置く」

この物語のなかでは、「平和を維持するのはソマリランド政府ではありません」。武装兵でもなければ、アウトサイダーでもない――「外国人のことは忘れてください」とブルハンは言う。そうではなく、普通の住民が主役だ。

ソマリランドの住民はみんな、問題の兆《きざ》しがないか目を配っている。わたしがそこを訪れた初日に、調査アシスタントのアミーナ*が説明してくれた。

> 怪しい人や、おかしな振る舞いをしている人がいたら、たいていの人は警察に通報します。それに、だれかが、あるいはふたつの集団がけんかしたら、すぐに人が割って入って、平和を保つようにと言うんです。戦いが起こると、すぐにそれを収めます。

土地をめぐる争い、借金の未返済、個人間の確執や交通事故での死、結婚持参金の問題など、エスカレートして流血につながりかねない問題が発生するたびに、ソマリランドの住民はスルタン（氏族の長）やシャイフ（高位の宗教家）に――あるいは必要に応じて国の行政機関、警察、軍の部署に――相談する。そしてすぐに地域の有力者が紛争の当事者、関係する家族、分家を和解させて、緊張が大規模な戦闘につながらないようにする。ブルハンが言うには、「人びとの集合的な目と耳が」暴力を抑えるのに役立っている――これは、イジュウィで目にしたものを彷彿とさせる。

ソマリランドでは、だれが平和を保っているかだけでなく、どのようにそれをしているのかも注目すべき点だ。政府サービスがほとんどないイジュウィの場合とは異なり、ソマリランドの住民は、さまざまな伝統的権威に加えて国の機関にも頼る。これができるのは、トップダウンではなくボトムアップで住民自身がそれらの組織をつくったからにほかならない。そうすることで住民は、政府、軍、警察を含むソマリランドの国家が市民に説明責任を果たし、市民のニーズに応えて、市民の文化と伝統を中心にかたちづくられるようにしている。

ヨーロッパや北アメリカで暮らしていたら、近所の人や親類に目を光らせておくという考えは妙だと思うかもしれないし、非難されるべきとすら感じるかもしれない。わたしたちは、詮索したり〝密告〟したりすることをよしとしないからだ。それに、虐げられた人たちが、不審な動きを警察に通報することはおそらくない――より恵まれた市民は通報するかもしれないけれど、その人たちは警察の代わりに地域の有力者に相談しようとは思わないかもしれない。つまり、ソマリランドの平和構築戦術は、たいていの欧米人と多くの介入者が考えるものとは異なる。イジュウィの場合と同じように、そこで和平プロセスを牽引しているのは地域コミュニティの人たちだから、自分たちにとってうまくいく規範と戦略を考えだす――カナダの先住民《ファースト・ネイション》や、アメリカの貧困地区の住民がそうしてきたように。

イジュウィの場合と同じように、一般市民が日常的に関与することで、小さな緊張が大きな暴力へエスカレートするのが防がれている。またそのおかげで、悪名高いアル・シャバーブの武装集団を住民が阻止することまでできている——アル・シャバーブは、この地域におけるアルカイダの無慈悲な同盟者で、過去五年間だけでソマリアとケニアで二万をこえる人を殺した。二〇〇〇年代はじめ、アル・シャバーブの戦闘員は、ソマリア南部と中部を弱体化させ、いまも引きつづき弱体化させているのと同じやり方で、ソマリランドの安定を揺るがそうとした。でもうまくいかなかった。地元のビジネスマン、アハメド・モハメド・オマールがその理由を振り返る。

あるとき、やつらがドイツ人の男性を誘拐したんです。ある村で暮らす人たちが、走っている車の音を聞いて行く手を遮《さえぎ》り、やつらを捕らえました。社会が捕らえたんです——警察や軍の手助けなしで。

その後、やつら［アル・シャバーブ］はハルゲイサで大きな作戦を計画しましたが、人びとが、近所の人たちが、通報したんです。「知らない人たちがいる。何をしているのかわからない。見たことのない人だ」って。それで警察が出動して捕まえたわけです。すると大量の爆発物や弾薬、いろんなものが見つかって。

ソマリランド政府は、やがてこのアプローチを正式な地域警備の体制に組みこんだ。領土の全域で五〇から七〇世帯ごとに住民の委員会をつくり、その代表が地域の警察署と協力して、テロリストの疑いがある者を監視し、自分たちの安全を維持している。

規模、地理、文化、歴史、政治、経済などの面で、イジュウィとソマリランドには数えきれないほどのちがいがある。それでもやはり、どちらの場所の経験からも、このうえなく重要な学びを得られる。ボトムアップで平和を構築することはできる。外国の支援は不可欠ではない。「自分たちは何者か」についての強い信念がとても大切だ。地域のリーダーと一般市民は、暴力の防止にきわめて重要な役割を果たすことができる。

平和地区

さらに言うなら、イジュウィとソマリランドは極端な事例ではない。すばらしい平和を実現している同じような地域が世界中にある——最も規模が大きく、最も制度化されていて、おそらく最もよく知られている例がコロンビアだ。

一八一九年にスペインから独立して以来、コロンビアは十数回の内戦を経験してきた。一九六〇年代からは、おもな紛争は左派のゲリラと中央政府のあいだでくり広げられてきた——一九八〇年代以降、政府は準軍事組織に支えられている。暴力の中心には経済面の関心（とくに土地へのアクセス）、政治イデオロギー（最も顕著なのが共産主義と資本主義の対立）、社会問題（とりわけ小作農の周縁化）がある。親政府派と反政府派の武装集団のほとんどは、戦闘の費用を誘拐、麻薬取引、強奪によってまかなっている。この六〇年間で推定二六万人が死亡し、おもに地方で八〇〇万をこえる人が住まいを追われて、一万五〇〇〇をこえる人が性的暴行を受けた。

いかにもピース・インクらしいやり方で、アメリカの外交官と国連職員は、政府と反政府勢力のリーダーたちとの和平協定を仲介することと、領土全域に国の影響力《プレゼンス》を広げることに集中してきた。そして、巨額の資金をそれに投じてきた。二〇〇〇年以降で一二〇億ドルをこえる額だ。一九九二年、二〇〇六年、二〇一六年にさまざまな協定が結ばれ、最初のふたつはうまく実行に移されたけれど、数多くの反政府集団がいまなお活動し、政府と準軍事組織は引きつづきさまざまな人権侵害を犯していて、田舎ではいまも多くの地域が広範囲にわたる暴力を経験している。

トップダウンの調停が失敗した悲しい物語は、おそらくすでにおなじみだと思う。新しいのは――それに希望があるは――、何十年ものあいだ、国内のあらゆる場所で、何十ものコミュニティが、紛争を回避する方法を見つけてきたことだ。

この数年で、コロンビアでひらかれる平和構築会議に二度招かれ、いずれの機会にも少し長めに滞在して、それらのコミュニティの人に会った。わたしは、サン・ホセ・デ・アパルタドに焦点を絞ることにした。この村は、コロンビアでもひときわ暴力がはびこるウラバ地域にあるからだ。

そこへたどり着くのは簡単ではない。まずはその地方の中心都市、メデジンへ行かなければならない。忙しなくて混雑しているけれど、とても緑豊かな街だ――コロンビア人はいみじくもそこを「花の街」「常春《とこはる》の街」と呼ぶ。そこから小型機で、アパルタド近郊の小さな空港へ飛ぶ。アパルタドは貧しく陰気な町で、とても辺鄙な地区にあり、山とジャングルに守られているから、コロンビア政府は――数世紀前のスペインの植民者と同じように――ずっと管理に手こずってきた（最近では準軍事組織と麻薬密売組織がその地域を支配している）。アパルタドから、未舗装の荒れ果てた道を車で移動する。たいていの普通の自動車では、とても走れないような道だ。バナナ農園、密集した木々、静まりかえった集落を見ながら山を一時間ほどのぼると、平和地区であることを示す柵で囲われたエリアが見える。そしてあなたもわたしと同じなら、最初はなかに入れてもらえない。

入れてもらえないのは驚きだった。それまで会ったコロンビアの人たちは、とてもフレンドリーで親切だったから。わたしが道に迷っていたり困っていたりしたら、いつでもみんな手を貸してくれたし、家に招いたり友だちに紹介したりしてくれた。わたしが会ったなかでもひときわ貧しい人たち――サン・ホセ・デ・アパルタドの近くに住む人たち――でさえも、わざわざコーヒー、ジュース、フルーツ、ケーキ、手もとにあるものをなんでも出してもてなしてくれた。それなのに、平和地区へ足を踏みいれるまでには、二度の訪問、三か月以上の話し合い、十数回の紹介（同僚、友人、友人の友人、同僚の友人からの）が必要だった。実際、そこのメンバーは外部の人間をとても疑っていて、みんなで集まって話しあい、わたしの信用（研究のプレゼンテーション、パスポートの写しなど）を審査して、わたしがみんなと話すのを許すべきか採決を取らなければならなかった。さいわいわたしは性格にちょっとした欠点があって、ここではそれが都合よく働いた。とても頑固なのだ——平和構築者の友人に、「パーセヴリーヌ（PerSeverine）」〔persevering＝「粘り強い」という単語と著者の名前をかけたことば遊び〕とあだ名をつけられたこともある。

ようやくなかに入れてもらうと、わたしは困惑した——ひと目見たところ、平和地区に特別なものは何もない。小さな家が集まっているだけで、木造のものもあればコンクリートのものもある。まわりには緑の草木が豊かに茂っている。周囲の村と変わらない。わたしが訪れたときには、地区全体がとても静かだった。日中だったから、みんなカカオの木を世話しに出かけていて、聞こえるのは子どもの笑い声だけだ。子どもたちは、親が外に干した米を雄鶏《おんどり》に食べられないように守りながら遊んでいた。

でも、ふたつのことが目にとまった。ひとつは緑の大きな草地で、木でできた整理棚のようなものに囲まれていた。この空間には、頭ぐらいの大きさの白い石が複雑な並べ方でたくさん置かれている——すべて合わせると三〇〇をこえていて、その一つひとつに、暴力が最高潮に達していたとき（一九九〇年代終わりと二〇〇〇年代）に殺害された平和地区のメンバーの名が記されている。そのまわりの木の構造物には、二〇〇五年にコロンビア軍と準軍事組織に殺害されたかつてのリーダーたちとその家族——一八か月の幼児もいた——など、一部の人の遺物や写真が掲げられている。

三〇〇をこえる人に敬意を示すこの記念碑は、わたしが訪れた日には人口およそ三〇〇人だったコミュニティ（近隣の平和地区の住民も入れると六〇〇人）にあった。サバイバーの話によると、地元企業が村人の土地を奪いたがっていたのが殺害のきっかけだった。この地域は信じられないほど土地が肥沃《ひよく》で、カカオからコカまでどんな作物を育てるにも最適だ。平和地区のまわりの農地はとてつもなく価値のある天然資源で、コンゴや世界のほかの多くの場所と同じように、競争がたくさん生じる。そこでビジネス関係者が政治家と武装集団に依頼し、この地域から住民を立ち退《の》かせようとした。政府もその敵も、味方でない者はみんな敵だと思っていたから、よろこんでそれに応じた。

その土地を訪れるともうひとつ目にとまるのは、入口のすぐうしろに立つ木の幹に釘で打ちつけられた看板だ。そこにはコミュニティの核をなす原則が誇らしげに掲げられている。すべてのメンバーがそれを尊重することを誓っていて、とても重要なものだから、背くと平和地区から追放される——この原則が鍵になって、住民は現在、比較的安全な暮らしを享受している。

メンバーはみずからの意思で次のことを誓う。
・コミュニティの仕事に参加する
・不正を許さず、犯罪行為を見逃さない
・犠牲者への個別の補償は受けとらない
・違法な作物は植えない

・紛争中のどの当事者ともかかわらず、情報を提供しない
・武器を携行しない
・アルコールを飲まない
・直接的、間接的に戦争に参加しない

たしかにこういう原則のせいで、平和地区の住民はあまり評判がよくない。周囲の村の人からは「お高くとまっている」と思われているし、田舎をうろつく武装集団は、農民の一団が言うことを聞かないのがまったく気にくわない――ほかの地域住民は、武装集団に情報と隠れ場所を提供し、食べ物を与えて、みかじめ料を払っている。でも、平和と安全を確保するという点では、これらの原則はうまく機能している――完璧ではないけれど、じゅうぶんうまく。

これらの原則をくまなく、最もうまく説明してくれたのは、平和地区の正式な代表ではなく、近くの村で暮らす地元の農業協同組合（開発と人権のために戦うある種の左派のユニオン）のふたりのリーダー、アントニアとルイスだ。わたしがふたりとその同僚たちに会ったのは、その地域を最初に訪れたときだった。みんな比較的若く（二〇代か三〇代、場合によっては四〇代はじめ）、肌の色もさまざまだ――アフリカ系、ヨーロッパ系、先住民系が、すばらしいかたちで交ざりあっていた。畑を耕す手を休めて話をしにきてくれたから、よれよれのTシャツと泥だらけのブーツを身につけていたけれど、情熱的な語り口、洗練された考え、コミットメント、

サン・ホセ・デ・アパルタドの平和地区（コロンビア）の暮らしをつかさどる原則を全通行人に示す看板。この８つの考えが、コミュニティのアイデンティティと安全の土台になっている＝写真提供：Séverine Autesserre, 2017

熱意、説得力は、フランスやアメリカで会ったひときわ魅力的な政治家たちを彷彿とさせた。

みんなの説明によると、平和地区のおもな機能はメンバーを守ることだ。そのため住民は、紛争の当事者には協力しない――ソーダやその他のものを売ることすらない。周囲の準軍事組織が支配する土地では、コカは一般的な作物だけれど、平和地区の住民は育てない。コカインをつくるのに使われるからだ。それに、軍や反政府集団が自分たちの土地に滞在することも許さない。平和地区の住民は非武装中立を保っている。戦闘員が情報を引き出そうとしたら、しらばくれて何も知らないふりをする。反政府勢力や準軍事組織が怒ってコミュニティの人を脅しはじめたら、標的になった人をひとりにしないようにする。畑では大人数の集団がその人のそばで働く。外国人がともに過ごすこともある。兵士たちが攻撃する前に（願わくは）二の足を踏むようにするためだ。

また平和地区のメンバーは、政治的な論争への参加は控えなければならないと、つらい思いをして学んだ。過去にはおおっぴらに問題を糾弾していたけれど、ルイスが説明するように「それをするたびに、だれかが殺された」。その結果が、三〇〇個の白い石がある記念庭園だ。さらに悪いことに、政府は殺人や通報された虐待への対応をいつも誤ったから、コミュニティはしだいに不満を募らせ、いまは国家機関とかかわったり、そこからサービスを提供されたりするのをすべて拒んでいる。独自のカリキュラムをそなえた自分たちの学校まであって、連帯、土地への愛、メンバーへの愛といった平和地区の中心原則を子どもたちに教えている。

いまでもコロンビアを国として信じていて、柵で囲われた土地のまんなかには、コミュニティの旗のすぐ横に、コロンビア国旗も誇らしげに掲げている。けれども、国の政府や制度は信じていないと語る。国の外部で平和を築いたのだと――しかも絶えず国から妨害されながら（ソマリランドとは著しく対照的だ）。

こうした取り組みをしていても、この地域で暴力が完全になくなったことはなく、住民はいまも命の不安を感じている――毎週のように殺害の脅迫を受けていると語る。それでも平和地区ができ、核となる原則を拡大して以来、殺人と武力侵入の件数は減っていて、いまでは住民は、外にいるよりもずっと安全だと感じている。それに、数十年にわたってコロンビアを蝕《むしば》んできた暴力のせいで、多くの人が家族をみんな失ったけれど、コミュニティのなかで新しい

〝兄弟〟を見つけている――大切に思い、大切に思われて、必要なときにいつでも手助けしてくれる人。

平和地区があることで恩恵を受けているのは、そこのメンバーだけではない。武装集団が互いに戦っていて、民間人が隠れる場所が必要なときには、近くの村の住民もそこへ避難してきた。実際、アントニアが言うには、平和地区がなければ戦闘員は「全員を殺していたでしょう」。仮に彼女の認識が完全に正しくはなかったとしても、その発言からは、平和地区が住民とその近隣の人たちの暮らしにプラスの変化をもたらしたことがわかる。

平和のオアシス

また別のとても興味深い場所が、地球を半周した中東にある。そこでの和平の取り組みはよく新聞の見出しになるから、ソマリアやコロンビアの例よりもおそらくなじみがあると思う。スーツ姿の男たちの象徴的な写真が、頭に浮かぶ人もいるかもしれない。イスラエル首相メナヘム・ベギンとエジプト大統領アンワル・サダトが握手していて、そのうしろでアメリカ大統領ジミー・カーターが笑顔で寄り添っている写真（一九七八年のキャンプデービッド合意）や、イスラエル首相イツハク・ラビンとパレスチナの指導者ヤーセル・アラファトが握手していて、アメリカ大統領ビル・クリントンが善意のまなざしで見守っている写真（一九九三年のオスロ合意）。

ここまで本書を読んだ人なら、心に浮かぶこうした瞬間は、すべてエリート中心の取り組みだと気づいているかもしれない——だからこそ、それらの瞬間からは、トップダウンのアプローチの恩恵と限界がとてもよくわかる。一方でこうしたピース・インクの取り組みは、イスラエルがエジプトやヨルダンといった隣国と和解するのを手助けした（もちろんイラン、レバノン、シリアとは和解できていないけれど）。他方で、イスラエルとパレスチナの人びとの緊張緩和につながることは、ほとんど何もしていない。この地域を象徴するほかの写真を思いだしてほしい。アラブ人の若者が石を投げているところ（パレスチナ人の蜂起《ほうき》の印）。防護服で完全に身を固めたイスラエルの兵士が、武装していない民間人の群集と向きあっているところ。パレスチナの自爆犯が、イスラエルの一般市民をたくさん殺害しているところ。いまイスラエルとパレスチナの土地を分断している、四八〇キロメートルほどの壁。

一九六七年以来、世界の指導者たちが、イスラエルとパレスチナを和解させようと一二回にわたって正式に試みてきたけれど、どれもうまくいかなかった。過去一二年間だけで、この紛争によって四〇〇〇人近くの命が奪われた。その九五パーセントがパレスチナ人だ。

この気の滅入《めい》るような状況を踏まえたうえで、ワハト・アッサラーム（Wahat al-Salam）／ネベシャローム（Neve Shalom）の話を紹介したい（それぞれアラビア語とヘブライ語で〝平和のオアシス〟）。敵対するふたつの集団がともに暮らせることを証明する——そんな目的をはっきり掲げてつくられた世界で唯一の村だ。ふたつの国籍、言語、文化が共存するこの村は、エルサレムとテルアヴィヴの中間にあるグリーン・ライン（一九四九年に設けられたかつての境界線で、イスラエルの領土の端を示すのに使われていた）上に位置していて、ぶどうとオリーブの木がはえる肥沃な土地に囲まれた丘のてっぺんにある。イスラエルの国家から絶えず反対を受けてきたにもかかわらず、ワハト・アッサラーム／ネベシャロームは創設以来、五二年間も繁栄をつづけてきて、わたしが訪れた二〇一八年には三〇〇人をこえる住民がいた――半分がイスラエルのユダヤ人で、残りの半分がイスラム教徒とキリスト教徒のパレスチナ人だ。

そのなかのひとり、サマー・サライムはパレスチナ人の難民一家に生まれ、ユダヤ人とは接触がないまま育った。学校でヘブライ語を習いはしたけれど、うまく話せなかったから、エルサレムで過ごした大学時代には、ほかの学生と意思疎通を図るのに苦労した――それに言うまでもなく、アラブ人として仲間はずれにされていると感じた。エルサレムでの自分を取りまく緊張が、どれもいやでたまらなかった（アラブ人は街のユダヤ人地区を安心して歩けないし、その反対も同じだ）。サマーは息子にこんな経験をさせたくなかったけれど、アラビア語とヘブライ語の両方で教える場所、そしてふたつの民族の歴史を両方教える場所は、見つけられなかった。でも、夫の提案でワハト・アッサラーム／ネベシャロームの学校を訪れると、そこでは「アラブ人とユダヤ人の小さな子どもがいっしょに遊んでいて、お互いに大声ではしゃいでいました。アラブ人とユダヤ人の先生がアラビア語とヘブライ語で話していて」。思いこがれたようなほほ笑みを浮かべて、彼女は振り返る。「平和は可能だっていう、このとても単純な考えに魅了されました」。そして夫に告げた。「ねえ、この学校に申しこむんじゃなくて、この村に申しこみましょう！」一家は第二次インティファーダ――イスラエルとパレスチナの暴力が過熱した二〇〇〇年から〇五年までの期間——がはじまる五日前にそこへ移り住み、平和のなかで三人の息子を育てた。

いまでは、ワハト・アッサラーム／ネベシャロームに人をひきつけるのは小学校だけではない。〝まちがった〟ことばで話したり、敵だと思われたりする心配の必要なくリラックスしたいイスラエルのユダヤ人とパレスチナ人にとって、スイミングプールもお気に入りの場所になった。地域の宗教集団は、信仰《スピリチュアル》センターを頻繁に使って儀式をおこなっている——ユダヤ教徒も、イスラム教徒も、カトリック教徒も、正教徒も、仏教徒も、ほかのどの宗教の信者も。七万をこえる成人が〈平和の学校〉（School for Peace）に参加し、地域で暴力に対抗して平等をうながす方法を学んだ。村は非常に静かで美しく、住民はとてもしあわせそうで、自分たちの暮らし方を自然に受け入れているから、現在、コミュニティへの入居を待つ人は数百人に達している。

もちろん、村の運営や進行中の再開発による富裕化（ジェントリフィケーション）のプロセスなどをめぐって、いろいろな緊張はある。けれども、そのために周囲の紛争の断層線に沿って住民が引き裂かれることはない。たいていそれは社会階級の問題か、新旧住民の対立だ。何より、こうした軋轢《あつれき》が暴力にエスカレートすることはない。対話、議論、討論、妥協、投票ですべてが解決される。多くの住民がアパルトヘイト国家になぞらえ、他集団への憎しみが引きつづき暴力に火をくべている国で、ワハト・アッサラーム／ネベシャロームの人たちは、イスラエルのユダヤ人とパレスチナ人が実際にうまく共生できることを示している。

平和を選ぶ

アフガニスタンからボスニア、フィジー、インドネシア、モザンビーク、北アイルランド、フィリピンまで、地球上のいたるところでこういう平和地区を見つけられる。そのおもな特徴は、イジュウィ、ソマリランド、サン・ホセ・デ・アパルタド、ワハト・アッサラーム／ネベシャロームで見たものを彷彿とさせる。住民たちはみんな、ローカルで、歴史的意義があり、戦争中の隣人たちとは根本的に異なるアイデンティティを受け入れている。自分たちはキリスト教徒ではなくイスラム教徒だ、セルビア人ではなくクロアチア人だ、プロテスタントではなくカトリックだ、という考えにこだわるのではなく、コミュニティのメンバーは、暴力を避けるのがみんなにとっていちばんだ、という考えのもとに結集している。地元の意見と行動規範を頼りに内部の緊張に対処し、まわりの紛争地帯に欠けているサービスをメンバーに提供する。

地域でこんなふうに成功を収めているのは、何も小さな村だけではない。アフガニスタンのバルフ州全域やイラクのクルディスターンでは、周囲よりも明らかに暴力が少ない。一九九四年、ルワンダでジェノサイドが起こっているときのギティの町や、戦争中のマリのアネフィス、ボスニアのベッコンやトゥズラといった街でも同じだった。

実際、わたしが調査をしたどの国でも、一般市民と地域のエリートが個人的な人脈を使い、周囲の武装集団のリーダーたちを説得して、協議に参加させた例があった。父親、母親、おじ、兄弟、姉妹、いとこが、戦闘に参加している家族に働きかけた。教師は、武装集団のリーダーになった昔の教え子に会いにいった。司祭、牧師、イマーム、シャイフ、ラビは人びとを勇気づけ、村の指導者と伝統的な首長はコミュニティに語りかけて、みんなでひとつになって暴力を終結させる手助けをできるようにした。

　どの例でも、熱心な人たちが何か月も、ときには何年もかけて戦闘員に働きかけ、関係者全員が満足できる解決策を見つけていた。協定が実行に移されるようにし、状況を継続的に見守って、必要なときはいつでも個人とコミュニティのネットワークを活用して問題に対処していた。こうした努力は実を結んだ。村の周囲の戦闘を抑え、少なくともしばらくのあいだは、民族、政治、社会、宗教のちがいをこえて、共通の関心を高めることに成功したのだ。

　ほかの研究者も、ブーゲンヴィル、ブルンジ、カンボジア、コロンビア、コンゴ、インドネシア、イラク、イスラエルおよびパレスチナ自治区、コソボ、レバノン、ミャンマー、ネパール、ナイジェリア、北アイルランド、シエラレオネ、ソロモン諸島、南アフリカ、南スーダン、スリランカ、東ティモール、ウクライナでの研究で同じことを論じている。国際慈善団体〈ピース・ダイレクト〉は、二〇の戦争中および戦争終結後の地帯で活動する二三〇〇をこえる草の根の紛争解決組織を確認している。暴力があるところではどこでも、それと戦う普通の、けれども並はずれた人たちがいる。平和構築の研究者で実務家のザッカリー・メッツのことばを借りると、その人たちは「〝平和を我等に〟を歌って木を抱擁《ハグ》し、雲のうえで暮らしている愚かな夢想家」ではない。自分が信じることのために危険を冒《おか》す、勇敢でかしこくて創造力のある市民だ。村やその周辺の暴力の事情をくまなく理解していて、それに立ち向かう方法を見つける人だ。世界のいたるところで、数えきれないほどの和平の取り組みが、首都から遠く離れたところで起こっている。その多くは、国の指導者や外国の平和構築者の目にはとまらない。けれども意外なことに、こういう解決策はうまくいく。

こうした取り組みが効果を発揮するには、正式《フォーマル》なものである必要すらない。トラブルを起こしそうな人に目を光らせているのは、イジュウィとソマリランドの住民だけではない。北アイルランドの住民は、他集団の人には意識して礼儀正しく接し、論争を呼ぶ話題を避けて、緊張を高めないようにしている。イスラエル人とパレスチナ人は、自分たちの側だけでなく、紛争の犠牲者全員を追悼する式典をひらいている。あらゆる民族のボスニア人が、チェス・クラブ、猟友会、労働組合《ユニオン》にいっしょに参加している。娘たちはライバル集団の子どもたちとサッカーをして、息子たちは外部の人と結婚して、おばたちは宿敵と商売をして、あらゆる背景の人が、憎むように教えられてきた人たちと同じ市場、病院、学校、芸術センターを使っている。日々の生活のなかで市井の人は、ほかから見ると陳腐でつまらないと思える行為をしていることも多いけれど、実はそうした日々の行為が、ローカルな暴力の勃発を防ぐ人間関係の構築に役立ち、ときには紛争に対処する際の土台にもなる。

なぜ重要なのか

　こんなふうに感じる人もいるかもしれない。ここで詳しく説明した事例はあまりにも特殊で、どのように平和を築くのかというより大きな疑問を考える際には役に立たないし、無意味だと。でも、ソマリランド、サン・ホセ・デ・アパルタド、ワハト・アッサラーム／ネベシャローム、この本で語ったほかのさまざまな場所は、わたしにとって非常に重要だ。それらの場所の成功が、イジュウィの話をするたびにピース・インクの支持者から尋ねられる質問に答えるのに役立つからだ。

「ローカルな平和は、小さな村や島よりも大きな範囲へ広げられるのですか?」紛争解決の専門家はよく疑問を投げかける。そう、だからこそソマリランドはとても重要なのだ。平和の飛び地が〝規模拡大《スケールアップ》〟して、一三万七六〇〇平方キロメートルもの土地を含むようになった——ギリシャ、ニカラグア、北朝鮮、シリアといった国と肩を並べる大きさで、ハイチやイスラエルとパレスチナ自治区のような場所よりもずっと広い。推定人口四〇〇万あまりのソマリランドには、ウルグアイ、ボスニア、モルドヴァ、ジョージアよりもたくさんの住民がいる。

「でも、イジュウィやソマリランドで平和を導いた要因(イジュウィでは血の約束や魔術師の島としての評判、ソマリランドでは氏族の構造や伝統的族長への尊敬)はとても特殊だから、ほかの場所では再現できないのでは?」ピース・インクの支持者はよく反論する。たしかに、それぞれの場所でとても特殊な要因が効果を発揮している。イジュウィ、ソマリランド、サン・ホセ・デ・アパルタドのモデルをそのまま移植し、ほかの場所で再現できると言いたいわけではない。単純に、市井の人と地域のエリートが平和を築くことは可能だし、ボトムアップの取り組みが効果をあげることも可能だと言いたいだけだ。

議論がここまですすむと、たいていその場にいる人類学者の批判に答えなければならない。人類学者は、わたしがコミュニティ・レベルの仕事を理想化し、地域の人はすべて同じであり、互いに同じ意見をもっていると思いこむ罪を犯していると言う。たしかに地域の人は、全員がすばらしいわけではないし、ひとつにまとまっているわけでもない。市井の人は聖人ではないし、その人たちの草の根の運動は、その本質からして欠点がないわけでもない。たとえばイジュウィでは、ピグミーへの差別がずっとつづいている――ソマリランドでは女性への差別が。さらに言うなら、それぞれの村、地域、地区などのなかでも、意見の相違や分断がたくさんある。ソマリランドの分家の反目《はんもく》や、分家の分家の対立、イジュウィのハヴとピグミーの緊張のように。それがまさにわたしの言いたいことだ。より大きな紛争に対処するのと同じように、こうした緊張にも対処しなければならない。そうしなければ、多くの人が不幸になるだけでなく、緊張がエスカレートして国や国際レベルの和解へ向かう進歩を脅かしかねない。それにもちろん、地域のリーダーと一般市民は、そもそも国や国際レベルの有力者よりも平和だったり腐敗していなかったりするわけではない。でも、草の根の問題に対処しやすい立場にいるのは確かだ。地域コミュニティの具体的な課題をくまなく知っているのは、その人たちだけなのだから。

「わかりました。でもこの平和は、長つづきさせられるのですか？」わたしを批判する人はよく尋ねる。「上からの平和がなければ、底辺での平和に希望などあるのでしょうか？」あるいは、この質問のさらに誘導的なバージョン。「この平和は脆いのではないですか？　どこかの軍や反政府集団が簡単に破壊できるのですから」。わたしの答えはこうだ。イジュウィやサン・ホセ・デ・アパルタドのような場所で人びとが苦労して勝ちとって享受している平和は、実際、周囲の武装集団に翻弄《ほんろう》される。それでも、ソマリランド住民の経験からは、ボトムアップの平和を強化して長つづきさせる方法があることがわかる。この二五年間、ソマリアが国境を攻撃し、ソマリランドという国が存在する権利に疑問を呈《てい》してきたし、アル・シャバーブの武装集団が内部から安定を揺るがそうとしてきたけれど、それでも大規模な暴力は起こっていないし、ソマリランドの国家は機能しつづけていて、民主主義も確保されている。

それでも飽き足らないピース・インクの支持者は、局所的な平和は国全体の平和がなければ無意味だと主張し、平和が数年つづいたあと高次元の暴力によって破壊された例として、ほかの国にあるイジュウィのような安定した飛び地の例をよくあげる。「数年の平和は重要じゃない。たった数日ですべてが水の泡になってしまうのですから。ちがいますか？」

たしかに、国レベル、国際レベル、地球レベルの平和が、永遠につづくのが理想だ。でもほんとうに大切なのは、いつでもどこでも可能なかぎり、死と苦しみを防ぐことだ。ボトムアップの平和は、世界のすべての問題への解決策ではないかもしれないけれど、命を救うことはできる。ジャスティンやイザベルのような女性、ケアやリヴィングストンのような男性、ルカのような子どもを苦しみから救える。そういう人たちが傷ついた状態から回復し、それを糧に成長して、コミュニティで人とのつながりを築き、場合によっては次に紛争が起こったときに生き残れる強さと回復力・復元力《レジリエンス》を身につけるようにできる。だからそう、暴力の抑制について、これらのさまざまな場所から何を学べるのか、さらに詳しく考える価値がある。

地域での成功から学ぶ

これらの物語から、わたしたちは重要な結論を出すことができる。第一に、地域の人には平和をうながし、それを長つづきさせるメカニズム、構造、ネットワークを支えるスキルと知識がある。その結果もたらされる〝平和な〟社会は、楽園ではないかもしれない。社会生活に軋轢はつきものだ。わたしが知るかぎり、みんなが手をつなぎ、毎日ずっと仲よく暮らして、のどかに歌をうたっている場所なんてない――ヒッピーの共同体、修道院、チベットの僧院でさえも。でも、地域の人の努力のおかげで、組織的な暴力がほとんど、あるいはまったくないエリアが戦争地帯のまんなかにあるのは驚きだ。そこでは、紛争がエスカレートして大規模な戦闘になるのを防ぐ方法を、住民がなんらかのかたちで見つけてきた。

第二に、ボトムアップのプロセスは、トップダウンのアプローチと少なくとも同じぐらい――おそらくさらに――効果をあげることがある。こうした地域主導の取り組みは、住民の命の安全を大きく左右する。この安全は、周囲の村までおよぶこともある。

暴力を抑えるのに、政府のエリートや国の当局者の関与はかならずしも必要ではない。イジュウィ、サン・ホセ・デ・アパルタド、ワハト・アッサラーム／ネベシャロームの住民は、まさに国の当局から距離をとることで平和の飛び地をつくることができた。また、ソマリランドの住民は重要な教訓を与えてくれる。国家建設も平和構築も、長くつづく安定を実現させるのに役立つかもしれないけれど、それは木のてっぺんと草の根の両方からすすめたときだけだ。

アフガニスタン、コンゴ、ソマリア、南スーダン、東ティモールなどの例からは、もっぱらトップダウンに頼るアプローチは、大惨事につながることがわかる。同じくもっぱらボトムアップに頼る戦略は、とても脆いかたちで一時的に暴力を緩和することしかできない。どんなものであれローカルな平和は、国の指導者による操作や周囲の武装集団による介入に脅かされることがあるからだ。さらに言うなら、民間人だけで武装集団を打ち負かすことはできない。市井の人には、国全体で平和を構築するのに必要なネットワークもない。個々の地域での成功が、国の平和へ自動的につながることはない。特定の村、町、地域（サン・ホセ・デ・アパルタド、イジュウィ、ソマリランドなど）で平和が長年保たれていても、近隣の地域や国自体では戦争がつづいている。

国や国際レベルの緊張が重要でないわけではない――実際に重要だ。国や国際レベルの平和構築が必要ないわけでもない――実際に必要だ。国と反政府勢力のトップを説得して、物理的な戦闘を助長し地域の緊張を高めるのをやめさせる必要がある。それに、戦争を長引かせている国と世界の問題に対処する必要もある。差別的な法律と制度、武器取引、その他の経済的関心、グローバルな権力闘争などだ。暴力に立ち向かうには、ローカルな取り組みに加えて、トップダウンのアプローチもやはり切実に必要だ。

そこから三番目のおもな学びにつながる。ピース・インクを完全に捨て去るべきではない。それを見なおしてインサイダーとアウトサイダーの関係を変え、非生産的な思いこみを取り除いて、有害な習慣やルーティンを一掃する必要がある。そして、よりローカルな平和構築の取り組みと組みあわせるべきだ。ローカルな紛争解決に取り組む研究者全員が合意しているように、またルジジ平野でのLPIの仕事や、リベリアでのリーマ・ボウイーの信じがたい成功の話からもわかるように、マクロレベルとミクロレベルの取り組みを組みあわせることによってのみ、持続可能《サステナブル》な平和を築ける。ボトムアップの仕事を支えるために、トップダウンの取り組みを犠牲にすべきではない。どちらのアプローチも必要で、それは両者が互いに補完しあうからにほかならない。

それぞれのアプローチにどれだけ重きを置き、どんな方法で実行に移すのか。それは現場に固有の条件によって決められるべきで、当然ながら時間と場所によって大きく異なる――だからこそ、それぞれの紛争を深く理解することが欠かせない。とはいえ、いくつかのおおまかなやり方に従うことはできる。

第六章 役割を変える

二〇〇三年、国連がオーストラリア人のジェイムズ・スキャンベリーを、隣国の東ティモールへ派遣した。ジェイムズの仕事は、独立後の和平プロセスを支援する一環として、現地メディアの発展と専門化を手助けすること。不都合なことに（でも、わたしたちの話には好都合なことに）、ジェイムズは車をもっていなかったから、週末にほかの介入者とビーチや田舎へ行くことができなかった。その代わりに、近所の人たちの家の裏庭でおしゃべりをして過ごしたという。

何年も経ち、ジェイムズは現地社会の一員になった。ティモール人の友人もできて、やがて友人たちは、ほかの外国人の前ではしないような話を彼の前でするようになる。介入者にはたいてい隠している希望と不安を口にする。「国連が去るまで待とう」と友人たちは言う。「そうすれば五分五分《イーブン》になる」――インドネシアによる占領時代（一九七五年から九九年）に彼らの土地を奪った市民と、現在の政府（国のリソースの使い方をまちがっていると彼らは考えている）、その両方を指しての発言だ。それに、貯水槽やごみ捨てをめぐって絶えずつづく紛争など、ピース・インクの支持者がこれっぽっちも気にかけないような、根底にあるローカルな緊張についても語った。報告されないけれど、地域で広がっている住民間の暴力のことも心配していた。

二〇〇六年に暴動が起こり、東ティモールの和平プロセス全体が頓挫しかけた。介入者はほとんどみんな不意をつかれたけれど、ジェイムズはちがった。彼は状況悪化を予想していた数少ないアウトサイダーのひとりで、同僚たちを説得し、迫りくる危機を防ぐ手助けをしようとしていた。

ジェイムズが紛争を予見できたのは、ほかの外国人平和構築者よりも頭がよかったからではなく、高い訓練を受けていたからでもなくて、地元の人たちと話して個人的に強い結びつきを育んでいたからだ。裏庭での話し合いのおかげで、ジェイムズは現場での問題と緊張について、ほかと異なるはるかに正確な認識をもっていた。

現地の住民と話し、その文化と直面する課題を理解するのは当然のことのように思えるけれど、それを実行する人はあまりいない。ジェイムズの話が示しているのは、トップダウンとボトムアップのどちらの行動にも関係する印象的な教訓だ。国際的な取り組みを修正する解決策の多くは、平和構築のまったく取るに足らないと思える側面から生まれる。介入者が仕事後の一杯をだれと飲むのか、どんなふうに現地の人と話すのか、といったことだ。それに気づいたのはジェイムズだけではない。

新しい役割

ピースランドの住人が紛争解決の取り組みに与える、標準的でたいてい逆効果の〝支援〟と、実際に平和をうながす行動とのちがいについて、現地の住民と外国人の介入者に尋ねると、みんながあげるのが、ジェイムズ・スキャンベリー、ラスタ危機に取り組んだウルベン・ビシムワ、LPIのコンゴ担当局長アレクサンドラ・ビラクやピーター・ヴァンホルダー（いずれも第二章）のような人たちだ。ベテラン介入者で複数の援助機関で働き、モニタリングと評価の専門家になったエイリニ・ディアマントプルはこう説明する。

組織やプロジェクトやドナーのレベルの話じゃないんです。プログラム、プロジェクト、組織のなかのひとりかふたりの個人の話で、その人たちが［それぞれの機関について］少し異なるビジョンをもっていて、その方向へ道を押しひらいてすすんでいく。鉄の意志をもっていてあきらめない人です。組織からの抵抗がたくさんありますから［…］こういう人たちが、ほんとうに変化を起こせる人なんです――そういう人はめったにいません。

長年の研究を経てわたしは、こうしたモデル介入者（お手本になる介入者）の特徴がわかるようになってきた。世界のどこで働いていても共通する、さまざまな性質の組み合わせだ。

これらのすばらしい人たちは、だれも完璧ではないけれど、いくつかの際立った特徴が全員に見られて、だれもがそこから学ぶことができる——そして、木のてっぺんでも草の根でもそれを応用できる。

まず、みんな謙虚だ。アウトサイダーである自分のほうがよくものを知っている、正しい理論やスキル、専門知識をもっている、人びとの問題へ理想の解決策をもたらせる、などとは思っていない。現地の住民を尊重する。

友人でコンゴ人政治アナリストのオネスフォレ・セマトゥンバは、こう強調する。「成功を収めた人はみんな、何よりまず人の話を聞いた人です」。その人たちは、「草の根の人は馬鹿ではなく、援助を受けるだけの存在でもなくて」、「問題を抱えていても意見を述べる権利がある」人たちだとわかっていた。「話を聞くのを忘れたら」とオネスフォレは言う。「正しいことを知っている専門家として現地へやってきたら、そこですべておしまいですよ。その人の仕事はつねに現場から隔てられた、押しつけがましいものになります」。親切で思慮深く、情熱的なティモール人学生活動家で、その後政治家になり、腐敗防止担当の公職者になったアデリト・デ・ジェスス・ソアレスの考えも同じだ。ちがいを生むのは謙虚さだという。「地元の人の話を聞く力」があるとき——もちろん「エリートだけでなく、女性、退役軍人、寡婦《かふ》のグループの話も」。

聖人でなくても、こんなふうに振る舞うことはできる。実際、それはかなり基本的なことかもしれない。イジュウィでのわたしの調査アシスタント、ケア——地元の少年たちが乱暴な振

採配はふるわない
地元の人のほうが
よく知っている……
ここには何年も
いるつもりだ……
でも地元のことばや
コンテクストは
自分もわかる
よろこんで後部座席で
仕事をする
自分も自分の計画も
柔軟だ

モデル介入者

図提供：Stick Figure by Nicole Malaise, 2019

る舞いをしているときに、サッカー・クラブや釣りの集まりをつくる手助けをした彼――は、「いい平和構築者はでしゃばらずに相手を尊重すべきだ」と言う。どういう意味かと尋ねると、彼はその数年前にリヴィングストンのピグミー人コミュニティをいっしょに訪ねたときのことを引きあいに出した。「村の人たちが、小さくていまにも壊れそうな木の椅子を出してきたでしょう」とケアはわたしの記憶を呼び起こす。「あなたは、まったく自然なことのようにそれに座った」(それどころかその日、わたしはとても光栄に感じた。リヴィングストンとケアのほかは、みんな立っているか床に座っていたから)。「とても貧しい村で、最低限の生活に追いつめられている場所で、あなたは不満も言わず、同じレベルでみんなと会ったんです」。ケアは話をつづけた。「そして耳を傾けた――会合は一時間の予定だったけれど、実際には三時間もそこで過ごしました」。次の約束に遅れていたから、しばらくするとケアはそわそわしはじめた。でも彼の記憶では、村のだれかが話をしたがるたびに、わたしはこう言ったという。「ケア、これは大切だから、ちゃんと聞かなきゃ！」その日、わたしは自分がヒーローだとはとても思えなかったけれど（深く虐げられたこのコミュニティを手助けするにあたって、わたしができることはあまりにも少なかった）、どこかでわたしの振る舞いが村の人たちの心に触れた。「それがピグミーの人たちに名誉を与えたんです」とケアは話を締めくくる。「そのおかげで、自分たちには価値があるんだと感じることができた」

それと同じように、モデル介入者は、現地の人についての根深いステレオタイプに異議を申し立てることが多い。平和構築に欠かせない専門知識、能力、モチベーション、労働倫理をもつ権威ある人たちと、聡明で無欲で信頼できる一般市民に目を向けさせる。受け入れ国の住民には、介入者がたいてい思っているよりもずっとたくさんの関連知識、伝手《つて》、苦境を解消する手段があることを強調する。和平の取り組みが効果を発揮するには、インサイダーとアウトサイダーの両方が参加しなければならないと主張する。アデリトの経験では、そんなふうにモデル介入者は「説教したり、青写真を携えてやってきたりするのではなく――これは大惨事につながる――、いっしょにアイデアを考える」。

これらの人には、正義、平和、民主主義、開発などについて、自分の定義以外にも有効な定義があることを認める心構えがある。プロジェクトが実際に住民の関心事に向けられるようにするために、これは重要だ。たとえば、ほとんどの介入者は――それにおそらくみなさんのほとんども――、殺害されたり、レイプされたり、負傷したりした人の数、戦闘の頻度と激しさ、武装集団の存在と不在で平和を定義する。一般市民もときどきこういう基準を使うけれど、もっと直接的で、具体的で、多くの場合、自分たちの生活にきわめて固有のほかの指標ももっている。

ルカの母親でヴィジャヤのプロジェクトへの参加者、ジャスティンが、平和構築の取り組みの成功をどのように「知った」か、憶えているだろうか？　彼女は、息子が未来時制で話しはじめたときにそれを知った。またコロンビアのとある上級交渉担当者は、僻地の住民に謝罪したときのことを語ってくれた。最善を尽くしたにもかかわらず、彼が仲介を手伝った主要反政府運動との協定が、平和の推進につながらなかったときのことだ。話の場にいた小作農の中年女性は、彼の謝罪に強く異を唱えた。彼女は二〇年ぶりにパジャマ姿で灯りを消して眠れるようになったのだと言う。以前は銃声を聞いたらすぐに逃げられるように、服をすべて着て、ベッド脇にブーツを置いて眠らなければならなかった。彼女にとってこれは、協議がもっぱら目を向けていたマクロなレベルのどの基準よりも、意味ある状況改善の印だった。

同じように、紛争解決を研究する同僚のパミーナ・ファーコーはこんな報告をしている。ウガンダの田舎では、人びとは夜にイヌが吠えているかを気にかける。吠えていたら、よそ者が村のまわりをうろついているということだ。そういうよそ者は、たいていよからぬことを企んでいる。近隣のコミュニティでは、住民はこんなことを考える。夜、外のトイレに行けるだろうか。トイレはたいてい母屋《おもや》ではなく庭にあるけれど、騒ぎが起こっているときは、外へ出て危険を冒すよりも家のなかで尿瓶《しびん》を使うほうがいい。村の人にとっては、介入者が使うよそよそしくて抽象的な定義よりも、これらのほうがはるかに重要な平和の印になる――わたしも同じように感じる。

進歩の定義を見なおすのに加えて、すぐれた介入者は現地の状況をよく知っていて、少なくとも多少は現地のことばを話し、現地に広い人脈をもっている。たとえば、わたしの友人バーヌ・アルトゥンバシュを見てみよう。大きな心（と漆黒《しっこく》の長髪）をもつ小柄なトルコ人女性で、二〇一六年に平和構築組織〈インターナショナル・アラート〉のアフリカ大湖沼地域の部長になった。一九九〇年代終わりにニューヨークで簡単に出会ったあと、ふたりともコソボで働いているときに友だちになった。友情がほんとうに固まったのは、二〇〇〇年代はじめにどちらもコンゴに恋に落ちたときのことで、それ以来ずっと連絡を取りあっている。バーヌがアフリカ中部で平和構築の管理職についたとき、彼女はすでにその地域で一〇年をこえる時間を過ごしていた――おもにコンゴのキヴ諸州で、また数年を隣国ブルンジで。

バーヌは、その地域の人をみんな知っている。彼女に求婚をつづけている反政府集団のリーダーから、とんでもない僻地にある村の伝統的族長まで。わたしが彼らと会いたければ？　簡単だ。バーヌが彼らの電話番号を教えてくれて、政治的・軍事的な状況についてブリーフィングしてくれる――それに最新の噂話《ゴシップ》も聞かせてくれる。だれが結婚するのか、だれが彼の妻と浮気しているのか、だれがこの武装勢力やあの武装勢力の指揮官の兄弟、いとこ、継父《けいふ》なのか、だれが鉱業、土地、町の物件、レストランで莫大な富を築いているのか、などなど。ほかの活動家や介入者とのよくあるつながりに加えて、彼女の友人には芸術家やビジネス関係者もたくさんいる――だから、ゴマでバーヌと食事するのはいつも楽しい。シェフ、オーナー、ウェイターからあたたかいあいさつで迎えられる。

バーヌのように、すぐれた介入者は、地元の人と仕事上の関係だけでなく個人的・社会的な関係も育んでいる――エリートとも一般市民とも。その際には、自分の関心や活動を土台にする。新しい場所へ引っ越し、まわりのコミュニティに溶けこみたいときに、わたしたちがするのとまさに同じだ。現地の同僚やカウンターパートとつきあって、食事や仕事後のお酒をともにしたり、パーティーや週末の遠出に参加したりする。さらに子どもがいる人は、現地でできた子どもの友だちの親とも知りあえる。ボクシングでも合唱でも、趣味がある人は地元のクラブに参加する。信仰をもつ人は新しい集まりに加わる。

こういう非公式《インフォーマル》な関係のおかげで、介入者は自分がいる場所と対処したい紛争について、また別の、より正確なイメージを描けるようになる。アウトサイダーの見方だけでなく、インサイダーの見解も反映したものだ。東ティモールでジェイムズ・スキャンベリーがしたのがこれだった。また、ウルベンの農業協同組合がラスタの問題に取り組みはじめたときにしたのも同じだ。それに社交上のつながり《ソーシャル・ネットワーク》があると、平和構築者はプログラムに承認や協力を取りつけやすくなる。公職者は、付き合いがある人に肯定的な反応を示しがちだからだ。言うまでもなく、個人的なつながりがあると危険を緩和するのにも役立つ。わたし自身もそれを経験した。

わたしがいる村がこれから攻撃されると、友人から前もって警告を受けたことが何度もあって、そのおかげで戦闘のまっただなかに巻きこまれずにすんだ。同様に、ひときわすぐれた介入者のなかにも、現地の住民が結集して――たとえば戦闘員とのあいだに仲裁に入ったりすることで――身の安全を守ってくれたと感謝をこめて語る人が何人かいた。

現地の人との個人的な交流が、和平の取り組みの成功を左右することがある。メアリー・アンダーソン――国際援助の有名な研究者・実務家――とその同僚たちが、二一の紛争地帯で六〇〇〇をこえる人と話をして、こう結論を下した。彼女たちが聞いた効果的な援助の物語すべてで、手助けしようとする相手と本物の、敬意ある、信頼に満ちた関係を築いた特定の個人がいた。同様に、地理学者のアダム・ムーアは、ブルチコ（ボスニア）ではインフォーマルで個人的なつながりが大きく貢献し、平和構築プログラムが成功を収めたのに対して、国内のほかの場所では、介入者が現地のカウンターパートと職業上のよそよそしくて形式的な関係しか築いていなかったため、まったく同じプロジェクトが成功を収められずにいたことを発見している。

とはいえ、ひときわ有能な介入者は、自分の限界をとてもよく知っている。たとえばヴィジャヤ。彼女は、アウトサイダーがすべての状況をひとつ残らずマスターすることはできないと理解している。ヴィジャヤに言わせると、「人びとといっしょに腰かけて、豆をより分けて、子守をしなければ」状況を把握しはじめることはできない。そして彼女は、問題への対処法を自分が決めるのではなく、人びとに決めさせる。

キチャンガ（コンゴ）訪問中に、国連平和維持軍のファン・デン・ベルフ少佐から地域コミュニティと築いた強力な関係について話を聞いた。ほかのすぐれた介入者と同じように、この南アフリカ人武官は現地語（キスワヒリ語）を話し、尊敬をこめて親切にコンゴの人たちに接している——それどころか、彼はコンゴの人たちを「ワラフィキ（warafiki）」（友人）と呼ぶ＝写真提供：Philippe Rosen, 2011

友人のバーヌはいまでも、地に足のついたとても楽しくて謙虚な人間だ。現地の状況を理解しようと力を尽くすことで、まだ知らないことがたくさんあると気づくことができている。わたしの目から見ると、バーヌは旅行者、人類学者、介入者のあいだでよく聞くジョークを体現している。ある国で一日過ごせば本が書ける。一週間過ごせば論文が書ける。一年過ごせばパラグラフひとつすら書けない。まだ理解していないことがたくさんあると気づくからだ。〈インターナショナル・アラート〉でアフリカ大湖沼地域の部長として働きだしたとき、バーヌは最初の一年を、もっぱら現地の同僚とカウンターパートの話を聞いて過ごした

――そして、そこからとても多くのことを学んだとわたしに語った。

現地の状況を深く理解するのはもちろん欠かせないけれど、謙虚さも同じぐらい重要だと心にとめておく必要がある。さもなくば、現地の知識と人脈がある介入者でも、アウトサイダーが平和構築プロセスを主導できるという考えにしがみつきかねない――ハンス（LPIの最初のコンゴ担当局長）がその考えをもちつづけていたのと同じように。

モデル介入者が謙虚であることは、和平の取り組みの最前線に立たないことにも証明されている。その人たちは、標準的な〝ブランディング〟と〝ヴィジビリティ〟（援助業界の専門用語で、自分たちの行動を周知すること――たとえばロゴをいたるところに貼りつけること）は逆効果だとドナーに説明する。それをすると、受け入れ側コミュニティはプロジェクトが外から来たものだと考えて、たいてい外国人に押しつけられたものだと見なす。

すぐれた介入者は控えめな態度を崩さず、現地パートナーの成果にスポットライトを当てる。こうしたアプローチを使うおもだった組織（LPI、ピース・ダイレクト、インターナショナル・アラート、インターピース、パデュー平和プロジェクト、国際紛争解決センター）のことは、おそらくこの本を読みはじめるまで聞いたことがなかったと思うけれど、その理由はここにある。アウトサイダーではなくインサイダーを主役と考えているからだ。

この数年、わたしは国連の依頼を受けて、世界中へ派遣される平和・開発アドバイザーの研修に参加している。中心的なファシリテーターのひとりが、ガイアナ出身のベテラン平和構築者、ローレンス・ラクマンシンだ。彼は、友人で元同僚のクリス・スパイズのことをよく話す。

南アフリカ人で、国連の平和・開発アドバイザーを最初に務めたひとりだ。

二〇〇〇年代はじめの当時、ローレンスは母国で、社会の結束を築くプログラムを管理していた。ピースランドではよくあることだけれど、ローレンス（インサイダー）はクリス（アウトサイダー）の指示を仰がなければならず、そのクリスは駐在コーディネーター（意思決定の最高権限をもつ別の外国人）の指示に従うことになっている。ガイアナにやってきて間もなく、クリスは上司に会って言った。「わたしが［表向きは］あなたの指示を仰ぐ立場にいることはわかっていますが、ローレンスと彼のチームはガイアナについては正真正銘の専門家で、彼らがすでに仕事を指揮しています。お願いですから、ローレンスを先頭に立たせてください」。上司はそのとおりにした。クリスが正式に担当者の立場にいた三年間は、ローレンスとほかのガイアナ人スタッフが実際に采配をふるい、二〇〇六年にガイアナで実施された初の平和な総選挙へきわめて重要な支援を提供した。

成功する平和構築の取り組みで主役を務めるのは、国のスタッフや地域のエリートだけではない。一般人も主役だ。すぐれた介入者がプログラムを設計し実施するときには、影響を受ける人をすべて巻きこもうとする――ピース・インクの歯車がひいきにする、政府、地域のリーダー、武装集団のトップ、市民社会の有名活動家だけでなく。

たとえばクリスの話では、ケニアにいたとき、現地の同僚たちは、いつもの顔ぶれ――ほかの外国人介入者、村長、行政関係者、警察署長など、たいていのピースランドの住人が会う人たち――にばかり会わないようにする方法を見つけていた。その同僚たちは村へ足を踏みいれ、

分断の原因になっている紛争について、コミュニティ間の円卓会議に参加するバサリ首長区（コンゴ）の住民。この会議の準備のために〈平和のための連帯行動〉（Action Solidaire pour la Paix）とLPIが3年以上かけて、地味で徹底した参加型アクションリサーチをおこなった＝写真提供：Life & Peace Institute, 2013

住民を集めて、こんなふうに尋ねる。「このコミュニティでひときわ影響力のある二〇人はだれですか？」そして、その人たちのもとへ行って交流する。ギャングのリーダーや詐欺師が含まれていても同じだ。

モデルとなる平和構築者は、可能なときはいつでも、介入する地域の出身者に頼り、現場でプログラムを実行に移す。首都や別の州出身の、ほかのアウトサイダーには頼らない。たとえばヴィジャヤは、「仕事をするコミュニティから」チームの面々を雇ったと誇らしげにわたしに語った。そうすることで、必要な知識と人脈を確保し、関係する利害関係者《ステークホルダー》全員をプログラムに巻きこんで、おもだった問題にすべて対処できる。アウトサイダーには手に入らない情報も入手できる（ウルベンの農業協同組合がラスタの問題に取り組んだときのように）。

長期的な関与も重要だ。だれかと信頼と信用を築くには何年もの月日がかかるし、現地の状況を深く理解するにも同じく時間がかかる。それにヴィジャヤ、デオ、ウルベン、バーヌと同じように、モデル介入者は、どれだけがんばっても、数千人が関係し、何年も、場合によっては何百年もかけて展開してきた問題が、一度きりの和平会議や一か月のプロジェクトで解決するはずがないとわかっている。みんな謙虚で人の話に耳を傾けるから、ゆっくりと、安定したペースで仕事をするのが成功の鍵だと理解している（思いだしてほしい。LPIとパートナーが、ルジジ平野でのプロジェクトの最初の段階にあたる紛争分析を終えるだけで三年近くかかったことを）。このペースで受け入れコミュニティで動くには、辛抱強さが求められる——たくさん求められる。東ティモールで長年過ごした平和構築者、エドワード・リースはこう説明する。

全般に、すぐれた介入者は地域の取り組みを指導するのではなく、それを支援して強化する。「ゆっくりと」「着実に」仕事をして、何より「失敗をすすんで受け入れる」必要があるのだと。

ソマリランドでは普段、そんなふうに物事がすすむ。主権を認められていない副産物として、国際援助は存在するけれど限定されていて、ソマリランド流のやり方で実行されるからだ。一九八〇年代から和平プロセスに参加してきた知識人、ハローン・ユスフはこう説明する。「資金援助のほかは、国際社会はこのプロセスに干渉しませんでした。アジェンダを設定せず、人びとを招集することもなかった」

たとえば、独立後の暴力が最高潮に達していたとき、ユスフはエリガヴォの街で、国際非営利組織〈アクションエイド〉のスタッフとして働いていた。地元住民がローカルな平和を再建するために会合をひらいていて、ユスフとその同僚たちは「不可欠だけれど基本的な支援を提供していた」だけだ。ユスフたちが提供したのは、「燃料と食べ物です。伝統的な指導者たちはいろいろな村に散らばっているので、みんなが集まれるように燃料が必要で、会合のあいだの食べ物も必要だったからです」。参加者は家畜を連れてきたので、必要な食料をすべて支援することすらなかった。ただ、保存のきく食料品は提供した。集まりは一か月ほどつづいたため、それを欠かすことはできなかったからだ。重要なのは、「アウトサイダーが、プロセス、行動計画、結果に手を触れなかったことです」とユスフは強調する。それに会合の長さにも口出ししなかった。

ソマリランドの和平プロセス全般への国際支援では、この種の関与が典型的だ。ソマリランド出身の援助活動家ユスフ・ウェインと、その同僚で博士課程に在籍するオランダ人研究者ロバート・クライヴァーに会ったとき、ふたりは自分たちが目にした国際社会からの支援をすべてあげた。道路建設やその他の基本インフラ建設、たくさんの自動車と飛行機に満載された食糧やその他救援物資の提供、戦闘員の武装解除と除隊費用をまかなう一〇〇万ドルをこえる支援、軍の重装備品を安全に保管する区画をつくるための追加援助。でもそのすべてで、介入者は慎重に振る舞ったとふたりは説明する。ロバートによると、「国際社会はソマリランドがいちばん必要とするもの（外交上の承認）を与えられなかったから、脇役、舞台裏の役割を引き受けることに同意したんです」。さいわい「ソマリランドは、国際社会にとって〝魅力的《セクシー》〟な存在にはなりませんでした」とロバートはつけ加える。そのため、外国の平和機関は控えめな存在のままだった。「スタッフはかなり少なくて、なかには長期間滞在している人もいます。混乱を生む国際援助のお祭り騒ぎと、いつでも自分たちのほうがよくものを知っているという専門家が」この地域を「完全に襲うことはありませんでした」。

ほかの多くのアナリストも、同じ点を指摘している。ソマリランドの住民は主権を強く望んでいるかもしれないけれど、それを欠いているおかげで介入者が殺到せずにすんでいると。介入者が押し寄せていたら、地元ですすめているプロセスが乗っとられ、苦労して勝ちとった安定が揺るがされていたかもしれない。そうはならずに、地元の人が自分たちの舞台《ショー》の監督を務め、自分たちがふさわしいと思うかたちで、和平の取り組みを主導している。

むずかしい選択

国際介入の受益者と想定される人に自分たちで決断させるのは、さまざまな〝よきこと〟のあいだでしばしば困難な選択を強いられることを考えると、いっそう重要になる——たとえば平和と民主主義、平和と正義のどちらかを選ぶというように。

ワハト・アッサラーム／ネベシャロームで調査をしたときほど、このジレンマがはっきり浮かびあがったことはない。この〝平和のオアシス〟は、イスラエルのユダヤ人とアラブ人がいっしょに暮らせることを示すためにつくられた。わたしはこの村に感激していたから、出会った平和活動家のなかに、この取り組みを無意味だと一蹴する人がいたり、そのことを話すと怒る人までいたりすることに、最初は戸惑った。和解が可能であることを現実に証明するものに、どうして平和構築者が反対できるのだろう？　ユートピア的とさえ言えるこの取り組みのことを、裏切りのように語るのはなぜ？　その後、わたしは理解した。ほかの活動家たちに言わせると、ワハト・アッサラーム／ネベシャロームの住民は、閉ざされた世界で暮らしている。国全体ではなく、小さな村のなかの状況にもっぱら目を向けている。命を危険にさらして、紛争の核心にある問題と戦っていない。（イスラエル人にとっては）安全上の脅威、（パレスチナ人にとっては）力の差と体系的な差別といった問題だ。村の平和を優先して、より大きな正義をないがしろにしている。

　コロンビアのサン・ホセ・デ・アパルタドを訪れたときにも、同じような経験をした。現地に到着した時点では、そこの住民は紛争に巻きこまれずにいるのだから、模範的な市民にちがいないと思っていた。その後、平和地区の近くにある農業協同組合で働くアントニア、ルイス、その他のメンバーに会うと、事情はもっと複雑なのだとわかった。憶えているかもしれないけれど、平和地区は国家、司法制度、その他すべての政府機関から距離を取っていた。一方で農業協同組合は、そうした制度を実際に変えることを望んでいた。その目標は、すべての市民のために安全を高め、開発を促進すること。だからローカルな平和よりも、国の政治改革に重点を置いていた。平和地区と農業協同組合のどちらの立場も立派で、尊敬できて、支援に値すると思いながら、わたしは面会の場をあとにした。

　平和と正義、平和と経済的繁栄、平和と民主主義のこのような緊張は、数えきれないほどの本や映画で（解決はされないけれど）論じられてきた道徳上のジレンマを生む。わたしのいちばんの義務は、自分の生命と幸福《ウェルビーイング》を、さらには家族とコミュニティのそれを守ることなのか、それともそれらをすべて犠牲にして、見知らぬ人たちを助けることなのか？　あなたならどうする？　いまだにわたしは考えてしまう。第二次世界大戦中に、ナチスへの抵抗運動に加わるか、それともまずは自分が生き残ろうとするか、どちらかを選ばなければならなかったら、どうしただろう？　サン・ホセ・デ・アパルタドで生まれていたら、わたしは農業協同組合に参加した？　それとも平和地区へ移り住んだ？　もしわたしがイスラエル人やパレスチナ人だったら、正義と平和のどちらを優先させた？　わたしにはわからない。ただ、自分でその選択をしたいということだけはわかる。だれかに代わりに決めてもらいたくはない。

不幸なことに、ピースランドの権力構造のせいで、たいてい一般住民ではなく外国の活動家や外交官がこういう困難な選択をする。紛争地帯で暮らす人の多くが、このアプローチを「新植民地主義」や「新帝国主義」の一形態として批判する――これもまた、アウトサイダーがやってきて、やるべきことを指図する一例だと。だから近年、介入者のあいだで新しい考えが流行している。「アフリカの問題へアフリカの解決策を」（あるいは「ラテンアメリカの問題へラテンアメリカの解決策を」など）、という考えだ。

以前はわたしもこの考えが大好きだったけれど、ミシェル・ロセンベと話して考えが変わった。ロセンベは、プエルトリコ人のふりをすれば外国人平和構築者への影響力を高められると気づいた、例のコンゴ人ビジネスマンだ（第三章）。「アフリカはとても多様性のある場所なんだよ、知ってる？　セヴリーヌ」わたしがそれを知らないとでもいうかのように、彼はからかってきたけれど、つづけてその意味を説明してくれた。アフリカ中部の大都市出身の裕福で高学歴の彼と、たとえば完全に異なる生活様式《ライフスタイル》、植民地の歴史、文化をもつアフリカ西部の村人とのあいだに、どんな共通点があるだろう？　いったいどうして、自分がその人の代わりに何かを決められるというのかと。その反対も同じだ。日本人の外交官も、東ティモールでの彼の仕事について話しあったときに同じ反応を示した。彼はほかの介入者から、「アジアの問題にアジアの解決策を」もたらしたとしきりに褒められていたけれど、いつも不思議に思っていたという。ティモールの人たちの信仰、見た目、価値観、日常生活は自分のものとはまったく異なるのに、どうして自分はティモール人の代わりに決断を下すのによりふさわしい立場にいると思われているのか。

いま、わたしは確信している。意義あるふたつの目標のあいだで選択をする場合、それを決めるのはアウトサイダーであってはならない。そのアウトサイダーが同じ大陸、同じ国の出身であっても。その結果を引き受けて生きなければならない人こそが、決断を下すべきだ。

このシンプルな原則が、現場の介入者をいつも悩ませるジレンマへの道徳的指針になる。たとえばコンゴで平和か民主主義のどちらかを、ソマリランドで平和か女性の平等のどちらかを選ばなければならないとしたら、いったいどう決断すればいいのだろう？　わたしの答えはこうだ。想定されている受益者に決めさせよう。その結果が不評でも、流行遅れでも、不快でも。たとえ善意のドナーの一部が離れていくとしても。

　この提案をすると、ピースランドの住人によく尋ねられる。現地の人が出した解決策が、国際的な優先事項、規範、価値観と相容れないときはどうするのか。なかにはこんなふうにつけ加える人もいる。ソマリランドやイジュウィの平和を支援したいと強く思うけれど、女性やピグミーはどうするの？　と。もちろんコミュニティは一枚岩ではないから、一部の住民が〝平和〟と見なすものが、ほかの人には抑圧と搾取になることもある。介入者は、平和の名のもとに虐待的な行為がつづくのを手助けすべきだろうか？

　長年、わたしはこの問いに悩まされていた。そのすえに、モデル介入者の数人と、不当な扱いを受ける側の集団のメンバーとともに、ブレインストーミングすることにした。わたしたちがたどり着いた答えはこうだ。友人のひとりがとても印象的にまとめたように、「そうした優先事項のいくつかは、第二段階の仕事になるかもしれない――たしかにひどいことではあるけれど」。

　たとえばソマリランドは、ピース・インクの支持者が世界のほかの場所で築こうとしている自由主義《リベラル》的で民主的な国家に徐々に近づきはじめている。これは地域主導のゆるやかなプロセスの結果で、このプロセスは長年、反自由主義《イリベラル》的な慣習と伝統的な権威構造に頼ってきた。第一段階は平和だ。第二段階は民主主義。うまくいけば、第三、第四、第五段階は、ジェンダー平等や経済繁栄をもたらすかもしれない。

　同様にイジュウィのピグミーも、何より重要なのは平和で、だからこそ自分たちは武器を取らないのだとわたしに語った。日常的な差別を許すことなく、アウトサイダーが島の安定を支えるにはどうすればいいのだろう。リヴィングストン（ピグミーの代表）〔第一章〕の考えでは、答えははっきりしている――「よきサマリア人」は住民に会いにきて、いっしょにブレインストーミングし、計画を立てて、最善のすすめ方を決めるべきだ。

これもまた、ＬＰＩモデルを記憶にとどめておくのがとても重要であることを示す一例だ。ルジジ平野での紛争への対応を手助けしたとき、ＬＰＩのチームはすべての人を話し合いに参加させた。指導者と一般人、被害者と加害者、有力なコミュニティと無力なコミュニティ、平和維持活動関係者と主戦論者。それに、関係者全員が満足する解決策を見つけることを優先させた。長年かかっても、同じ問題をくり返し話しあうことになっても、戦略を何度も調整することになっても。

同じように、ソマリランドの女性を助けたければ、彼女たちを話し合いに参加させなければならない。そうすることで、彼女たちが権利を主張するために講じられる手段を考え、それが安定に与える影響を評価して、場合によってはどちらに価値があるかを決められるようにする必要がある。周縁化された世界中の人たちに同じことが当てはまる。

こういうプロセスは、どれも時間がかかる。よきことはすべて一度にやってこないし、明日すべてを手に入れられるわけでもない。すぐれた介入者は、平和構築にはときに小さな歩みが必要だと理解していて、ガイドとして地元の人に頼り、どちらの足から踏みだせばいいか教えてもらう。

台本からはずれる

最後にひとつ、モデル介入者に共通する性質がある。みんな柔軟《フレキシブル》だということ。この本のための研究をはじめたとき、わたしはアシスタントたちに頼んで、見つけられるかぎりすべての平和構築プロジェクトの評価書をレビューし（結局一〇〇をこえる文書が集まって、なかにはさまざまな国の複数の取り組みを検討しているものもあった）、成功を収めたすべてのプロジェクトのおもな性質をリストアップしてもらった。そのリストにくり返し登場したのが「実施の際の柔軟性《フレキシビリティ》」だ。

またコロンビアでも東ティモールでも、成功した取り組みについて議論するときには、「柔軟性」が何度も話題にのぼった。これが実際に意味するのは、すでに確立された一連の考えや、決まった時間枠で実施するプロジェクトの活動を携えて現地にやってくるのを避ける、ということだ。柔軟性に求められるのは、出てくる結果、直面する障害、地元住民と和平プロジェクトの実施者から受けるフィードバック、政治・軍事・社会状況の変化などをもとに、戦略を絶えず見なおすこと。たとえばＬＰＩとそのパートナーたちがルジジ平野で仕事をしたとき、どれだけ柔軟であらねばならなかったか思いだしてほしい。

それどころか柔軟性はとても重要で、ＬＰＩの元スタッフ数人は、コンゴでＬＰＩが衰退したのは、参加型アクションリサーチのモデルを形式化する試みがきっかけだと考えていた。スケジュール、手順、標準的なテンプレートを導入することで、個人と個人の関係と、変化する環境への不断の適応にもとづいた有機的なプロセスだったもの――そのままであるべきだったもの――に、やがて制約が加わることになったのだと。

成功を収めた国際平和構築プログラムの資金提供者と本部担当者は、ピース・インクの常識とは異なり、論理的枠組み、スケジュール、成果物、数量的な指標といったものをそなえた型どおりのプロジェクトを、はじめから求めてはいなかった。その代わりに本部は、現場スタッフに大きな裁量を与え、ドナーは、その行動がどんなかたちになろうとも、特定の地域で現場スタッフの仕事を支えることに同意していた。そうすることで現場の平和構築者は、コミュニティの要望と変化する状況の要請に合わせて動くことができた。スウェーデン国際開発協力庁とベルギー外務省が、ルジジ平野でＬＰＩの和平の取り組みに資金援助したときのやり方がこれだった。

ドナーにできる大きなことが、もうひとつある。あらゆるところへロゴを掲示するのを求めないことだ。たとえば、東ティモールで働くアジア財団のベテラン介入者は、こう振り返る。

国連がティモールの警察のためにすばらしい標準業務手順書（ＳＯＰ）をつくったんです。二〇だか一〇〇だかの標準業務手順を分厚い冊子にまとめて、国連の大きなロゴがついていた。それが承認された日、警察の総司令官が大きな式典でそれに署名しました。翌日、彼は部下にこんなメモを書いて手渡したんです。「標準業務手順書は無視してください」［…］結局、標準業務手順書の分厚い冊子は物置に放置されました。

その後、アジア財団が仕事を引き継いで、スタッフは「人びとを巻きこむ肝心なプロセス」に着手した。その仕事には、「ロゴを剥がす」ことも含まれていた。さいわい財団のドナー——ニュージーランド政府——は、外国人平和構築者が後部座席に座り、現地の人たちの成果にスポットライトを当てるのがとても重要だと理解していた。だから、ティモール警察のロゴを成果物につけ、警察官が実際に冊子を使うようにすることを望んだ。ニュージーランドのロゴをつけ、警察官に無視され埃をかぶらせておくよりもいいと考えたのだ。宣伝《ヴィジビリティ》と実効性をはかりにかけて、後者を選んだのである。

ドナーは、資金提供先の介入者が——ピースランドで常識になっているように——ドナーに説明責任を果たすだけでなく、想定される受益者にも説明責任を果たすようにさせられる。たとえば、資金を適切に使ってドナーの要求を満たしたかを評価するだけでなく、プロジェクトが現場に与えた影響や受益者の満足度も測定するように、助成金受給者に求められる。

残念ながら、ピース・インクが動く仕組みのせいで、平和構築分野のほとんどの資金提供者と組織には、この柔軟性が欠けている。だから、決まりごとのせいでがんじがらめになっている人は、効力を発揮するために、ときにルールを破る必要もあるかもしれない。たとえばルールでは、異性と社交をしてはいけないことになっている。性的搾取の告発につながりかねないからだ。それにルールでは、夜に特定の地区に行ってはいけなかったり、町のなかで自分が暮らす裕福で安全な場所から出てはいけなかったりする。こういうルールのせいで、基本的にみんなピースランドの住人しかいない閉ざされた世界にとどまり、現地の住民と個人的な関係を築けなくなる。

わたしの友人で研究者仲間のスザンナ・キャンベルが、平和構築について幅広く研究して導き出した、ひときわ印象的な結論がこれだった。介入者と研究者としての二〇年の経験をもとに、計画的不服従を擁護するようになったのだ。彼女の分析では、最も成果をあげるのは、本部やドナーから押しつけられるルールや標準業務手順を破ったりねじ曲げたりする人だった。そうしなければ、現地の人に主導権を握らせて、アウトサイダーだけでなくインサイダーにも行動の責任を負うことはできない。

ティモール人の平和構築者、ジョッシュ・トリンダーデも同じことを言う。「どこでも、現地の人間をほんとうに助ける外国人は、規則集《ルールブック》に忠実ではない人です」。彼に言わせると、外交官や国連職員が組織の規則をすべて守ると、「あまりにもたくさん制約があって、何もできなくなる」。だから組織の手順に従わない人もいるし、組織を辞めて、スタッフにもっと自由を与える小規模な機関に移る人もいる。

わたしが自分の研究結果をオーストラリアの外交官にブリーフィングしたときも、この点を主張した(当然、不評だった)。わたしのアドバイスはこうだ。規則を破った人に自動的に制裁を加えるのではなく、まずは、その人の行動が実際にいいことにつながったのかを考えるべきだ。「あるいは」と外交官のひとりが口をはさんだ。「規則を変えるべきだとも言えるかもしれませんね」。まったくもって正しい——当然そうすべきだと思う。

最後に、ドナーができる最大の貢献は、時間的余裕を与えることだ。通常の六か月から二年のサイクルではなく、長期的にプロジェクトへ資金を提供すること。ソマリランドの和解会議にどれだけ時間がかかったか思いだしてほしい。ルカの話（何度も逃げて武装集団に戻った元少年兵）と、母親のジャスティン、ヴィジャヤとその同僚たちが、彼を普通の暮らしにまた溶けこませるのにかかった年月を思いだしてほしい。ルジジ平野の紛争への対処を手助けするために、LPIが必要とした時間を思いだしてほしい――それに、成果を固められる前に取り組みを切りあげたら、どれだけ恐ろしい結果を招くかも。コロンビアで話を聞いた国連職員、ウリシオ・パイス＝メリノが言うには、「平和構築はインスタント・コーヒーではありません」。実際、わたしの調査アシスタントがまとめた平和構築プロジェクトの評価書のリストを見ると、外部評価者が「成功」と見なすプロジェクトは、多くが五年から一〇年つづいていた。

平和構築に長期的な――最大二〇年もの――コミットメントが求められることは、研究の標準的な結論であり、常識でもある。数百人あるいは数千人がかかわり、一世紀つづいてきた紛争を、数日や数か月で、あるいは単発のミーティングを二、三度ひらいただけで解決できるはずがない。目的が達成されるまでつづけるのではなく、最初から一年、二年、あるいは五年で支援をやめると決めるのは馬鹿げている。それとは対照的に、長年にわたって資金が提供されれば、組織は現地コミュニティのペースに合わせて仕事ができ、外国人スタッフを長期的に配置できる。

ドナーと外交官は、政治上・財務上の制約のために一度に一、二年しかプロジェクトに資金提供できないと言うけれど、資金提供機関のなかには、すでに長期的な予算を組んでいるところもある。たとえば二〇一五年の終わりに、EU、イギリス、オーストラリアがミャンマーの内戦終結を手助けするために、〈合同平和基金〉(Joint Peace Fund) を設立した。同基金は最初から、最低五年間は取り組みをつづける意思のあるドナーに絞って申請を受けつけることにした。まさにここで説明した理由からだ。これまでにイタリアからフィンランド、アメリカまで、一一か国が申請をしている。ほかにもいくつか同じような例がある。たとえば、北アイルランドの和平プロセスの資金をEUが提供したときは、六年間の助成金を五回つづけた。もちろんまだとても少ないけれど、このような長期的な資金投入が不可能とはまったく言えない。

悪者の役割を変える

紛争地帯へアウトサイダーを送りつづけることに意味はあるのか、と思うかもしれない――外国による介入は一切やめて、現地の住民にリソースをすべて直接手渡せばいいんじゃないの？　ピースランドの住人について一部で報じられている内容を考えると、この本を手に取る前からこんな疑問を抱いていた人がいてもおかしくない。

二〇一八年の『タイムズ』紙の報道によると、国連職員は「二〇一〇年間で六万件のレイプに関与した」。「国際援助セクターにおける性的虐待の〝蔓延《まんえん》〟」とCNNはつけ加える。ハイチで働く援助機関〈オックスファム〉の外国人は、「ゲストハウスを〝売春宿〟と言われるものに」

し、「完全な〝カリグラ〟〔浪費や残虐さで知られるローマ皇帝〕的乱交パーティー」をひらいていたと『ワシントン・ポスト』紙も報道に加わった。こうした例は枚挙に暇がなく、ジャーナリストは、腐敗した国外在住（expatriate）の介入者を指す〝セックスパット（sexpat）〟という新語まで生みだした。

こういう話を新聞で読むと、おそらく最初に頭に浮かぶのは、センセーショナルに報じられているのではないかという疑問ではなく、単純に現地の人にくちばしを挟《さしはさ》まないのがいちばんではないか、という考えだろう。

二冊目の著書『ピースランド』（*Peaceland*、未邦訳）の草稿に取り組んでいるとき、わたしもまさにそんなふうに思っていた。それどころかわたしは、仲介者は利益をもたらす以上に害を与えているとしばらくのあいだ思っていたから、単純に撤退すべきだと主張しようとしていた。そんなとき、たまたまＬＰＩに招かれて、本の草稿をもとにブルンジでのカンファレンスで報告をすることになった。それがわたしの主張へのフィードバックを得る恰好の機会になった。ＬＰＩは、わたしの研究の核心にある点を実際に経験したさまざまな人を代表するような面々を、ひとつの部屋に集めていた。外国人の平和構築者がいて、それに加えてブルンジ、コンゴ、ソマリア、スーダン、その他いくつかの国の現地の活動家がいた。

予想どおり、外国人はわたしの批判にあまり感心せず、介入をやめるべきという結論にはとくに機嫌を悪くした。一方、現地の活動家たちは、わたしの見方を称賛した。わたしはアウトサイダーとして――ほかのアウトサイダーがすでに真剣に耳を傾けている人物として――、ようやく外国の平和構築者に対する彼らの批判に声を与え、インサイダーにも重要なスキルと知識があると主張したからだ。

けれども同じくらい、現地の活動家たちから反発もたくさんあった。「介入者は紛争地帯に欠かせないものをもたらします」とその人たちは言う。「それがなくなってほしくはありません」。その人たちにとって、外部の関与を取り除くのは、恐ろしくて危険な考えだった。その後の数年でさらに研究をつづけるうちに、その人たちの考えが正しいことに気づいた——それに、わたしに異を唱えてくれた人にさらに感謝するようになった。その人たちのフィードバックのおかげで、『ピースランド』ののちの草稿で主張を修正できた。

たしかに、いまの援助制度には問題がたくさんある。たしかに、介入者のなかにはレイプ、拷問、さらには人身売買まで、恐ろしい行為をしている人もいる（ただし、一〇年間で六万人のレイプという告発は誇張されている。国連の行状・規律ユニット（Conduct and Discipline Unit）によると、実際の数はこの一〇年間でおよそ七〇〇件だ）。それにたしかに、そういう犯罪者は厳しく罰せられなければならない。とはいえ、こういう悪人たちが外国人平和構築者全員を代表しているわけではない。その同僚の大部分は、助けるはずの人たちをわざと傷つけたりはしない。大多数は心から最善を尽くしている。わたしの知り合いの介入者はほぼ全員、仕事仲間が犯した非道な行為に激怒している。

暴力の加害者にばかり目を向けていると、わたしの友人ローチ・ムザリワが警告していた罠《わな》にはまる。つまり、黒い点だけ見て、白いキャンバスを無視してしまう。問題、課題、失敗のことで頭がいっぱいになって、外国人平和構築者が正しくやっていること、アウトサイダーが紛争地帯へもたらすあらゆる利益を見逃してしまう。

まず何より、外国人は資金を提供する。どの国でも地域の団体、リーダー、当局者と会うと、いちばんに求められるのが金銭的な支援だ。当然これはわたしだけの経験ではなく、あまりにも顕著なので、ある友人は歩く財布になった気分だと不満を漏らす。でもこの金銭的支援は、決定的に重要だ。国内の多くの平和構築者が、外国のドナーからのお金――トップダウンの事業もボトムアップの事業も、あらゆる規模のあらゆるかたちの取り組みを支える資金――がなければ、自分たちの取り組みは成功しないとわたしに語った。

もちろん、これがうまくいくのは、アウトサイダーがモデル介入者のように振る舞うときだけだ。つまり、自分たちのアイデア、優先事項、解決策を押しつけるのではなく、いつ、どのように資金を使うのかを、現地の活動家に決めさせる。そうしなければ、資金を増やしても逆効果になる。資金が大量に流入したことで、ローカルな取り組みがあと押しされるどころか破壊され、LPIが衰退した悲劇的な話を憶えているだろう――コソボから東ティモールまで、世界中でそんな例を見てきた。

それに加えて、国内の活動家の視点から見ると、外国の平和構築者がよそからアイデアを伝えることも欠かせない。ブルンジでひらかれたLPIのカンファレンスで、『ピースランド』の最初の草稿をもとに報告をしたとき――外国の介入者は単純に身をひくべきだと思っていたころ――、わたしが受けたいちばん強力な反論は、ソマリ人のある女性からのものだった。彼女はとても愛想よく、礼儀正しい人だった。そして、その点であなたは完全にまちがっていると語った。ほかの紛争地帯でうまくいったこととい かなかったことをアウトサイダーが共有するのは、このうえなく重要だ。それによって、彼女自身が取るべき行動についてのアイデアが得られるからだ。アウトサイダーの解決策をコピー&ペーストしたいわけではない、と彼女は説明する。でも、世界のほかの場所でどんな取り組みが成功したのかを知ることで、別のアプローチ、別の切り口《アングル》を考えることができ、やがて自分が直面する固有の課題への創造的な解答を思いつくのだと。

その後も同じ主張を何度も聞いた——わたしがどれだけまちがっていたか、そこに証明されている。たとえば、テオネスト・ブザカレと会ったときのこと。長年、ブザカレは〈マイ・マイ・ニャトゥラ〉(Mai Mai Nyatura)——無数の殺人と虐待を引き起こしたコンゴの武装集団——の幹部を務めていた。ある日、コンゴ人の大修道院長に出会い、一か月にわたって何度も深く話しあって、やがてブザカレは武器を置くことにした。さらにすばらしいことに、彼は自分が傷つけた人たちに赦しを乞い、償いとして平和構築に時間を捧げた。二〇一六年にわたしが会ったときには、戦闘をやめるように昔の同僚を説得しようとしていて、紛争地帯のコミュニティ間の協力関係を回復させようと取り組んでいた。お茶を飲みながら話をするなかで、ブザカレは何度もわたしに語った。国際社会からの支援で何より必要なのは、第一にお金、第二に「ほかの方法、ほかの経験」だと。そしてこう説明する。彼の土地では、「われわれの知識は限られています。でもほかの国へ行ったことがある人なら、ほかの場所で起こったことを教えることができる。視野を広げてくれるのです」。彼の同僚、ベルタン・キバンジャが話に加わった。「わたしにはそれがわからない。ここの出身ですから。ここの人たちのことは知っていて、ここのことならなんでも知っているけど。ほかの種類の知識も必要なんです——外国人の経験が」

ぴったりの例がある。「平和地区」というアイデア——サン・ホセ・デ・アパルタドで見たようなもの——を最初に思いついたのはアウトサイダーだったけれど、これを実行に移す方法は地元の人に決めさせた。それに、憶えているかもしれないけれど、ラスタ危機のとき、ローカルな和平の取り組みへのLPIのひときわ重要な貢献は、ウルベン・ビシムワによるとこうだった。第一に、参加型アクションリサーチの平和構築手法の研修を提供したこと。第二に、お金を出したこと。

ウルベンにとって第三の大きな貢献は、外国人がもたらす高官たちとのつながりだった。LPIの支援がなければ、彼とその同僚たちはコンゴ軍の将校と会えなかった——あるいは面中に危険にさらされていた——だろうと説明する。それに、戦略を変えるように南キヴの平和維持活動のトップと話すことも——ましてや説得することなど——できなかったとも。

紛争地帯で作用している権力差のために、現地の平和構築者は自国の軍事的・政治的な権威から信頼されず、その人たちに接触できないことが多い。外交官や国連職員については言うまでもない。一方で外国人は、草の根の活動家を国内外のエリートとつなげることができる。その意味で介入者は、ボトムアップとトップダウンの取り組みをリンクさせるのに最もふさわしい立場にいる。ＬＰＩがルジジ平野での紛争に取り組んだときに試みたように、地域の問題の国内的・国際的側面に対処する手助けができる。同じようにサン・ホセ・デ・アパルタドの平和地区の住民は、外国人支援者にできる何より有益な貢献は、コロンビア政府および国の機関との連絡係になること――あるいはそれらへ圧力をかけること――だと言っていた。

外国人平和構築者はまた、受け入れ側住民の取り組みへ国際社会の支援を集めるのにも、最もふさわしい力をもっている。ピース・インクの信奉者がモデル介入者の例にならいはじめるまで、その状態はつづく。平和構築者はたいてい同じ文化を共有しているから、同僚たちの共感を呼ぶ重要な主張、説得力あるグラフ、的確なことば、正確な専門用語《ジャーゴン》を知っていて、それを使える。援助の世界の複雑な事務手続きをこなせて、正しい手順によって適切なかたちで支援を要請できる。ウェブサイトでも、ソーシャルメディアでも、ドキュメンタリーでも、最善のコミュニケーション戦略を選べる。ほかの介入者が信用できるようなかたちで調査し、報告書を書き、議論を展開するように活動家を手助けできる。それに、外国人しか使えない場所や情報にもアクセスできる。

お金、アイデア、コネに加えて、アウトサイダーは一定レベルの安全も提供する。たとえば、センシティブな決定を下す責任を引き受けられる。わたしがコンゴで〈国境なき医師団〉の局長代行として働きはじめた初日、軍の部隊がわたしの部下たちにいやがらせをはじめた。賄賂や薬を要求し、ラジオや車を使いたがって、従わなければ同僚たちやその家族を傷つけると脅すのだ。ミッションの長としてのわたしの役目は、そこに割って入り、彼らの要求を拒むことだ。背が高く、筋骨たくましく、怒った将校に、要求には従えないと説明するのは、たしかにとても厄介な経験だった。少し恐ろしくもあった（……少しどころではなかったかもしれない）。でも、そんなことはかまわなかった。わたしの家族は何千キロも離れた安全な場所にいる。それに、もしほんとうにまずい状況になったら、フランスのパスポートをもつわたしは即座に脱出できる。こんな特権を考えると、安定した豊かな国にたまたま生まれたことを信じられないほどありがたく感じる。必要が生じたら、政府と行政がわたしを守ろうとしてくれる。でも同時につらくて、ときどき罪悪感すら覚える。とても多くの知り合いが――現地の仲間、トルコや中国などで生まれた外国人の同僚、フランスでのアラブ系の近所の人たち、アメリカでの有色の友人たちが――、まったく異なる経験をしているからだ。

同様に、アウトサイダーは安全な場所をつくり、紛争中の人たちが流血を恐れずに集まれるようにもできる。リゾルヴやＬＰＩの例で見たとおりだ。武装集団、現地の当局、国の指導者から――つまり平和になったらお金や権力を失うすべての人から――頻繁に受けるいやがらせや圧力、仕返しから、現地の活動家を守ることもできる。悪事に目を光らせている人がいることを、悪さをしかねない人たちにはっきりと示せる。コロンビアでは、そのおかげで平和地区の非暴力へのコミットメントが広く知れわたり、戦闘員は広報上の問題を生む攻撃を思いとどまっている。実際、武装集団は、外国人を受け入れている平和地区とかかわるときには、節度をもって行動する。そういうコミュニティを攻撃すると、評判と信用にマイナスの影響が生じる可能性が高いからだ――このふたつは、彼らにとって損なうわけにはいかないリソースだ。

現地の住民の多くにとって、外国人からの精神的・政治的支援は生死を左右する。サン・ホセ・デ・アパルタドの平和地区のあるリーダーいわく、「国際社会のプレゼンスがあるからこそ、わたしたちは生きて暮らしていけているのです〔…〕端的に言うと、外国人は命ですよ。コミュニティの命です」。これは、ブザカレがコンゴについて語っていたことを彷彿とさせた。「この国に介入者がいなければ、レイプや人権侵害がもっとたくさん起こっていたと思います。人間は動物のように扱われていたでしょうね」

アウトサイダーは、紛争解決の取り組みにかならずしも積極的に関与する必要はない。場合によっては、そこにいるだけで人権侵害の抑止に役立つ。わたしがアフガニスタンとコンゴの〈国境なき医師団〉で働いていたときには、とくに何もしなくても、チームが周囲の住民にある種の保護を提供しているのを目にした。戦闘員は、地元住民に普段しているひどいことをわたしたちに見られたり、わたしたちがそれに反応したりするのをいやがるからだ。サン・ホセ・デ・アパルタドでも、現地の活動家が同じようなことを語っていた。殺害の脅迫を受けている平和地区のリーダーたちのもとに、外国人が週七日、一日二四時間滞在していること自体が、何よりの保護になるのだと。また東ティモールでは、住民は国内の外国人を「ゲスト」と見なす。ティモール人平和構築者のジョッシュ・トリンダーデの説明によると、現地の文化では、ゲストの前でけんかするのは恥ずかしいことだ——それは失礼に当たるらしい。したがって、ただそこにいるだけでアウトサイダーは紛争を抑えられる。

現地の住民はとてもよくわかっている。現地に駐在する介入者は、掩蔽壕《バンカー》〈敵の攻撃から身を守る施設）のような敷地に閉じこもってばかりで、お金とリソースを無駄にしているという批判を数えきれないほど聞いた。でもその後、国連の兵士や援助機関のチームが村を去るかもしれないとだれかがほのめかすたびに、文句を言っていたのと同じ人たちが街頭にくり出し、ときには暴動まで起こす。ボスニア、カンボジア、インドネシア、ケニア、コソボ、スリランカの民間人も、同じような反応を示してきた。アウトサイダーがいるだけで、安心できるのだ。

最後に、人が実際にそこにいることで、お金、車、その他の純粋に物質的な貢献では示せないかたちで、アウトサイダーが現地のことを気にかけているのを示せる。たとえばコロンビアでは、平和地区のなかと周辺に外国人がいることで、現地の活動家たちの信用と自信が高まっている。国際機関が関心をもっているということは、自分たちの取り組みには価値があるにちがいないと思えるからだ。

人間は過ちを犯すもの

アウトサイダーが必要とされるのは、完璧な人などいないからでもある。あらゆる困難をものともせず、コミュニティで平和を築いて維持している住民でさえも、聖人ではない。先に触れたように、あまりにも多くのソマリランド住民が、女性は二流の市民で単なる所有物だと見なしている。イジュウィでは家庭内暴力がはびこっていて、ほとんどの住民がピグミーの隣人にひどい態度で接している。これは驚きではないはずだ。一般市民も地域や国の指導者と同じぐらい暴力的で、憎しみを抱いていて、偏見に満ちていて、腐敗している可能性がある。だれより軽蔑する大統領、首相、野党の指導者と同じぐらいひどい振る舞いをする近所の人や知り合いを、みんなあげられるはずだ。

さらに言うなら、紛争が起こっている場所の出身であることによって、インサイダーはアウトサイダーが経験しなくてすむ困難に直面する。戦争の環境にたいていついてくる貧困と失業から逃れようとする親類から、仕事、お金、その他のサービスを頻繁に要求されるのだ。この種のプレッシャーは、贔屓《ひいき》や腐敗につながることが多い。武装集団や政治指導者は、家族を脅迫するといった手段を使っていつも地域の住民を恐喝し、要請に従わせようとする。それにだれもが知っているように、自分自身に影響が降りかかる紛争に直面すると、客観的で、冷静で、礼儀正しく、丁重でいるのはとてもむずかしい——これらはまさに、調停者に望まれる性質だ。

こういう状況のなかでわたしは、外国人が効果的に介入するのを目にしてきた。たとえばある友人は、アフガニスタンの非政府組織で財務・管理コーディネーターの職についた——現地の職員だったら、友人や家族を雇うように尋常でない圧力を受ける仕事だ。別の知り合いはコンゴのヒューマン・ライツ・ウォッチの代表になり、また別の知人はコンゴで平和維持活動の政治情勢部長になった——どちらもコンゴ人の職員なら、政府や武装勢力の指揮官に逆らうと報復される心配のある仕事だ。

草の根組織は、戦争や暴力を終結させる特効薬でもない。国際社会の失敗談をたくさん聞いてきた（それにこの本で語った）けれど、ローカルな取り組みがうまくいかなかった例も同じぐらいたくさん目にしてきた。

紛争地帯には〝ブリーフケースＮＧＯ〟が無数にある。和平や援助の仕事に実際に携わることはなく、お金を稼ぐ（あるいは流用する）ためにつくられた非政府組織のことだ。政治集団や武装集団のフロント組織もある。わたしがよくあげる例が、直訳すると〈すべては平和と開発のため〉（Tous Pour la Paix et le Développement）という名の団体だ。表向きはコンゴ東部でコミュニティの和解、土地紛争の解決、道路、学校、医療センターの建設を促進するとしている。でも実際には、二〇〇〇年代はじめに何年ものあいだ援助資金を流用し、地元のエリートを取りこんで、武器を民間人と軍人へ配給することで、ユジーン・セルフリ知事が北キヴ州の支配をつづけられるようにしていた。コミュニティの和解も何もあったものではない。

　さいわい、大多数のローカルな組織が実際に平和と開発のために仕事をしているけれど、それでも完璧からはほど遠い。腐敗と横領は草の根の団体でも海外の団体と同じぐらいありふれている。その影響も同じぐらい深刻だ。コンゴでＬＰＩが迎えた悲しい結末を憶えていたらわかると思う。

　したがって、アウトサイダーが現場にいて、支援に値する地元グループを見分ける手助けをすることが欠かせない。ブリーフケースＮＧＯではないのはどこで、訓練を受けた有能で誠実でまっとうなスタッフがいるのはどこで、憎しみではなく平和を実際に促進するのはどこか。ただしそのアウトサイダーは、正しい判断を下せるように、地元の政治、習慣、物語、歴史を徹底的に熟知している必要がある。

前へすすむ道

外国人の平和構築者は、紛争地帯の住民にさまざまなものを提供できる。肝心なのは、現地の住民が必要としているとこちらが思いこんでいるものではなく、住民が実際に必要としているリソースやスキルに焦点を合わせて、本物の貢献をすることだ。それに、典型的なピースランドの住人として振る舞いつづけてはいけない。

和平の取り組みを成功させるには、インサイダーとアウトサイダー両方の知識、視点、人脈、強みを活用しなければならない。よりよい平和構築にとって鍵になるのは、単純に「古いものを追い出し、新しいものを取り入れる」ことではない。効果があるとすでにわかっていることをいっそう強化して、効果がないものを最小限にすることだ。その際には、紛争地帯で別の生き方と働き方を見つけたすばらしい人たちを思いだすと役に立つ——リーマ、ヴィジャヤ、ケア、アレクサンドラ、デオ、ピーター、ウルベン、ジェイムズ、バーヌ、その他大勢の活動家のような人たちを。

必要なのは、思いこむことではなく尋ねること。導くのではなく従うこと。支配するのではなく支援することだ。こうした原則を学べば、どんな紛争解決の取り組みにも応用できる——わたしたちの近所での取り組みにさえも。

第七章　自国の前線

戦争に引き裂かれた場所での教訓が、そんな環境で暮らしたり働いたりしていない人の役に立つのかと思うかもしれない。そもそも、フランスやアメリカのギャングの抗争、テロ攻撃、家庭内暴力は、アフガニスタンやコンゴの戦闘、大虐殺、拷問とはちがうと考えるかもしれない。たしかにちがうけれど、それらの現象はつながっている。根本にあるものは多くの場合同じで、さらに重要なことに、解決策も同じだ。

家でも、近所でも、紛争地帯でも、暴力にさらされている人は、当人もはるかに加害者になりやすい。ギャング、銃撃、殺人にかかわる人には、虐待の被害者がひどく多い。わたしが好きなアメリカの平和構築組織のひとつ、〈キュア・ヴァイオレンス〉によると、暴力は「感染する」。

わたしも個人的にそれを証言できる。最初に父の話をしたのを憶えているだろうか――フランスの公共ラジオ局で働いていて、世界中の戦争を伝えていた父。悲しいことに、目にした恐ろしいこと、直面した困難のために、父は心の健康を損ねていた。その結果、父が持ち帰った暴力は、父が語る話のなか、わたしにくれる録音テープのなかにとどまることはなかった。それは母とわたしへの振る舞いにも姿を現した。

父が帰宅するやいなや捕らわれる恐怖心、わたしたちを怒鳴りつける父の声、わたしたちが震えあがっているときの父の目、侮辱のことばを受けたときに感じる恥ずかしさ、父に触れられたときの身体の緊張を、いまも憶えている。父の振る舞いは予想不可能だった。愛情があり、感じがよくて、元気を振りまいていると思ったら、次の瞬間には恐ろしい人になる。

一〇歳のとき、ようやくわたしは反撃できるだけの強さを手に入れた。父に抵抗し、やがて母を助けて父の虐待を終わらせた。そこから自然な流れで、まわりの人を守ろうとするようになった。高校では〈SOSラシスム〉（フランス最大の反人種主義組織）の学生部に加わった。抗議やストライキを組織することを学んで、全国の指導部委員会に加わった。

わたしは運動に救われた。トラウマを負った子どもは、大きくなるとほかの人や自分自身に暴力的になることが多い。困難な数年を過ごしたのち、わたしは全力を注いであらゆる暴力に対抗するようになった。その後、これはよくある対処法なのだと気づいた。ほかの人の世話をするのは、自分の不安を乗りこえる強力な手段になる。

仕事をするなかで徐々にわかってきた。どれだけつらかったとしても、わたしが子ども時代に経験したことは、暴力の被害に遭っている多くの人の経験と比べたら、なんてことない。わたしの場合、身体的な暴力をふるわれることは、たまにしかなかった。安全な場所（学校、祖父母の家など）へ逃げることもできた。それに、最終的に試練はすべて終わった。それとは対照的に、虐待の逃れられない印である傷を負った身体をたくさん見てきた。逃れる場所がない人にもたくさん会った。自分が暮らすトラウマティックな状況から逃れられない、とてもたくさんの人のことが気にかかるようになった。

その人たちのことを考えるたびに、くる日もくる日も、四六時中怖がっていた感覚を思いだす。無意識のうちに感情移入する。八方ふさがりで、終わりがなく、ひとりぼっちで、だれも気にかけてくれないと思うのがどんな感じか、わたしにはわかる。いまでは抜け出したけれど、どこかでだれかが同じことに直面していると考えると、耐えられない。

不幸なことに、一見平和な国にも暴力ははびこっている。地球上の殺人の大部分は紛争地帯の外で起こっている。殺人率が世界で最も高い三〇か国のうち、戦争が進行しているのは半数にすぎない。ヨーロッパと北アメリカでは銃乱射事件が多発するようになり、ユダヤ人、イスラム教徒、移民への攻撃、そして有色の人びと《ピープル・オブ・カラー》に対する警察の暴力も頻繁に起こっている。この数年間、（わたしを含めて）多くの介入者がアメリカ、フランス、スウェーデン、近隣諸国でのいまの出来事に同じような反応を示してきた。社会での緊張の高まり、対立を生む世論、政敵の悪者扱い、選挙で選ばれた公職者への不信感、動揺の高まり、警察による暴力——すべて戦争地帯で目にするものを彷彿とさせる。

さいわい、平和へ向けた仕事もたくさんすすんでいる。地域の活動家はそれを別の名前で呼ぶかもしれない——「社会的正義《ソーシャル・ジャスティス》」「コミュニティ・エンパワメント」「ギャングへの介入（gang intervention）」など——けれど、どれも本質的には暴力に立ち向かう取り組みだ。

ただし、国内のプログラムの多くも、国際的な和平の取り組みと同様の問題を抱えている。最初にそれに気づいたのは、LPIのスタッフ、ケイト・ブルサードと話したときだ。

アウトサイダーが主導権を握ると――現地の人のために取り組みを設計したり、現地の人の代わりに発言や行動をしたりすると――、ケイトは怒る。それどころか、お茶を飲みながらこのありふれた振る舞いについて話しただけで、いつもは穏やかなこのアメリカ人女性が声を荒らげ、やさしいまなざしが厳しくなって、落ちついた物腰が消え、あからさまに興奮した。これは明らかに彼女の感情に触れる話題だったのだ。「わたしはニューオリンズ出身だから」とケイトは言った。そして、二〇〇五年にハリケーン・カトリーナのために自宅が破壊されたときのことを説明した――この災害では街の八〇パーセントが水に浸り、一八〇〇人をこえる住民が死亡した。「まるで全世界が集まってきて、再建のしかたを教えようとしてるみたいに感じた」。それに「被災地ツアー」で人がやってきて、ケイトの一家が家を解体しているのをじろじろ見てきたことにも憤慨した。「アフリカではそれがいつも起こってる」と彼女は締めくくる。「わたしはそれをほかの人にしたくない」

だからこそ、ケイトはLPIで働くことにした。彼女がこの組織を初めて知ったのは、大学で受講していた授業でわたしの著書、『コンゴの問題』についてのレポートを書いたときだ。あらかじめ計画したプログラム――破壊された街でティーンエイジャーのときに目にし、いやでたまらなかったもの――をLPIが押しつけないのに、好感を抱いた。LPIは紛争の影響を最も受けている人の声を最優先させる。ケイトはスウェーデンに移住するなんてまったく考えたことがなかったけれど、本部で一時的に出た欠員を埋めるオファーを受けて、イエスと答えた。九年経ったいまもそこにいる。

　ケイトには目標がある。いつか故郷のニューオリンズへ戻り、ＬＰＩで働いているあいだに学んだことを使って、コミュニティの暮らしを向上させる手助けをすることだ。

　ケイトのように、本書で取りあげたロールモデルの多くが、まさに故郷から旅をはじめた――オーストラリア、フランス、トルコ、アメリカから。そしてケイトと同じように、故郷で旅を終えることもできる。実際、ＬＰＩ、グローバル・ピース・ファウンデーション、パデュー平和プロジェクトなどの組織はいま、外国で学んだ教訓をスウェーデンやアメリカへ持ちこんでいる。

　数年前、本書に何度も登場したノーベル平和賞受賞者、リーマ・ボウイーがわたしの働く大学に加わり、戦争地帯で得た平和構築の知見をアメリカに応用するプログラムを立ちあげた。リーマはわたしのスーパースターだ。二〇〇〇年代はじめ、祖国リベリアが戦闘によって破壊されるなか（二五万人が殺害され、一〇〇万人が場所を追われた――戦前の人口が二〇〇万をわずかにこえるだけの国での話だ）、彼女は近所の人たちと手を組んで、停戦と和平協議を求めた。リーマたちの取り組みは、やがて巨大な女性運動になり、街頭抗議、座りこみ《シットイン》、徹夜のデモ――それにセックス・ストライキ（パートナーが要求を聞き入れるまで禁欲すること）――をおこなって、最終的に指導者たちに和平協定を結ばせた。

　現在リーマは、リベリアで戦争を終結させるのに役立ったのと同じ戦略を使って、世界中で

ホワイトボードの横に立ち、仲間の活動家たちにローカルな平和構築技術について説明するリーマ・ボウイー。明るい笑顔と好奇心でいっぱいの目をしていて、色鮮やかな服を身にまとうリーマは、すばらしい講演者だ――彼女が話をすると、聴衆はいつも魅了される＝写真提供：Natalia Mroz for the Columbia University Program on Women, Peace, and Security, 2020

暴力に歯止めをかけている。たとえばアメリカでは、女性団体が性的虐待、人種間の緊張、公正を欠いた国外退去の強制、大量投獄と闘うのを支援している。それと並行して、草の根の平和活動家のグローバルなネットワークを築き、互いに学びあって、型にはまらないアイデア、効果的なアプローチ、成功事例《ベストプラクティス》を共有している。わたしのクラスに話をしにくると、学生はいつも刺激を受け、自分も何かしたくなる。リーマは強く、勇敢で、決然としている――それにウィットまである！

あなたはどうだろう？　まわりの紛争に対処するのを手助けしたい？　個人的《パーソナル》なものでも公的《パブリック》なものでも、ローカルなものでもグローバルなものでも。もしそうなら、この本をひらいた瞬間にはじまった旅は、あなたのいる場所でもつづけられる。

うまくいくことに集中する

人が否定的《ネガティブ》なことをあれこれ考えるのは、戦争で引き裂かれた場所にかぎらない。人はどこでもそれをする。わたしのフェイスブックのフィードには、憤慨した友人や家族が語る悲惨な話があふれている。テレビのニュースはあまりにも憂鬱《ゆううつ》で気が滅入るから、観るのをやめた。

この本を書きながら、まさにうってつけのタイトルがついた本、レベッカ・ソルニット『暗闇のなかの希望』〈井上利男、東辻賢治郎訳、ちくま文庫〉の励みになるメッセージを何度も思いだした。つまり、ポジティブな影響を感じられるまでに長い年月がかかるとしても、活動家たちは世界中でたくさんの勝利を収めてきた。いまはそうした成果にもっと目を向け、まねすべきときだ。紛争地帯と同じく自分の国でも、問題、課題、失敗にこだわるのではなく、うまくいくことを土台に前へすすむべきだ。

口で言うほど簡単でないのはわかっている。締めくくりとなる本章のために調査をするあいだ、わたしはこの本の最初で語ったのと同じ経験をした——ヴィジャヤと出会うことで終わりを告げた経験だ。ずいぶん長いあいだ、わたしはフランス、アメリカ、その他の欧米諸国で、平和構築の成功事例を必死に探したけれど、うまく見つけられなかった。ＬＰＩやリゾルヴのような仕組みで動き、すばらしい成果をあげている組織はあった。それらの組織は、さまざまな問題にボトムアップの解決策を示していた。けれども、それらが目を向けるのは、平和とは関係のない問題（たとえば経済的な幸福度など）だった。無能な組織もいろいろあり、その多くはピース・インクの国内版を使って暴力に対処しようとしていて、アウトサイダーがやってきてはインサイダーにやるべきことを指図していた。

さいわい、バーナード・カレッジのふたりの同僚（銃の政治《ガン・ポリティクス》の専門家マット・ラコームと、ギャング問題の専門家エドゥアルド・モンカダ）がわたしの草稿を読んで、アメリカのさまざまな都市で銃撃に歯止めをかけた取り組みに目を向けるよう助言してくれた。わたしにとっては、それが驚きの発見となった。そうした成功事例について読めば読むほど、関係者に話を聞けば聞くほど、本書で語った効果的な和平の取り組みと驚くほど似ている点が見つかった。

長年、銃による暴力はアメリカで非常に大きな問題になっている。毎年一一万七〇〇〇をこえる人が撃たれ、およそ三万三〇〇〇の死者が出ている。銃による負傷は、アフリカ系アメリカ人男性のおもな死因だ。その影響を受けている地域――たいてい貧しいマイノリティのコミュニティ――の住民が日々の生活について語るのを読むと、戦争に引き裂かれた場所で耳にする話を思いだす。シカゴのある母親は、窓から飛んでくる銃弾を避けるために床で寝ている。ニューオリンズの少女には、「人生でひとつだけ、大きな目標がある」。それは「高校を卒業するまで生きのびること」。銃撃犯とその被害者は、たいていギャングに所属している。ギャングはゆるく組織化された武装集団で、民族によってまとまっていることが多く、特定の縄張りを支配しようとする――コンゴの武装集団とまさに同じように。それにコンゴの場合と同じで、戦闘員は銃撃をするだけではない。刺したり、拷問したり、誘拐したり、レイプしたりもしていて、銃がありとあらゆる虐待を可能にしている。

この問題への標準的な対応は、アウトサイダーとトップダウンの介入に頼るピース・インクのやり方を彷彿とさせる。国の首都と州都で動く政治家が、いちばんの解決策だと自分たちが考えるもの――抑圧と刑罰――をもとに政策をつくる。ソーシャルワーカーが警察、司法、情報機関《インテリジェンス》の関係者――ほとんどが白人、中間層、高い教育を受けた人――とともに、こうした戦略を現場で実行に移す。その結果、大量投獄が起こり、民族的《エスニック》マイノリティのあいだで疎外感が高まって、さらなる暴力と銃撃を引き起こす。

他方で〈キュア・ヴァイオレンス〉や〈リヴ・フリー〉といった組織は、信じられないほどの効果をあげている。複数の独立した評価によると、リヴ・フリーはボストン（マサチューセッツ州）、シンシナティ（オハイオ州）、オークランド（カリフォルニア州）といった大都市圏で、殺人を三〇から六〇パーセント減らした。キュア・ヴァイオレンスはアメリカの二〇をこえる都市の暴力多発地域で仕事をし、銃撃と殺人を最大七三パーセント減らした。最近はほかの国にも活動を広げていて、同じく驚くような成果をあげている。ケープタウンのハノーヴァー・パークのコミュニティ（南アフリカ）では銃撃が五三パーセント減り、ポート・オブ・スペインのラヴェンティル地域（トリニダード）では暴力が四五パーセント削減されて、クッカム・ウッド刑務所（イギリス）では集団での攻撃が九五パーセント減った。理由は？　キュア・ヴァイオレンスとリヴ・フリーのネットワークは、どちらも紛争地帯で平和をうながすのと同じ原則を使っているから。インサイダーに頼って、ボトムアップで仕事をすすめているからだ。

外から内へ

あまりにも多くの場合、母国の活動家もピースランドの大部分の住人と同じ罠にはまっていて、受益者として想定される人にスキルや専門知識が欠けていると思いこんでいる。教育を受けていなかったり、若かったり、貧しかったり、失業中だったり、社会の隅にいたりするからだ。それとは対照的に、成果をあげている個人と組織は、ピース・インクの歯車のようには振る舞わない。過剰に自己主張はしない。インサイダーのために決断を下しはしない。インサイダーのために行動したり語ったりもしない。自分たちのほうが物知りだとも思わない。

そうする代わりにその人たちは、リーマ、ヴィジャヤ、ケア、デオ、ウルベン、ピーター、バーヌのように動く。耳を傾ける。丁重で謙虚だ。後部座席に座り、余計な干渉はしない。手助けしたい相手の専門知識を土台にし、当事者にみずから問題を分析させて、その後、最善の解決策を選ぶ。地域や国のエリートだけでなく一般市民も巻きこむ。そして外部のドナーに応答するのに加え、そうした人たちにも可能なかぎり説明責任を果たそうと努める。

たとえばキュア・ヴァイオレンスのモデルでは、プログラムが実行されるコミュニティが主導権を握る。市（あるいは地元組織）が資金を受けとり、プロジェクトを実施して、「暴力阻止担当者」と「アウトリーチ支援員」をすべて雇用する。キュア・ヴァイオレンスのスタッフが提供するのは、手引き《ガイダンス》と研修《トレーニング》だ。核になるどの原則が成果をあげていて、それはなぜなのかを説明し、有能な職員を見分ける手助けをして、問題が起こったときに対処するために控えている。このように地域コミュニティのリーダーと住民がプログラムを自分たちで動かし、キュア・ヴァイオレンスは全体的な戦略に影響を与える。

　この戦略の核を担うのが「信用できるメッセンジャー」、つまり手助けしようとする相手と似た背景をもつ人たちだ。キュア・ヴァイオレンスの科学・政策担当上級部長、チャーリー・ランスフォードの説明によると、信用とは、見た目がそれっぽい（特定の人種や民族の出である）、しかるべき住所にいる（同じコミュニティで暮らしている）、共通の人生経験がある（たとえば刑務所で過ごしたことがある）といったことだけではない。これらはどちらかといえば表面的な特徴で、役に立ちはするけれど、それだけでは暴力の防止に効果をあげるメッセンジャーにはなれない。信用とは、尊敬され、影響力をもっていることだ。人びとが耳を傾け、実際に行動を変えさせるような話ができることだ。

　キュア・ヴァイオレンスがシカゴのウェスト・ガーフィールド・パークで最初のプロジェクトを立ちあげたとき、暴力阻止担当者のひとりは、かつてその地域で麻薬取引を仕切っていた人物だった。もうひとりは、地域の有力ギャングの元リーダーだ。このふたりには社会的地位《ステータス》があり、その地域へ足を運べば、みんなが耳を傾ける。同じように、キュア・ヴァイオレンスがボルティモアへ活動を広げたときには、ネイサン・〝ボディ〟・バークスデールを雇った。更生した麻薬密売人で、かつてはきわめて悪名高く、テレビドラマ《THE　WIRE／ザ・ワイヤー》のモデルにもなった。

こうした信用できるメッセンジャーの役目は、暴力的な紛争を見つけて、可能であればそれを阻止し、あるいは解決して、エスカレートしないようにすることだ。そのために、これらの活動家は深刻な犯罪に最も関与しそうな人物を特定し、その人たちとたくさん時間を過ごして、関係する社会サービスへつなぎ、生活を変えるように説得を試みる。キュア・ヴァイオレンスの暴力阻止担当者は、問題が起こったらいつでも手助けできることを全住民に周知してもいる。そして聖職者、地元の事業主、学校監督者、政治指導者、非営利組織の管理者などを結集させ、コミュニティはこれ以上暴力を黙認しないというメッセージを広げる手助けをする。

これがどんな仕組みで動くのか、典型例をひとつあげたい。ある日シカゴで、ひとりの母親がこんな話を聞きつけた。ティーンエイジャーの息子が、友だちを殺した敵のギャングに復讐する準備をしているという。キュア・ヴァイオレンスがなければ、彼女はつらいジレンマに直面していただろう。息子が殺人犯になるのを（そして場合によってはその過程で怪我をしたり殺されたりすることを）許すのか、あるいは警察に通報するのか（その場合、息子は刑務所行きになり、逮捕に抵抗したら撃たれる可能性もある）。でもキュア・ヴァイオレンスのおかげで、母親には三つ目のはるかにいい選択肢があった。電話をすると、地元の暴力阻止担当者がやってきて、息子を落ちつかせようと一時間にわたって話をした。殺人は悪いことだと諭《さと》したわけではない――そんなことはすでに知っている。彼の感情、とくに友だちが殺されたことへの怒りを受けとめて、計画していた銃撃を実行に移したら何が起こるかを説明したのだ。「やつらは戻ってきて、さらにきみの友だちを殺すだろう。きみも仕返しをして、結局おれみたいになる。

二〇年刑務所で過ごしたんだ。そのせいでおふくろの葬式にも子どもの卒業式にも出られなかった」。さいわい息子は計画を考えなおすことにした。そこで活動家は、対立の根本に何があるのかを解明しにかかった――今回の例では殺人だ（ほかの例では、未返済の借金や強奪などかもしれない）。そして敵対者の側へ行って話をし、何度も行き来したのちに、ようやくすべての関係者が満足する平和的な解決策を見いだした。

キュア・ヴァイオレンスと同じように、数多くの団体が、インサイダーを運転席に座らせるアプローチが成功の秘訣だと認めている。リヴ・フリーのネットワークは、市の職員、宗教指導者、地元の法執行機関の関係者に加えて、銃による暴力の被害者、被害者の親、元加害者にも頼っている。〈ギャングスライン〉（イギリス）、〈ア・ベター・LA〉と〈ギャング・レスキュー・アンド・サポート・プロジェクト〉（アメリカ）のプログラムは、元ギャングが運営している。元ギャングが当事者同士の語り合い《ピアミーティング》、研修、ワークショップをひらいて、危うい状態にある若者を説得し、暴力に近づかないようにさせているのだ。同じ生活を送り、同じ不安と混乱を経験して、やりなおすことが何を意味するのかよく知っているからこそ、成果をあげるのに必要な信頼と信用を築ける。

一方、アウトサイダーと国の機関に頼ると、実際にはさらに悪い結果を招きかねない。フランスやアメリカといった国では、問題が起こるとたいていの市民は反射的に警察へ通報する。けれども、有色の人たちへの差別がはびこっていることをふまえると、これはかならずしも最善の解決策とは言えない。警察官が関与すると、紛争が解決されるどころか、瑣末《さまつ》で局所的な問題にとどまるはずのものがエスカレートすることが頻繁にある。ミネアポリスのジョージ・フロイドやファーガソンのマイケル・ブラウン（いずれもアメリカ）、パリのアダマ・トラオレやナントのアブバカー・フォファナ（いずれもフランス）のように、武装していない市民の死につながることがあまりにも多い。でも、こうしたローカルな問題に対処する方法は、ほかにもたくさんある。たとえば、地元の経済界と協力して安全な避難場所を設け、危険な状況にいる人が逃げこめるようにしたり、（キュア・ヴァイオレンスがしているように）コミュニティのなかでネットワークをつくり、警察が関与しないかたちで介入したりというように。イジュウィやソマリランドと同じように、欧米社会でも、これらの日々の行動が効果的な紛争緩和に役立つことがある。

最後にひとつ、インサイダーを運転席に座らせるのがこのうえなく重要な理由がある。コンゴで平和と民主主義のどちらかを選ばなければならず、イスラエルとパレスチナ自治区で平和と正義のどちらかを選ばなければならないときに、人びとが直面する道徳上のジレンマを思いだしてほしい。母国でも、よきことはすべて同時にやってくると主張するのではなく、ときにはむずかしい選択を迫られることを認めなければならない。自分の国が、住民の一部――有色の人、LGBT+コミュニティの人、移民の家系の人――を抑圧するとき、市民として法律を守り、安定を守るのがいちばんか、それとも暴力を呼ぶリスクを冒して反抗し、正義と平等のために闘うのがいちばんか。アメリカでは、あらゆる代償を払っても言論の自由を守るべきか、それとも過激論者が黒人、先住民、LGBT+、ユダヤ人、イスラム教徒、ラテン系の市民への憎悪と攻撃を焚きつけるのを防ぐべきか。自分の国でも外国でも、問題が何であっても、こうした決断の結果を引き受けて暮らす人こそが選択をするべきだ。

トップダウンとボトムアップ

紛争地帯でわたしが学んだほかの教訓も、表面上は平和な社会でおこなうあらゆる反暴力の取り組みに役立つ。国内の活動家の多くが、国政選挙や州の政策といったトップダウンの変化に取り組みを集中させている――そして、目標を達成できなかったら絶望する。エリートと仕事をするのももちろん重要だけれど、すでにみなさんも知っているとおり、近所の人たちと仕事をすることも同じぐらい大切だ。ボトムアップの活動は、コンゴやコロンビアのような場所だけでなく、戦争が起こっていない国の社会も分断している人種、民族、宗教、政治の問題に対処するのにも役立つ。

たとえば、世界中で増えている憎悪犯罪《ヘイトクライム》。クライストチャーチ（ニュージーランド）で五〇人のイスラム教礼拝者が、ピッツバーグ（アメリカ）で一一人のユダヤ人の会衆が、ウトヤ島（ノルウェー）で若者の集まりに参加した七七人が殺害された。これらは、過去一〇年間にオーストラリア、ヨーロッパ、北アメリカで白人至上主義者が起こして死者が出た四〇〇をこえる襲撃事件のなかの、わずか三つにすぎない。

クリスチャン・ピチオリーニも、かつてはそういう過激論者のひとりだった。彼の回想録を読み、その後、彼と話をすると、コンゴ、イスラエル、東ティモール、その他の戦争に引き裂かれた場所の戦闘員たちとの話し合いを思いだした。白人至上主義者は、自分はマイノリティ集団（黒人、ラテンアメリカ系、ゲイ、ユダヤ人）に脅かされているコミュニティ（この場合は白人）の一員だと思っていて、自分たちの存在そのものと生き方を守るために暴力を使わなければならないと思いこんでいる。本人たちに言わせると、「人種戦争」を戦っている。

髭をはやしたたくましい男で、やさしい目をしてタトゥーをたくさん入れているピチオリーニは、一九八七年に一四歳でネオナチ集団〈シカゴ・エリア・スキンヘッズ〉に加わった。やがてリーダーになり、不満を抱く若者の集まりだった同グループを、アメリカのなかでもひときわ暴力的なヘイト運動に育てるのにひと役買う。リーダーになって数年後、ピチオリーニはホワイト・パワー・ミュージックを売る店をひらいた――彼の運動のおもな収入源のひとつだ。けれども、すぐに気づいた。店をつづけるには、扱うジャンルを広げなければならない。そうして、彼の先入観を揺るがす客たちに会うようになった――黒人、ゲイ、ユダヤ人、イスラム教徒で、自分に向けてくれるはずがないと思っていた思いやりを示してくれる人たちだ。そして自分が手を貸してつくりあげた運動に幻滅し、ギャングの抗争で友人たちを失ってショックを受けて、妻と息子たちの面倒をもっときちんと見たくなった。そこで（一九九六年に）ネオナチ運動をやめ、さらにほかの人が過激派集団を抜ける手助けをすることで償いをすることにした。

それに取り組むにあたっては、彼自身の個人的な来歴、そうした運動に加わる理由についての深い理解、白人過激主義に対抗する数少ない既存組織（とくに〈エグジット・スウェーデン〉と〈エグジット・ジャーマニー〉）の経験を活かした。ピチオリーニは手を差しのべたい相手と個人的な関係を築き、たくさん時間をかけてその人たちの話を聞いて、雇用支援からメンタルヘルスの治療まで、生き方を変えるのに必要なリソースとつないでいる。この活動はかなりの成果をあげていて、すでに四〇〇人近くの過激論者を説得し、ホワイト・パワーのイデオロギーを捨てさせた。

彼だけではない。アフリカ系アメリカ人のブルース・ミュージシャン、ダリル・デイヴィスの例を見てほしい。デイヴィスは国務省職員の息子で、世界を転々としながら子ども時代を過ごし、いつも多人種、多文化の環境にいた。アメリカへ帰国して初めて人種主義《レイシズム》に出くわして、会ったこともない人を憎める人がいるのを知り、そのときの混乱をずっと忘れられなかった。大人になると、自分の才能――音楽への情熱と人の話を聞く力――とコンサートでの交流の機会を使って、人種間関係の向上に取り組むことにした。この三〇年間で、デイヴィスは何十もの人を説得して〈クー・クラックス・クラン〉を脱退させた。どんな方法で？　白人至上主義者と幅広く話し、友だちになって、長い時間をかけて、やがて憎しみを捨てるように納得させることで。つまり、ピチオリーニが白人至上主義運動を抜ける際にとても重要な役割を果たした、思いやりを示すことによってだ。

デイヴィスとピチオリーニにとっては、まさに自分と意見が異なる人たちとかかわりあったときに、変化が起こる。彼らのように、それに本書で取りあげた紛争地帯の住民――北アイルランド、ボスニア、イスラエルとパレスチナ自治区の人たち――のように、こちらを忌《い》み嫌う人たちや、こちらが憎しみを抱く相手と非公式に交流するだけで、大きく前へすすめる。スポーツチーム、宗教団体、芸術協会、労働組合《ユニオン》――これらはすべて、共通の土台をつくりはじめるのにふさわしい場所だ。いい例がある。研究によると、人気のサッカーチーム〈リヴァプール〉のエジプト人フォワード、モハメド・サラーの活躍によって、イギリスではリヴァプールの街全域で反イスラム教徒の言説とヘイトクライムが減ったという。

だれもが自分のいる環境で問題に対処するのに役立つスキル、知識、ネットワークをもっている――コロンビアやコンゴとまさに同じように、戦争が起こっていない場所でも。みんなどこかのインサイダーだ。だからイジュウィ、リベリア、ソマリランドの住民と同じように、自分たちの文化のなかで緊張を緩和するのに役立つ要素を、だれもが足がかりとして使える。

わたしが知るどの宗教にも、自分たちと同じように隣人を愛するように導く教えがある。アメリカでは、リヴ・フリーのネットワークに参加する人は、「信仰者」としてのアイデンティティを活動の土台にしている。その人たちの考えでは、「何より神聖なテキスト」――律法《トーラー》、聖書、クルアーンなど――は、銃暴力に火をくべる「レイシズム、暴力、経済的搾取」に反対している。

どの伝統にも、平和の促進に役立つ特徴がある。たとえば〈非暴力研究所〉(Non-Violence Institute)のスタッフは、マーティン・ルーサー・キング・ジュニアの教えを使って、プロヴィデンスとシカゴでギャングの抗争を防いでいる。さらに遠いところでは、チェラン(メキシコ）の住民はかつて、日常的に恐喝、殺人、誘拐に直面していた。犯罪集団と結びついた違法伐採者が共用の森を荒らし、人びとのいちばんの収入源を徐々に破壊していた。そこで二〇一一年、住民――大部分が先住民プレペチャの貧しい人たち――が立ちあがった。腐敗した自治体職員を追放し、独自の市民会議と地域の警察をつくる。そして先住民の法律、習慣、規範を使って秩序を維持した。やがて住民たちは、犯罪組織と州の警察をどちらも遠ざけることに成功する。町での殺人と重大犯罪の発生率はゼロになった。

家族の絆《きずな》を使って暴力を減らすこともできる。カラカス（ベネズエラ）では、女性たちが抗争中のギャングに所属する息子に圧力をかけ、ほかの母親と団結して和解の取り決めを話しあわせて、実行させている。シカゴのサウスサイド（アメリカ）では、周囲であまりにもたくさん血が流れるのにうんざりした女性の一団が、すばらしい考えを思いついた。折りたたみの椅子をもって街頭へ出て、何時間もずっと座っていることにしたのだ。自分の母親の前で人を殺したい人はいないから、コミュニティでの銃撃は少しずつ減っていった。そうして、〈無意味な殺人に反対する母親／男たち〉（Mothers/Men Against Senseless Killings）の会が誕生する。

ボトムアップの行動によって、ソマリランドで大きな変化が起こったように、欧米での同じような取り組みの成果も、局所的なものにとどまるとはかぎらない。少人数の女性参政権論者《サフラジェット》のおかげで、一九二八年にイギリスの全女性が投票権を獲得した。一九六〇年のノースカロライナ州グリーンズボロでは、四人のアフリカ系アメリカ人学生が〈ウールワース〉〈小売りチェーン〉のランチ・カウンターで食事の提供を断られたあとに立ち去るのを拒み、それをきっかけに全国で抗議に火がついて、やがて法律上の人種隔離の終結へ道をひらいた。草の根の抵抗運動は、インドでイギリスの支配（一九四七年）、チェコスロヴァキアで共産主義（一九八九年）、南アフリカでアパルトヘイト（一九九四年）、ユーゴスラビアでスロボダン・ミロシェヴィッチの独裁政権（二〇〇〇年）、チュニジアでジン・エル・アビディン・ベン・アリの専制（二〇一一年）も終わらせた——それに、リーマの話を憶えていると思うけれど、二〇〇三年にはリベリアで戦争も終結させた。

とはいえ、表面上は平和な場所でも、戦争地帯と同じように、ボトムアップとトップダウンの取り組みを組みあわせることで、最善の結果を出せることが多い。たとえばアメリカで銃の問題に取り組むために、キュア・ヴァイオレンスとリヴ・フリーはどちらも活動を広げ、草の根にとどまらない仕事をしている。ほかのさまざまな組織と手を組み、市、州、連邦レベルで政策改革のために闘って、銃購入者全員の身元確認、銃購入の免許制、最低年齢による規制、大容量弾倉《マガジン》の禁止といった措置を求めている。トップダウンとボトムアップ、両方の戦略の恩恵を受けたカリフォルニアのさまざまな町では、銃による暴力が激減した。

平和構築だけでなく、あらゆる運動が、トップダウンとボトムアップの行動を組みあわせたときに最もうまくいく。たとえば二〇〇〇年代のフランスとアメリカで、環境保護へのアプローチが異なっていた例を考えてみてほしい——フランスからアメリカへ引っ越したときに、わたしが混乱したことも。パリで育ったわたしと友人たちは、地球を守るのは政府の責任だと思っていた。わたしたちの役目は、国内外で環境保護を推進する、環境にやさしい政党に投票することだ。わたしたちから見ると、アメリカはこうした問題でひどく後れをとっていた。政府にそのような議員がいなかったからだ。だから、ニューヨークでルームメイトのリーにぶっきらぼうにこう言われたときには、かなり戸惑った。フランス人が環境のことをほとんど気にかけていないのにぞっとする。サステナビリティの先駆者、アメリカの市民であることを誇りに思うと。えんえんと話しあったあと、ようやくわかった。彼女にとっては、地球を救うのは個人の責任だった。リサイクルをしたり、電気をこまめに切ったりすること（そんなことでは変化は起こせないとわたしが思っていたこと）がそれで、日常のなかで果たす責任だ。さいわい現在では、フランスでもリサイクルは主流になりつつあり、アメリカの政治でも環境問題の優先度があがっている。大西洋のどちらの側でも、地球の破壊を食い止めたいと願う人たちは、草の根と木のてっぺんの両方で動く必要があることを理解している。

経験から学んだこと

これらの話はすべて、紛争地帯のすぐれた平和構築者から学んだ重要な教訓を彷彿とさせると思う。ウルベン・ビシムワがコンゴでラスタの問題に取り組んだときや、ジェイムズ・スキャンベリーが東ティモールで仕事をしたときと同じように、国内の有能な活動家は、手を差しのべたい相手と仕事上の関係に加えて個人的な関係も築く。実際、ダリル・デイヴィスもクリスチャン・ピチオリーニも絶えず強調するのは、白人至上主義者を動かすには、聞き、話し、共通の土台を見つけて、共有する利害をもとに結びつくのが欠かせないということだ。キュア・ヴァイオレンスの関係者たちも同じだ。リスクのある人たちとつながり、個人的な信頼を築くことに多くの時間を割いている。

もちろん、国内の有能な平和構築者は、話をしているだけではない——行動もしている。紛争地帯でも一見平和な国でも、対話だけでこと足りることはまずない。コンゴで見たように、家畜の道をつくるのであれ、小さなビジネスに投資するのであれ、コミュニティの具体的なニーズに応えるプロジェクトは、取り組みを前進させる勢いを保てる。同じ考えから、ア・ベター・LAは職業訓練と就職の斡旋《あっせん》をして、生徒が安全に登下校できるように徒歩のパトロール隊員が同行している。ギャング・レスキュー・アンド・サポート・プロジェクトは、参加者がタトゥー——ギャングのメンバーであることをつねに示す印——を消す手助けをして、刺繍《ししゅう》とプリントの店をつくり、興味を示す若者を雇って、売り物になるスキルを教えている。さらにキュア・ヴァイオレンスとリヴ・フリーは、リスクのある人をメンタルヘルスの治療、住宅支援、高校卒業資格に向けた指導をする組織につないでいる。白人至上主義者が新しい人生をはじめられるよう手助けするエグジット・ジャーマニーのサービスは、さらに幅広い。心理療法、社会的技能《ソーシャルスキル》の開発、雇用者とのつながりを提供するだけでなく、昔の仲間から仕返しされる危険のある人がアイデンティティを変えて新しい場所へ移る手助けもしている。

このように動くにあたって、お手本になる国内の活動家たちは、テンプレート、チェックリスト、あらかじめ決められた戦略に慎重な姿勢を保って行動している——コソボやリベリアを混乱させた国連職員と同じ状況に陥りたくないからだ！　直感的に軽蔑したり抵抗感を覚えたりする慣習や考えにも心をひらいておく。たとえば、イジュウィで平和の維持に大きな役割を果たしている迷信、アフリカ系アメリカ人男性（ダリル・デイヴィスのような）がクー・クラックス・クランのメンバーと友だちになるという考え、リーマとほかの活動家たちがとても効果的に活用したセックス・ストライキなどだ。

それに、必要に応じて手続き上のルールを破ることも考える。ギャングスラインの創始者、トーマス・シェルドンは、新しい武装集団とかかわる前に実施するリスクアセスメント（リスクの特定・分析・評価のプロセス全体）をあえて無視しているという。その地域は危険すぎて、警察官の付き添いなしで足を踏みいれるべきではないという評価が出るのが、すでにわかっているからだ。このわかりきった結果はなんの役にも立たない——そもそも日常的に人が撃たれていなければ、シェルドンが関与する理由もない。それどころか、逆効果ですらある。警察官が付き添っていたら、だれも彼と話したがらないからだ。シェルドンの考えでは、目的に反するルールは無視し、実際に仕事をするチャンスをつくるほうがいい。

それに何より、国内のひときわすぐれた活動家たちは、仕事に取り組むあいだずっと柔軟性と順応性に重点を置いている。たとえばリーマがアメリカのコロンビア大学でプログラムをはじめたとき、当初考えていたのは、平和構築者のグローバルなネットワークをつくり、お互いから学べるようにすることだった。その後、彼女と同僚のミカエラ・ルッテレル＝ローランドは二年の時間をかけ、アメリカとアフリカの活動家がより効果を発揮できるようにすべく、必要な支援を考えた。ふたりは参加型アクションリサーチ――LPIがコンゴで用いた手法――を使い、数えきれないほどのディスカッション、ワークショップ、調査をおこなった。その結果、実は多くの人がウェブサイトのデザインや助成金申請書類の書き方といった、とても実用的なことを重視していることがわかった。そこで、ふたりはそれに従う。それらの分野のスキルをもつインターンによる手助けを提供し、ネットワークへの参加者がこうしたタスクをうまく実行できるように情報共有するのを手伝った。

最後に、ひときわ有能な活動家は、長期的な計画を立てる。政治家が選挙に出馬し、短い任期のあいだに――自分に投票してくれれば――社会の問題をすべて解決すると約束するのを聞くと、わたしはいつもおもしろおかしい気持ちになる（そしていら立ちを覚える）。一九二九年の金融危機の影響に対処するには、何十年もの月日――とひとつの世界大戦――が必要だった。数年の大統領任期のあいだに、経済と社会をCOVID－19以前の繁栄状態に戻すと約束する指導者を、どう信じればいいのだろう？　ドイツとイタリアは、二〇世紀後半のほとんどを費やして、ナチズムとファシズムから回復した（現在のポピュリストの復活を考えると、まだ仕事は終わっていないようだ）。ロシアと東欧が共産主義の遺産をもっと早く乗りこえられるなんて、どうして思えるだろう？

問題の根を理解するだけでも、とても長い時間がかかる。平和構築者が自分の国で仕事をしていても同じだ。たとえばLPIは、二〇一五年にスウェーデンを拠点にしたプログラムの立ち上げを最初に検討し、二〇一七年に正式に着手した。二〇二二年の時点でもまだ取り組むべき問題の詳細を把握しようとしているところで、既存の取り組みにどのような価値をもたらすことができるか判断し、地域のふさわしいパートナーを見つけようとしている最中だ。

さらに言うなら、緊張緩和には何年もの月日がかかる。すでに見たルジジ平野でのＬＰＩの経験からもそれがわかる。同じくヨーロッパや北アメリカで人びとをギャングや白人過激派集団から脱退させるのも、とても時間のかかるプロセスだ――ピチオリーニの経験では、最長で四年かかる。

それに、ソマリランドの住民が示しているように、社会の平和を維持する仕事に終わりはない。ストックトン市（カリフォルニア州）は身をもってこれを学んだ。一九九七年から二〇〇二年にかけて、同市はリヴ・フリーの銃暴力対策の一バージョンを実施し、銃による月ごとの殺人発生率を四二パーセント減らした。でも草の根の介入が終わると、銃撃の数と深刻さはまた上昇に転じ、二〇一一年に過去最悪に達する。そこで市は、二〇一二年にプログラムを再開して、殺人の数はまた減った。

同じように、あなたもこうした取り組みに関与することになったら、どうか辛抱強くいてほしい。変化はゆっくり起こり、成果は絶えず守りつづけなければならないことを憶えていてほしい。焦《あせ》りだしたら、ルジジ平野で仕事をしたＬＰＩスタッフのひとり、トビアスがコンゴで学んだことを思いだしてほしい。過程《プロセス》は結果と同じぐらい重要だ――ときにはいっそう重要なこともある。厳しい状況に追いこまれても、献身的なひとりの人間がどれだけの変化を起こせるのか思いだしてほしい。ピーター、ローチ、レーナ・スンドと、彼らや彼女らのような平和構築者が長年のあいだに成し遂げてきたことを考えてほしい——問題が山積みで、努力が無駄になり、やめてしまったほうがいいと感じていたときでさえも。いちばんつらいとき、いちばんあきらめたいとき、まさにそのときこそ長期的なものへのコミットメントがいつにもまして重要だ。なぜなら、あなたが助けたい人は、あなたとはちがってその場をただ立ち去ることはできないのだから。

何より心にとめておいてほしいのは、あなたがすることにも意味があるということ。子どものころ、赤の他人——車のセールスマン——があいだに入って、父からわたしを守ろうとしてくれた日の驚き、安心、感謝をいまでも憶えている。わたしたちは、みんなそこにいる。恐ろしいとき、孤立しているとき、絶望しているとき、自分はひとりではないとわかっていると、世界はまったくちがう場所になる。

最後に

シカゴ、イジュウィ、ソマリランド、サン・ホセ・デ・アパルタド、ワハト・アッサラーム／ネベシャローム、キュア・ヴァイオレンス、リゾルヴ、LPI（ライフ&ピース研究所）、ピチオリーニ、リーマ、ヴィジャヤ、ジャスティン、ケア、ピーター、デオ、ウルベン、バーヌ。本書ではこれらの地域や人たちの物語を紹介した。そこにはかつて暴力があった。一般市民と地域のリーダーが関与し、その取り組みをアウトサイダーが後部座席から支えて、戦闘員たちが顔を合わせ、話しあい、協力して、住民が平和を称えた。それから一、二か月後、ときには数年後も、暴力はなかった。暴力が再発しないことは実際によくある。その多くで、平和はその後何年もつづいた。

わたしの子ども時代、家族がリビングの木製テーブルを囲んで父の話を聞いたとき、その物語のほんとうのヒーローは、こういう個人、組織、コミュニティのはずだった。その人たちこそ、あなたとわたしがまねすべき人なのだから。平和の前線《フロントライン》に立ち、きちんと仕事をする人。その人たちが世界を変えている。一日一日、着実に。

そしていま、あなたとわたしの手もとには、同じことを成すためのツールがある。

謝辞

このうえなく深い感謝を次のかたがたへ……

……本書で触れたすべての人とコミュニティへ（それぞれ自分らしくいてくれることに、してくれている仕事に、終わりのないわたしの質問に辛抱強く答えてくれたことに）

……リー・アレン、ファニー・アゼマ、キャサリンおよびアラン・デュマイト＝ハーパー、アイテン・ギュンドードゥ、エリザベス・キング、キンバリー・マーテンとジャック・レヴィ、アリアン・ウォーリン、わたしのフランスとベルギーの家族、すべての友人へ（わたしがあきらめないようにしてくれたことに）

……ハイラム・コディ、ティエラ・ハード、マリオ・ラクチュール、ジュン・マオ、シャヌ・モディ、サイモン・パウエル、アンソニー・ロッシ、リサ・トラヴィス、メモリアル・スローン・ケタリングがんセンターの献身的なスタッフのみなさんへ（この本を書き終えるチャンスを与えてくれたことに）

……デヴォン・ハリデイ、スザンナ・リー、ローラ・マメロック、ノア・ローゼン、ヘレナ・サンドリン＝ジェイコブセン、ローレン・ウェンデルケン、スザンナ・リー・アソシエイツのス

タッフのみなさんへ（代理人としてのすばらしい仕事に）

……アレクシー・ベヒトホルト、エリザベス・ボートカ、アンジェラ・チナプコ、カイラ・ディファビオ、アンナ・ゲル、ドン・ラーソン、ロブ・マケイレブ、レイチェル・パーキンズ、ニコ・プント、ケイトリン・フィリップス、メーガン・シェーファー、エイミー・ホイットマー、オックスフォード大学出版局のチームのみなさんへ（すばらしい編集、制作、マーケティング、広報に）

……ザムザム・ハッサン・アワリ、エマ・バーバレッタ、サジダ・ベイ、マイア・ビックス、ジョン・デイヴィッド・コブ、メアリー・ソレダッド・クレイグ、マリオ・デ・コスタ・シルバ、グレアム・グルスマン、クララ・ハーター、カレガミレ・バホジ・ケア、エマニュエル・カンダテ・ムセマ、ジェニファー・カプラン、レカ・ケネディ、エリック・リン＝グリーンバーグ、ミラジ・サイディ・ミラ、ミーナ・ロルダン・オバーディック、デイヴィッド・キンタス、アニー・レナス、アシュリー・タン、ジュリエット・ヴェルラック、ジャスミン・ゾウへ（調査へのすばらしい手助けに）

……バーナード・カレッジ、ニューヨーク・カーネギー財団、コロンビア大学、フォルケ・ベルナドッテ・アカデミー、ゲルダ・ヘンケル財団へ（惜しみなく研究資金を提供してくれたことに）

……ミシェル・アリジエ、ナーズニーン・バーマ、デニス・ドゥアート、ミシェル・ファーリー、ガブリエラ・ギンスバーグ＝フレッチャー、キャロライン・ハーツェル、ジョゼフ・ホー、カロリナ・ヒメネス、エリザベス・キング、ローラ・クンストラー、ティモシー・ロングマン、

ザカリア・マンピリー、アン・ピッチャー、カレン・レッピー、エリザベス・ジーン・ウッド、

二〇一九年と二〇年の講座とゼミの学生たちへ（草稿への貴重なフィードバックに）

……ファニー・アゼマ、ライア・バルセルズ、チャールズ・コール、デイヴィッド・チャンドラー、サラ・ズッカーマン・デイリー、ウィリアム・ドゥルヒ、ダン・ファーヒー、パミーナ・ファーコー、レベッカ・フリードマン、ケネディド・ハッサン、ローレン・ハーシュ、スティーヴン・ハーシュ、ピーター・カッツェンスタイン、アダム・コハンスキ、ヤーノシュ・クレンバーグ、マシュー・ラコーム、ミカエラ・ルッテレル＝ローランド、ロジャー・マック・ギンティ、サラ・マエル、ジュディ・マッカラム、アントニア・ミラー、エドゥアルド・モンカダ、ディパリ・ムコパデャイ、フアン・カルロス・ムニョス＝モーラ、マイケル・ネスト、デイヴィッド・ニューベリー、ジョルジュ・ンゾンゴラ＝ンタラジャ、ティモシー・パチラット、ジョーダン・パーマー、ローランド・パリス、ラデ・パテル、リアン・ペダーセン、レキシー・ルッソ、ステファニー・シュワルツ、サラ・ショア、ジェシカ・スタインバーグ、ヴィジャヤ・タークル、カースティン・トミアック、デイヴィッド＝ンゲンド・シンバ、ピーター・ヴァンホルダー、スティーヴン・ウィンクラー、わたしがこのプロジェクトについて報告したセミナー、講義、ワークショップ、ブリーフィング、イベントすべての参加者のみなさんへ（議論の一部への鋭いコメントに）

……フィリップ・ローゼンへ（これまでに述べたすべてと、さらにずっとたくさんのことに）

最後に、終わりまで読んでくださったあなたに感謝しています。この旅をつづけたいと願い、これ

らの話題についてもっと知りたければ、わたしのウェブサイト、www.severineautesserre.com にさらなる資料をたくさん掲載しています。あとお願いがひとつ。あなたの好きなウェブサイトに、この本のレビューを投稿していただけないでしょうか？『平和をつくる方法』の感想を読むのをとても楽しみにしています！

授業の手引き

セヴリーヌ・オトセール
サジダ・ベイ、メアリー・ソレダッド・クレイグ、アニー・レナス作成

著者からの手紙

教員のみなさんへ

『平和をつくる方法』を授業で取りあげてくださり、ありがとうございます。どの国で、どの学年で教えていても、本書を通じてわたしが伝える希望、平和、レジリエンスという意義あるメッセージを時間を割いて分かちあってくださることに感謝しています。

わたしの名前はセヴリーヌ・オトセール（Séverine Autesserre、sev-REEN' oh-tuh-SEHR' と発音します）、フランス系アメリカ人の著述家、研究者、大学教員で、ニューヨーク市（アメリカ）にあるコロンビア大学バーナード・カレッジを拠点にしています。『平和をつくる方法』は３冊目の著書です。ほかの２冊、*Peaceland* と *The Trouble with the Congo* では、コンゴ民主共和国における外国の介入と平和構築を検討しています。わたしの研究と教育については、ウェブサイト（www.severineautesserre.com）をご覧ください。

授業で『平和をつくる方法』を課題図書にしてくださったのなら、本書の専用ページ（https://severineautesserre.com/sa_book/the-frontlines-of-peace）にレビューや最近のイベント映像、ポッドキャスト、メディア出演へのリンクなど、役立つ資料をたくさん掲載して

いますのでご覧ください。

本のレビューは、著者にも読者にもとても重要です。本書を読み終えたらオンラインでレビューを書くように、学生や生徒のみなさんにすすめていただけないでしょうか？　学生や生徒にとってすばらしい課題になり、テキストを簡潔にまとめ、良い点と悪い点を批判的に考える機会にもなります。創造的な課題のアイデアでもありますので、教員のみなさんにもプラスになるはずです！　Goodreads〔読書アプリ／サイト〕でもほかの多くのサイトでも、『平和をつくる方法』のレビューを投稿していただけます。

お読みくださり、授業で取りあげてくださり、分かちあってくださり、ありがとうございます！

セヴリーヌ・オトセール

はじめに

セヴリーヌ・オトセール『平和をつくる方法』では、自分が暮らすコミュニティで暴力に効果的に立ち向かうすばらしい人びとを紹介しています。本書全体を通じて著者は、ありそうにない状況のなか、ありそうにないヒーローの手助けによって平和が育まれることを明らかにします。いきいきとした魅力的な語り口調で書かれた『平和をつくる方法』は、高校、大学、大学院のあらゆる学問的背景と分野で教材として使うことができます。

この教員用の手引きでは、本を章ごとに分け、テーマの全体像を示したうえで、授業で議論のきっかけになる質問をあげています。『平

和をつくる方法』はどのような学生や生徒にも最適ですが、本全体で使われている用語のなかには、なじみのないものもあるかもしれません。したがって章の概要のなかに「キーワード」というセクションを設け、重要語句、人物、場所、組織を一覧にして、著者が使う用語の一部を学生や生徒が知る手がかりを提供しています。それにつづいて、本書に登場した話題について、学生や生徒が批判的に考えられるようにするためのアクティビティの案と参考文献のセクションがあります。

読む前に

本書を読む前に、教員は焦点を絞るために学生や生徒に次の質問をしてもいいでしょう。これらの質問をすることで、学生や生徒は本書で取りあげられる主要トピックについて考えはじめることができます。それに加えて教員は、学生や生徒が本書の主題にどれだけなじみがあるか、見当をつけることもできます。

読書前の質問

- 平和について学ぶのは、なぜ重要なのでしょう？
- 原書のカバーのイラストやイメージを見て、何を思い浮かべますか？
- 主流の平和構築の慣行について、もし知っていることがあれば教えてください。
- あなたの考えでは、何があれば平和構築の取り組みは成功すると思いますか？
- あなたの考えでは、何のせいで平和構築の取り組みは失敗すると思いますか？

章ごとの概要

まえがき

読みどころ

- まえがきでは、刺激的な物語をたくさん紹介しています――とりわけ著者やリゾルヴ・ネットワークのバックグラウンドを語ります。
- まえがきでは、ピース・インクという概念と、外国による介入には体系的な欠陥があるという考えを紹介します。
- まえがきでは、草の根で効果的に平和を構築できることを説明します。

キーワード

セヴリーヌ　ヴィジャヤ　ルカ　ジャスティン
リゾルヴ・ネットワーク　ピース・インク

議論のための質問

- 著者は「長つづきするほんとうの平和に必要なのは、一般市民に力を与えることだ」と言います。これに賛成ですか？　あなたが平和構築についてすでに知っていることをもとに考えると、この主張の強みと弱みは何ですか？
- まえがきでは、たくさんの物語が紹介されます。どれにいちばん心を動かされましたか？　それはなぜ？

第１章

読みどころ

- 第１章ではイジュウィのケーススタディを使い、平和構築には現地の人を巻きこむことが鍵になると示しています。
- 第１章は、平和構築者がコミュニティの民間伝承や迷信、呪術信仰とつながりをつくることを奨励しています。著者は、そうしたツールがイジュウィで成功を収めた例を論じています。

キーワード

イジュウィ　　コンゴの戦争　　ピグミー　　ハヴ
リヴィングストン　　ムワミ　　ケア　　呪術信仰

議論のための質問

- 「平和の文化」のほかの例として思いつくものはありますか？　いくつあるでしょう？　それがたくさんあるのは、あるいは少ないのはなぜでしょう？
- 平和構築に呪術信仰を使うことをどう思いますか？　外部の介入者が、仕事をする国でそうした戦略を倫理的に支援したり用いたりすることはできるでしょうか？

第２章

読みどころ

- 第２章では、成功した国際的な平和構築のお手本としてライフ＆ピース研究所（LPI）の例を取りあげています。
- 第２章では、コンゴでのLPIの仕事と、“成功”へと向かう一筋縄

ではいかない道のりについて語っています。

キーワード

LPI　　ピーター　　ルジジ平野

ウルベン　　アレクサンドラ　　ハンス

ラスタ　　デオ　　ローチ

議論のための質問

- LPI の参加型アクションリサーチの長所と短所は何でしょう？
- LPI の成功によって、平和構築についてのあなたの考え方は変わりますか？　変わるとしたら、どのように？

第３章

読みどころ

- 第３章では、ピースランドとピース・インクの問題ある慣習を明らかにしています。
- 第３章では、平和構築ミッションの足を引っ張る、現地のインサイダーと外国のアウトサイダーの緊張関係について論じています。
- 第３章では、平和構築産業にはこうした体系的な欠陥があるとはいえ、インサイダーとアウトサイダーの関係を再編して平和構築の成功可能性を高める方法があることを説明しています。

キーワード

ミシェル・ロセンベ　　“カリキュラム馬鹿”

インサイダー／アウトサイダー　　ネリム

力の不均衡

議論のための質問

- 受け入れ国での外国人介入者の父権主義《パターナリズム》について考えてみましょう。これを歴史的にさかのぼることはできるでしょうか？
- この章で見るように、外部からの介入者はかなり問題になることがあります。あなたの意見では、そもそもそういう人たちは必要だと思いますか？

第４章

読みどころ

- 第４章では、ピース・インクの限界をさらに説明しています。
- 第４章では、平和構築へのトップダウンのアプローチと、暴力を終結させる方法について外国の介入者の多くが想定し、広くいきわたっている考えを分析しています。
- 第４章では、こうした想定と欠陥のある介入戦略から生じかねないマイナスの影響を強調し、それにもかかわらずどちらも消えずに残っている理由を説明しています。

キーワード

“厄介ごと”　ルワンダ大虐殺　北アイルランド
〈武装解除、動員解除、社会復帰〉　民主化
イザベル　レーナ・スンド

議論のための質問

- ピース・インクのアプローチの重要な想定は何で、この枠組みからどのような問題が生じてきたのでしょう？

- ピース・インクに肩入れしている人を説得し、ほかの平和構築のありかたに心をひらかせるには、どのような主張や方法を使えばいいですか？

第５章

読みどころ

- 第５章では、暴力がはびこるなかでうまく平和を築いて維持してきた、３つの注目に値するコミュニティに光を当てています。
- 第５章では、ソマリランド、コロンビアのサン・ホセ・デ・アパルタドの平和地区、イスラエル人とパレスチナ人の村ワハト・アッサラーム／ネベシャローム（平和のオアシス）の話を紹介し、一般市民、草の根の活動家、地元のリーダーが効果的に平和を促進できることを示しています。

キーワード

ソマリランド　　平和地区　　イスラエル＝パレスチナ紛争
氏族　　コロンビア　　アル・シャバーブ
サン・ホセ・デ・アパルタド
ワハト・アッサラーム／ネベシャローム

議論のための質問

- イジュウィとソマリランドというふたつの場所で、比較的平和な状態を実現するのに役立った類似点は何でしょう？
- こうした“平和地区”は、ほかの紛争地帯でも再現できると思いますか？　必要なのはどの重要要素でしょう？

第６章

読みどころ

- 第６章では、この本全体で提示される成功事例から、平和構築者がいかに学べるのかを説明しています。
- 第６章では、有能な平和構築者の性質を強調し、ボトムアップとトップダウンのアプローチを両方とも使う平和構築の手法を擁護しています。

キーワード

東ティモール　バーヌ・アルトゥンバシュ　ドナー
ジェイムズ・スキャンベリー　新植民地主義　NGO

議論のための質問

- 本書全体で紹介されるすべての例をふまえて考えると、モデル介入者に欠かせない性質は何でしょう？
- 平和とは実際にどのような状態なのでしょう？　平和構築の成功をどのように測りますか？
- 読書前の質問への答えを振り返ってみてください。成功した平和構築についてのあなたのイメージは変わりましたか？

第７章

読みどころ

- 第７章では、戦争に引き裂かれた地域の教訓を、表面上は平和な国にどのように応用できるのかを示しています。
- 第７章では、分析に心動かされた読者が自分のコミュニティで状

況を改善するために、個人として何ができるかを論じています。

キーワード

リーマ・ボウイー　リヴ・フリー　ダリル・デイヴィス

銃による暴力　キュア・ヴァイオレンス

クリスチャン・ピチオリーニ　シカゴ　白人至上主義

議論のための質問

- 暴力に積極的に関与している人たちをそこから引き離すには、どのような条件が必要でしょう？
- あなたの学校、大学、近所での紛争状況について考えてください。この章の平和構築者からどんな戦略を学びましたか？　それをどのように応用して、あなたの生活で平和を築けるでしょう？

アクティビティ

アクティビティその1
ローカルな平和構築は、ほかに世界のどこで展開されているでしょう？

学生や生徒に、ピース・ダイレクトとアライアンス・フォー・ピースビルディングによるプロジェクトのウェブサイト（www.peaceinsight.org）を訪問させてください。世界中の2,300をこえる平和構築組織を地図上に示しているサイトで、関心のある国をクリックすれば、現地の組織について読むことができます。掲載されているのは、信頼できるかたちで平和構築に向けて持続的に取り組んでいるとピース・インサイトが認める組織です。

アクティビティその２　本書に登場するのは？

学生や生徒に（12）頁の表１を埋めさせ、本書で触れられるさまざまな非政府組織を把握させましょう〔特に参照してほしい章を表中に補った〕。

次に、本書に登場する重要人物について、（13）－（14）頁の表２を学生や生徒に埋めさせましょう。

最後に、（15）頁の表３を埋めさせて、本書の主要な舞台を把握させることも検討してください。

アクティビティその３　エビデンスはどこ？

このアクティビティでは、学生や生徒にテキストに戻らせ、次の主張を支えるエビデンスを見つけさせましょう。

- 平和構築産業のアプローチは、本質的に欠陥を抱えている。
- 平和構築が最もうまくいくのは、トップダウンの支えを得ながらボトムアップで取り組むときだ。
- モデル平和構築者になるには、自分の役割を学びなおすことが求められる。

参考文献

興味をもった学生や生徒のなかには、本書で触れたさまざまな国、紛争、組織についてもっと知りたい人がいるかもしれません。そういった学生や生徒には、（22）頁からはじまる附録を案内してください。さらに目を通せる参考資料を幅広く紹介しています。

表1

	どこで仕事をしている?	何をしている?	備考
ア・ベター・LA〔第７章〕			
誓約の箱舟〔第２章〕			
キュア・ヴァイオレンス〔第７章〕			
ギャングスライン〔第７章〕			
ボウイー平和財団アフリカ〔序文〕			
ライフ＆ピース研究所〔まえがき，第２章〕			
リヴ・フリー〔第７章〕			
無意味な殺人に反対する母親／男たち〔第７章〕			
国境なき医師団〔まえがき，第３章，第６章〕			
ピース・ダイレクト〔第５章〕			
組織イノベーション・ネットワーク〔第２章〕			
リゾルヴ・ネットワーク〔まえがき，第２章〕			

表2

	どこで仕事をしている?	何をしている?	備考
アレクサンドラ・ビラク〔第2章〕			
バーヌ・アルトゥンバシュ〔第6章〕			
クリスチャン・ピチオリーニ〔第7章〕			
ダリル・デイヴィス〔第7章〕			
デオ・ブーマ〔第2章〕			
ハンス・ロムケマ〔第2章〕			
イザベル〔第4章〕			
ジェイムズ・スキャンベリー〔第6章〕			
ジャン゠マリー・ゲーノ〔まえがき〕			
ジャン゠ピエール・ラクロワ〔第4章〕			
カレガミレ・バホジ・ケア〔第1章〕			
レーナ・スンド〔第4章〕			

リーマ・ボウイー 〔序文，第 7 章〕			
リヴィングストン・シャニアヴ 〔第 1 章〕			
ローチ・ムザリワ 〔まえがき，第 2 章〕			
ルカとジャスティン 〔まえがき〕			
ミシェル・ロセンベ 〔第 3 章〕			
ミルト・ローエンシュタイン 〔第 4 章〕			
オネスフォレ・セマトゥンバ 〔第 1 章〕			
ピーター・ヴァンホルダー 〔第 2 章〕			
ランダル・ローデ 〔第 5 章〕			
セヴリーヌ・オトセール 〔全体，経歴は特に第 3 章〕			
トビアス・ペトレリウス 〔第 2 章〕			
ウルベン・ビシムワ 〔第 2 章〕			
ヴィジャヤ・タークル 〔まえがき〕			

表3

	世界のどこにある?	どの組織や個人がそこと結びついている?	そこが特別なのはなぜ?
イジュウィ〔第1章〕			
備　考			
サン・ホセ・デ・アパルタド〔第5章〕			
備　考			
ソマリランド〔第5章〕			
備　考			
ワハト・アッサラーム／ネベシャローム〔第5章〕			
備　考			

読書会での議論の手引き

セヴリーヌ・オトセール
サジダ・ベイ、メアリー・ソレダッド・クレイグ、アニー・レナス作成

著者からの手紙

読者のみなさんへ

『平和をつくる方法』を読んでくださり、また読書会で議論の対象にしてくださり、ありがとうございます。時間を割いて、希望、平和、レジリエンスという意義あるメッセージを分かちあってくださることに感謝しています。

わたしの名前はセヴリーヌ・オトセール（Séverine Autesserre、sev-REEN' oh-tuh-SEHR' と発音します）、受賞歴のある著述家、平和構築者、研究者で、コロンビア大学バーナード・カレッジの政治学教授・学科長です。著書に *The Trouble with the Congo* と *Peaceland* があり、『ニューヨーク・タイムズ』紙や『フォーリン・アフェアーズ』誌などの刊行物に論文なども寄稿しています。わたしの研究と教育については、ウェブサイト（www.severineautesserre.com）をご覧ください。

読書会で『平和をつくる方法』を読むことにしてくださったのなら、本書の専用ページ（https://severineautesserre.com/sa_book/the-frontlines-of-peace）に最近のイベント映像、ポッドキャスト、メディア出演へのリンクなど、役に立つ資料をたくさん掲載していますの

でご覧ください。

最後に、ご存じのとおり本のレビューは著者にも読者にもとても重要です。本書を読み終えたら、読書会の参加者にレビューを書くようすすめてくださると、とてもありがたく思います。議論をする前に自分の考えや意見をまとめるのにうってつけの方法です。それに、将来の読者が自分が読みたい本かどうかを判断するのにも役立ちます。Goodreads〔読書アプリ／サイト〕でもあなたの好きなサイトでも、『平和をつくる方法』のレビューを投稿していただけます。

お読みくださりありがとうございます！

セヴリーヌ・オトセール

この手引きについて

この議論の手引きは、セヴリーヌ・オトセール『平和をつくる方法』についての話し合いを手助けするために、思考のきっかけとなる問いを提供するものです。ノンフィクションや政治にかんする読書会に、あるいは本書の理解を深めたいすべての人に役立ちます。話し合いのための15の問いに加えて、読書会をさらに充実させるための5つのアクティビティと、著者およびその仕事とかかわりつづけるためのリソース一覧が含まれています。

話し合いの問い

1 『平和をつくる方法』を読む前はどんな期待を抱いていましたか？読んでいるあいだは何を感じ、読み終わったあとはどんな印象が

残ったでしょう？

2　読む前に、平和構築の慣習について何を知っていましたか？　肯定的あるいは否定的な考えをもっていましたか？　読み終えたあと、その考えは大きくなったり変わったりしたでしょうか？

3　まえがきでオトセールは、平和構築の世界に打ちこむようになった経緯を手短に語っています。著者の話のどの部分にいちばん共鳴しましたか？　それはなぜでしょう？

4　オトセールは、外国の外交官による紛争理解と現場の現実との乖《かい》離《り》について論じています。この乖離に対処するために、何ができるでしょう？　外国の紛争における平和構築へのあなたの国の政府のアプローチにも、同じ乖離が見られますか？

5　ライフ＆ピース研究所が使う平和構築へのアプローチに賛成しますか？　同研究所の方法にプラスの面と限界があるとしたら、それは何でしょう？

6　第３章の中心は、「インサイダーとアウトサイダー」についてのオトセールの主張です。あなたが「アウトサイダー」になる紛争地帯の例を考えて、そこで平和構築者として働いているところを想像してみましょう。「インサイダー」との関係を向上させるために、何ができますか？

7　第４章でオトセールは、主流の平和構築の慣行を支配する「選挙への執着」について論じています。「世間一般の通念とは異なり、民主化は暴力の解毒剤ではない」というのがオトセールの主張です。なぜ著者はこの立場をとるのでしょう？　民主化は平和構築者の最終目標であるべきだと思いますか？

8　オトセールは、外国人平和構築者と地元住民の関係についてまわる植民地主義の遺産にくり返し言及します。こうした関係に植民地主義がどのように影響を与えつづけていると著者は考えている

のでしょう？　あなたは著者に賛成ですか？　反対ですか？

9　第6章でオトセールはこう書いています。「近年、介入者のあいだで新しい考えが流行している。『アフリカの問題へアフリカの解決策を』（あるいは『ラテンアメリカの問題へラテンアメリカの解決策を』など）、という考えだ」。この「流行」について、著者はどのように考えているのでしょう？　この話題について、とくにそれと平和構築の慣習との関係について、あなたはどう考えますか？

10　オトセールは、「モデル介入者」と彼女が考える人物像を描きだします。こうした特徴のいくつかについて、あなたはどう思いますか？　なぜそれらは平和構築者に大切なのでしょう？　意外なものはありましたか？

11　第7章でオトセールは、「こちらを忌み嫌う人たちや、こちらが憎しみを抱く相手と非公式に交流するだけで、大きく前へすすめる」と言います。この主張に賛成ですか？　あなたの人生のなかで、壁を打ち破ったり、対立を解消したりするのにこの方法が役立ったことはありますか？

12　最終的にオトセールは、平和構築への最も建設的なアプローチは、外国人介入者と一般市民の専門知識を組みあわせたものだと結論を出します。賛成ですか？　それはなぜ？

13　本書は暴力、戦争、紛争の悲惨な影響について論じる1冊ですが、元気を与えてくれる成功の物語が中心に据えられています。著者は平和構築との関係でどのように「成功」を定義しているのでしょう？　この定義に賛成ですか？

14　『平和をつくる方法』は、将来の平和構築と紛争解決について読者に希望を与えると思いますか？　それはなぜ？

15　『平和をつくる方法』には、地域主導による平和構築の取り組み

の力を示す逸話がいくつか含まれています。こうした事例のなかで、どれがいちばん心に響きましたか？　それはなぜ？

充実した読書会にするために

1　身近なコミュニティにおける紛争を、参加者に見つけてもらいましょう。それは本書で取りあげられる紛争と関連づけることができますか？　平和構築の成功事例からどのようなテクニックを学び、あなた自身の紛争に応用することができるでしょう？

2　グループのみんなに、自分たちなりの「理想の平和構築者」のモデルをつくってもらいましょう。本書からどの要素を採りいれますか？　著者に賛成あるいは反対するのはどの点でしょう？　グループのみんなは、採りいれるべきものと採りいれるべきでないものについて合意に達することができますか？

3　グループのみんなに、『平和をつくる方法』に掲載されている人と場所の写真に目を通してもらいましょう（インスタグラムにも掲載しています。www.instagram.com/severineara/guide/the-frontlines-of-peace-people-places/17887013524977501）。それらをよく見て、本のなかに出てきた名前と顔を一致させましょう。本文中の人や場所について、それらの写真は何を明らかにしていますか？　いちばん示唆に富んでいたり驚きだったりした写真はどれでしょう？

4　グループのみんなに、ピース・ダイレクトとアライアンス・フォー・ピースビルディングによるプロジェクトのウェブサイト（www.peaceinsight.org）を見てもらいましょう。世界中の2,300をこえる平和構築組織が地図上に示されていて、関心のある国をクリックすれば、現地の平和構築組織について読むこと

ができます。どの組織にいちばん関心をひかれましたか？　それはなぜ？　その組織と『平和をつくる方法』で取りあげられた組織のあいだには、どのような共通点やちがいがあるでしょう？

5　グループのみんなに、自分のコミュニティでローカルな平和構築者になるにはどうすればいいか考えてもらいましょう。それはどんなかたちになりそうですか？　グループのみんなは、オトセールのツールを使って変化の担い手になりたいと思うでしょうか？

もっと知りたい人のために

- 読書会やディスカッション・グループで使える数多くの追加資料を、www.severineautesserre.com/research/the-frontlines-of-peace で入手できます。「More Information」のセクションまでスクロールして「Book Clubs」のタブをクリックするか、「Media Coverage」のタブをクリックして『平和をつくる方法』についてのポッドキャストを聴いたり、動画を観たり、記事を読んだりして楽しんでください。
- セヴリーヌ・オトセールのソーシャル・メディアのアカウントは、ツイッター〔現・X〕では @SeverineAR、インスタグラムでは @SeverineARA、フェイスブックでは @SeverineAR です。

附録　参考資料

話を聞いた人のなかには、本名を明かしたらいやがらせを受けたり、解雇されたり、殺されたりするかもしれないと恐れていた人もいる。したがって、その人たちには仮名を使うことを約束した。初出時にアスタリスクがついているのは、そうした仮名だ。ただし、すべての村と都市は実名で記している。

引用した外国語はすべてわたしが英訳した。

まえがき　戦争、希望、平和

平和構築についての研究が、問題、課題、失敗に極度に集中していることを最初に指摘したのは、Virginia Page Fortna, *Does Peacekeeping Work? Shaping Belligerents' Choices after Civil War* (Princeton University Press, 2008, pp. 2–4) および Lise Morjé Howard, *UN Peacekeeping in Civil Wars* (Cambridge University Press, 2008, pp. 2–3 and 284) である。この文献のレビューとして、わたしの論文、"Going Micro: Emerging and Future Peacekeeping Research," *International Peacekeeping,* vol. 21, no. 4 (2014) を参照のこと。本書を学問的に正当化するものとして、わたしの論文、"International Peacebuilding and Local Success: Assumptions and Effectiveness," *International Studies Review,* vol. 19, no. 1 (2017) を参照のこと。

少年兵についての数字は、United Nations Office of the Secretary-General for Children and Armed Conflicts のウェブサイト、"Lessons Learned and Best Practices" (https://childrenandarmedconflict.un.org/lessons-learned-and-best-practices) および United Nations Organization Stabilization Mission in Congo の報告書、*'Our Strength Is in Our Youth': Child Recruitment and Use by Armed Groups in the Democratic Republic of the Congo* (2019, p. 13) によった。

平和構築に割り振られた世界の予算の数字は、International Peace Institute のウェブサイトに José Luengo-Cabrera と Tessa Butler が投稿したブログ記事、"Reaping the Benefits of Cost-Effective Peacebuilding" (2017) による。世界での戦争のコストと影響についての数字は、次によって集められた数字から算出した。Uppsala Conflict Data Program, the Institute for Economics and Peace の *Global Peace Index 2018* (pp. 47–48)、*Global Peace Index 2019* (pp. 58–59)、*Global Peace Index 2020* (pp. 42–44)、Overseas Development Institute の報告書、*SDG Progress: Fragility, Crisis, and Leaving No One Behind* (2018, pp. 69–70)。現在の戦争の長さについては報告書、*Elite Bargains and Political Deals Project* by Christine Cheng, Jonathan Goodhand, and Patrick Meehan (United Kingdom Government, 2018, p. 7) を、世界中に展開している平和維持活動要員の数については、国連のウェブサイト (https://peacekeeping.un.org/en/data) を参照のこと。

第１章——平和の島

コンゴ紛争での死亡者数については、International Rescue Committee の報告書、*Mortality in the Democratic Republic of Congo: An Ongoing Crisis*（2008）を、それらの結果についての議論は Joshua Goldstein の著書、*Winning the War on War: The Decline of Armed Conflict Worldwide*（Penguin, 2011, pp. 260–264）を参照のこと。最新の数字は、Armed Conflict Database（International Institute for Strategic Studies, 2019）で閲覧できる。

コンゴについてのほかの統計は、国連開発計画（United Nations Development Programme）の *Human Development Report 2019 — Beyond Income, Beyond Averages, Beyond Today: Inequalities in Human Development in the 21st Century*〔『人間開発報告書 2019 ——所得を越えて、平均を越えて、現在を越えて：21 世紀の人間開発格差』〕（2019, pp. 25, 314, 320, and 336）および *Human Development Indices and Indicators: 2018 Statistical Update*〔『人間開発指数・指標—— 2018 年新統計』〕（2019, pp. 53, 56, and 64）による。市民の優先事項と政府観についての情報は、Patrick Vinck, Phuong Pham, and Tino Kreutzer による年刊の *Poll Reports*（Harvard Humanitarian Initiative, 2008 to 2019）で見つけた。

アメリカでの銃暴力と経済機会については、Law Center to Prevent Gun Violence and the PICO National Network による報告書、*Healing Communities in Crisis: Lifesaving Solutions to the Urban Gun Violence Epidemics*（2016）を参照のこと。

イジュウィについての統計は、Michael Hadley, Dana Thomson, and Thomas McHale の *Health & Demographics of Idjwi Island, DRC: Key Findings of a Multidisciplinary Assessment*（Harvard Humanitarian Initiative, 2011）によるが、ピグミーの子どもの就学率については Kalegamire Bahozi Kaer の学位論文、*La Faible Scolarisation des Peuples Autochtones Pygmées et son Incidence sur leur Développement Socio-Économique dans la Chefferie Rubenga*（Institut Supérieur de Developpement Rural, 2012）で見つけ、平均寿命については、Ruth MacLean の“ 'Everybody Thought it Was Witchcraft, So He Died': Doctors Fight to Change Beliefs and Save Lives on Remote DRC Island”（*Vice News*, 2015）から引用した。

ベルギー、コンゴ、ルワンダの当局との緊張をはらんだ関係や、南北対立のルーツなど、イジュウィの歴史的背景については、David Newbury の著書、*Kings and Clans: Ijwi Island and the Lake Kivu Rift, 1780–1840*（University of Wisconsin Press, 1991）および *The Land Beyond the Mists: Essays on Identity and Authority in Precolonial Congo and Rwanda*（Ohio University Press, 2009, pp. 65–188）を参照のこと。

ニュンズでの戦闘についての情報源は、北カタンガでおこなったインタビューとフィールド調査、および報告書、*Off the Record: Documentation of Massacres and Mass Rapes Committed from 2016 to 2018 Against the Indigenous Batwa People in the Province of Tanganyika, Democratic Republic of the Congo*（Initiative for Equality, 2019）である。

第２章――ロールモデル

LPI のウェブサイト（http://life-peace.org）で入手できるすべての報告書と刊行物に加えて、とくに役立った情報源が３つある。Thania Paffenholz の著書、*Community Based Bottom-Up Peacebuilding: The Development of the Life and Peace Institute's Approach to Peacebuilding and Lessons Learned from the Somalia Experience*（Life & Peace Institute, 2003）、Carol Jean Gallo and Pieter Vanholder のペーパー、*From the Ivory Tower to the Boots on the Ground: Conflict Transformation Theory and Peacebuilding in the Democratic Republic of Congo*（presented at the annual meeting of the International Studies Association, New Orleans, 2015 ――「破綻と遺産」の節での引用は p. 23 より）、François Van Lierde, Winnie Tshilobo, Evariste Mfaume, Alexis Bouvy, and Christiane Kayser の報告書、*Collaborative Learning from the Bottom Up: Identifying Lessons from a Decade of Peacebuilding in North and South Kivu through Bottom-Up Evaluation*（2009–2019）（Life & Peace Institute, forthcoming 2021）である。

LPI のビジョンに影響を与えた調査のアイデアについては、John Paul Lederach による数多くの刊行物を参照のこと。著書、*Building Peace: Sustainable Reconciliation in Divided Societies*（United States Institute of Peace Press, 1998）は、とりわけ明確で読みやすいまとめを提供してくれる。参加型アクションリサーチの背景についてもっと知りたければ、次の重要文献を参照のこと。Paolo Freire, *Pedagogy of the Oppressed*（Herder and Herder, 1970）〔パウロ・フレイレ『被抑圧者の教育学』三砂ちづる訳、亜紀書房、2018 年〕、Stephen Kemmis, Rhonda Nixon, and Robin McTaggart, *The Action Research Planner: Doing Critical Participatory Action Research*（Springer, 2013）、Kurt Lewin, "Action Research and Minority Problems," *Journal of Social Issues*, vol. 2, no. 4（1946）、Alice McIntyre's *Participatory Action Research*（Sage Publications, 2007）。

ルジジ平野で再燃した紛争の影響についての数字は、Philip Kleinfeld の論文、"In Eastern Congo, a Local Conflict Flares as Regional Tensions Rise"（*The New Humanitarian*, 2019）および Rukumbuzi Delphin Ntanyoma の報告書、*Genocide Warning: The Vulnerability of Banyamulenge "Invaders"*（Genocide Watch, 2020）より。腐敗については、*Le Monde Diplomatique* の "Dossier: À Qui Profite la Lutte Anticorruption?"（2019）および *The New Humanitarian* の "Leaked Review Exposes Scale of Aid Corruption and Abuse in Congo"（2020）を参照のこと。

第３章――インサイダーとアウトサイダー

外国人平和構築者の生き方と働き方については、わたしの著書、*Peaceland: Conflict Resolution and the Everyday Politics of International Intervention*（Cambridge University Press, 2014）で説明している。その本では、第３章で論じた話題すべてについてさらなる詳細と分析を示し、追加の統計と事例を提示している。

戦時の性暴力をよりよく理解し、それに対処する方法については、Elisabeth Jean Wood の論文、"Rape as a Practice of War: Toward a Typology of Political Violence," *Politics and Society*, vol. 46, no 4 (2018)、Maria Eriksson Baaz and Maria Stern の著書、*Sexual Violence as a Weapon of War? Perceptions, Prescriptions, Problems in the Congo and Beyond* (Zed Books, 2013)、Dara Kay Cohen, Amelia Hoover Green, and Elisabeth Jean Wood の報告書、*Wartime Sexual Violence: Misconceptions, Implications, and Ways Forward* (United States Institute of Peace,2013)、Louise Olsson, Angela Muvumba Sellström, Stephen Moncrief, Elisabeth Jean Wood, Karin Johansson, Walter Lotze, Chiara Ruffa, Amelia Hoover Green, Ann Kristin Sjöberg, and Roudabeh Kishi によるフォーラム、"Peacekeeping Prevention: Strengthening Efforts to Preempt Conflict-related Sexual Violence" (*International Peacekeeping*, vol. 27, no. 4, 2020) を参照のこと。

外国人の平和構築者が現地のことばをめったに話さないことを論じた段落では、ハイチの例は、Sarah Jane Meharg, *Measuring What Matters in Peace Operations and Crisis Management* (McGill-Queen's University Press, 2009, p. 136) から、アフガニスタンの例は Roger Mac Ginty, *International Peacebuilding and Local Resistance: Hybrid Forms of Peace* (Palgrave Macmillan, 2011, p. 112) からひいた。

数多くの著者が、20 世紀の植民地主義と現在の和平介入の関係を分析している。わたしが好きな文献は、たとえば、Michael Barnett, *Paternalism Beyond Borders* (Cambridge University Press, 2016)、Gabrielle Dietze, "Mythologies Blanches: Découvreurs et Sauveurs du Congo" (in *Repenser l'Indépendance: La R.D. Congo 50 Ans Plus Tard*, Pole Institute, 2010)、Kevin Dunn, *Imagining the Congo: The International Relations of Identity* (Palgrave Macmillan, 2003)、Kimberly Zisk Marten, *Enforcing the Peace: Learning from the Imperial Past* (Columbia University Press, 2004)、Anne Orford, *Reading Humanitarian Interventions* (Cambridge University Press, 2003)、Roland Paris, "Saving Liberal Peacebuilding," *Review of International Studies*, vol. 36, no. 2 (2010), pp. 344–346 and 348–350、Meera Sabaratnam, *Decolonizing Intervention: International Statebuilding in Mozambique* (Rowman & Littlefield International, 2007) だ。植民地主義と帝国主義の遺産についての重要文献として、Franz Fanon, *The Wretched of the Earth* (Grove Press, 1963)〔フランツ・ファノン『地に呪われたる者』新装版、鈴木道彦、浦野衣子訳、みすず書房、2015 年〕、Edward Said, *Orientalism* (Pantheon Books, 1973)〔エドワード・サイード『オリエンタリズム』今沢紀子訳、平凡社ライブラリー、1993 年〕、Gayatri Spivak, "Can the Subaltern Speak? Speculations on Widow Sacrifice," *Wedge*, no. 7/8 (Winter/Spring 1985, pp. 120–130)〔ガヤトリ・スピヴァク『サバルタンは語ることができるか』上村忠男訳、みすず書房、1998 年〕を参照のこと。平和構築へのわたしのオルタナティブなアプローチは、反植民地主義文献の古典、とりわけ Paulo Freire, *Pedagogy of the Oppressed* (Herder and Herder, 1968)〔パウロ・フレイレ『被抑圧者の教育学』〕とも共鳴している。

第 4 章——デザインされた介入

北アイルランドでのトップダウンの平和構築の利点と限界を知るのに最も役立つ刊行物は、Landon Hancock, "The Northern Irish Peace Process: From Top to Bottom" (*International Studies Review*, vol. 10, no. 2, 2008) および Roger Mac Ginty, *Elite Bargains and Political Deals Project: Northern Ireland Case Study* (United Kingdom Government, 2018) である。

世界中で民主主義を促進するためのアメリカの予算についての数字は、J. Kenneth Blackwell がアメリカ合衆国下院歳出委員会 (United States House Committee on Appropriations) へ提出した書面による証言、"Electoral Assistance: A Cost-Effective Investment in a More Stable, Prosperous World" (2018) および合衆国議会第 116 議会による法案、*H.R.2839 - Department of State, Foreign Operations, and Related Programs Appropriations Act*, 2020 (1st session, 2019, section 7032) による。

自由主義的平和《リベラル・ピース》というアジェンダについて最も役立つ分析を提供するのは、書籍では、Roland Paris, *At War's End: Building Peace after Civil Conflict* (Cambridge University Press, 2004) および Oliver Richmond, *The Transformation of Peace* (Palgrave Macmillan, 2005)、論文では、David Chandler, "The Responsibility to Protect? Imposing the 'Liberal Peace'," *International Peacekeeping*, vol. 11, no. 1 (2004) および Roger Mac Ginty, "Indigenous Peace-Making Versus the Liberal Peace," *Cooperation and Conflict*, vol. 43, no. 2 (2008) である。

わたしの著書、*The Trouble with the Congo: Local Violence and the Failure of International Peacebuilding* (Cambridge University Press, 2010) では、本章で触れたコンゴ固有の問題に関係して、詳細な歴史的背景、ローカルな暴力のダイナミクスにかんする深い分析、草の根の緊張に対する国際社会の反応などについて、さらなる情報を提供している。

コンゴに焦点を合わせた和平会議の予算額は、International Crisis Group の報告書、"The Agreement on a Cease-Fire in the Democratic Republic of Congo: An Analysis of the Agreement and Prospects for Peace" (August 1999) および Norimitsu Onishi の新聞記事、"Congo Factions Gather for Peace Talks" (*New York Times*, 2002) と Eddy Isango の新聞記事、"Militants, Civil Groups Boycott Congo's Peace Talks" (*Associated Press International*, 2008) による。

コンゴの犠牲の規模についての数字は、国連人道問題調整事務所 (United Nations Office for the Coordination of Humanitarian Affairs) のファクトシート、"Democratic Republic of Congo: Internally Displaced Persons and Returnees" (2017) および 国連難民高等弁務官事務所 (United Nations High Commissioner for Refugees) のファクトシート、"UNHCR DR Congo Factsheet – August 2020" (2020)、Armed Conflict Location & Event Data Project の 2021 年のデータとファクトシート、"Sexual Violence in Conflict" (2020)、Reliefweb のウェブサイト、"Democratic Republic of the Congo" (https://reliefweb.int/country/cod?figures=all#key-figures, 2022) による。

Drew Cameron, Annette Brown, Anjini Mishra, Mario Picon, Hisham Esper, Flor Calvo, and

Katia Peterson が、平和構築の取り組みについて入手可能なすべてのインパクト評価を Evidence for Peace Project のためにレビューし、全体の結果を *Evidence for Peacebuilding Evidence Gap Map*（International Initiative for Impact Evaluation, 2015; 引用部分は p. 55 より）に発表している。Pamina Firchow による別の評価方法については、彼女の著書、*Reclaiming Everyday Peace: Local Voices in Measurement and Evaluation After War*（Cambridge University Press, 2018）で詳しく知ることができる。

民主主義と平和の関係については、最も重要な情報源に *American Political Science Review* に発表された2本の論文がある。Zeev Maoz and Bruce Russett, "Normative and Structural Causes of the Democratic Peace, 1946–1986"（vol. 87, no. 3, 1993）および Michael Doyle, "Three Pillars of the Democratic Peace"（vol. 99, no. 3 , 2005）である。民主化の危険については、Jack Snyder の著作、とりわけ著書、*From Voting to Violence: Democratization and Nationalist Conflict*（Norton, 2000）と *Electing to Fight: Why Emerging Democracies Go to War*（co-authored with Edward Mansfield, MIT Press, 2005）、および論文、"Time to Kill: The Impact of Election Timing on Postconflict Stability"（co-authored with Dawn Brancati, *Journal of Conflict Resolution,* vol. 57, no. 5, 2012）を参照のこと。31 パーセントという数字は後者の論文の pp. 839–840、2.7 年という数字は同 p. 823 より。ほかに有用な刊行物を3点あげることができる。Thomas Flores and Irfan Nooruddin, "Democracy under the Gun: Understanding Postconflict Economic Recovery"（*Journal of Conflict Resolution,* vol. 53, no. 1, 2009）および、"The Effect of Elections on Postconflict Peace and Reconstruction"（*The Journal of Politics,* vol. 74, no. 2, 2012）、また、Zachary Jones and Yonatan Lupu, "Is There More Violence in the Middle?"（*American Journal of Political Science,* vol. 62, no. 3, 2018）である。紛争再発についての数字は、ひとつ目の論文の p. 20 から計算し、経済回復についての情報は、ふたつ目の論文の p. 560 による。Jennifer Dresden, Thomas Flores, and Irfan Nooruddin, *Theories of Democratic Change Phase III: Transitions from Conflict*（USAID, 2019）は、これらすべての論争をまとめた有益な白書である。選挙実施の前に制度をつくることを支持する最も明確で説得力ある主張として、Roland Paris の著書、*At War's End: Building Peace After Civil Conflict*（Cambridge University Press, 2004）を参照のこと。

Elisabeth King, *From Classrooms to Conflict in Rwanda*（Cambridge University Press, 2014）は教育と紛争についてのすばらしい本だ。Kenneth Bush and Diana Saltarelli の報告書、*The Two Faces of Education in Ethnic Conflict: Towards a Peacebuilding Education for Children*（UNICEF, 2000）および、Jeaniene Spink, "Education and Politics in Afghanistan: The Importance of an Education System in Peacebuilding and Reconstruction," *Journal of Peace Education,* vol. 2, no. 2 (2005) は、そのテーマについてのさらにふたつの有益な資料である。

国家建設プログラムが逆効果の結果を招くことについては、わたしの論文、"Dangerous Tales: Dominant Narratives on the Congo and their Unintended Consequences," *African Affairs,* vol. 111, no. 43 (2012) を参照のこと。イラクについての段落は、Charles Tripp, "The United States and State-Building in Iraq," *Review of International Studies,* vol. 30, no. 4 (2004)

および、Harith Hasan Al-Qarawee, "Political Violence and Failures of Nation-Building in Iraq"（World Peace Foundation のブログ、*Reinventing Peace,* 2013）の議論をまとめたものである。

"よきこと"（たとえば平和と民主主義）が互いに衝突する問題について――あるいはより広く、介入者のあいだに思いこみが広がって和平へ向けた行動に影響を与える問題について――さらに詳しく知りたければ、わたしの論文、"International Peacebuilding and Local Success: Assumptions and Effectiveness," *International Studies Review,* vol. 19, no. 1（2017）を読んでほしい。

Christine Cheng, Jonathan Goodhand, and Patrick Meehan は、第 4 章で触れた *Elite Bargains and Political Deals Project* で働く専門家チームを率いた。その成果をまとめたペーパー、およびすべてのケーススタディは、イギリス政府のウェブサイト（www.gov.uk/government/publications/elite-bargains-and-political-deals, 2018）で閲覧できる。

Stathis Kalyvas, *The Logic of Violence in Civil War*（Cambridge University Press, 2006）は、武力紛争における暴力のローカルな原因について書いた重要書である。ティモールの例は James Scambary の著書、*Conflict, Identity, and State Formation in East Timor 2000–2017*（Brill, 2019）に、アフガニスタンの例は Christopher Coyne and Adam Pellillo の論文、"The Art of Seeing Like a State: State-Building in Afghanistan, the Congo, and Beyond," *Review of Austrian Economics,* vol. 25, no. 1（2012）および、Mike Marten の著書、*An Intimate War: An Oral History of the Helmand Conflict, 1978–2012*（Oxford University Press, 2014）に、南スーダンの例は Jana Krause の論文、"Stabilization and Local Conflicts: Communal and Civil Wars in South Sudan," *Ethnopolitics,* vol. 18, no. 5（2019）に、ブーゲンヴィルの例は John Braithwaite, Hilary Charlesworth, Peter Reddy, and Leah Dunn の著書、*Reconciliation and Architectures of Commitment: Sequencing Peace in Bougainville*（Australian National University Press, 2010）に、ナイジェリアの例は International Crisis Group の報告書、*Stopping Nigeria's Spiralling Farmer-Herder Violence*（2018）に、ブルンジの例は Stephanie Schwartz の博士論文、*Homeward Bound: Return Migration and Local Conflict After Civil War*（Columbia University, 2018）に、インドネシアの例は Jana Krause の著書、*Resilient Communities: Non-Violence and Civilian Agencies in Communal Wars*（Cambridge University Press, 2018）に、ネパールの例は Tobias Denskus の論文、"The Fragility of Peacebuilding in Nepal," *Peace Review,* vol. 21, no. 1（2009, pp. 54 and 57）に、マリの例は Yvan Guichaoua and Matthieu Pellerin の報告書、*Faire la Paix et Construire l'État: Les Relations entre Pouvoir Central et Périphéries Sahéliennes au Niger et au Mali*（Institut de Recherche Stratégique de l'École Militaire, 2017）および、International Crisis Group の報告書、*Central Mali: An Uprising in the Making?*（2016）に、ソマリアの例は Hussein Adam, "Somalia: International Versus Local Attempts at Peacebuilding"（in *Durable Peace: Challenges for Peacebuilding in Africa,* eds. Ali Taisier and Robert Matthews, University of Toronto Press, 2004, p. 270）、Mark Bradbury, *Becoming Somaliland*（Indiana University Press, 2008）、Afyare Abdi Elmi, *Understanding the Somali Conflagration: Identity, Islam, and Peacebuilding*（Pluto Press, 2010, pp. 21–22 and 141）、Ken Menkhaus, "International

Peacebuilding and the Dynamics of Local and National Reconciliation in Somalia"（in *Learning from Somalia: The Lessons of Armed Humanitarian Intervention,* eds. Walter Clarke and Jeffrey Herbst, Westview Press, 1997, pp. 54–56）に、スーダンの例は Gunnar Sørbø の論文、"Local Violence and International Intervention in Sudan," *Review of African Political Economy,* vol. 37, no. 124（2010）にもとづいている。

現在の紛争における武装集団の数についての統計は、Fiona Terry and Brian McQuinn の報告書、*The Roots of Restraint in War*（International Committee of the Red Cross, 2018, p. 13）および Robert Muggah and Jean de Dieu Ntanga Ntita による論文、"Reducing Community Violence in the Central African Republic — The Case of Bria"（*Small Wars Journal,* 2018）、Christoph Vogel が Suluhu ブログに定期的に発表している *Armed Groups Maps*（https://suluhu.org/congo/mapping）による。

2017 年に *Foreign Affairs* がオンラインでおこなったコンゴでの選挙と平和をめぐる討論に関心があれば、もともとのわたしのエッセイ、"What the Uproar Over Congo's Elections Misses" と Jason Stearns, Koen Vlassenroot, Kasper Hoffmann, and Tatiana Carayannis による応答、"Congo's Inescapable State"、わたしのフォローアップ、"The Right Way to Build Peace in Congo" を参照のこと。

第５章——一つひとつの平和

ソマリアについての数字は、*Fragile State Index 2021*（The Fund for Peace, 2021）、*Corruption Perceptions Index 2021*（Transparency International, 2021）、*Appropriation Act for 2019 Budget*（Federal Republic of Somalia, 2019, p. 8）による。ソマリアとソマリランドの異なる治安状況についての数字は、Uppsala University Conflict Data Program の *Fatalities View*（Department of Peace and Conflict Research, 2020）にもとづいていて、平和構築に使われる資金についての数字は、世界銀行（World Bank）の報告書、*Federal Republic of Somalia Security and Justice Sector PER*（2017, p. ix）による。失業者のパーセンテージは、Mohamed Muse Haji Abdi による報告書、*Unemployment in Somaliland*（Somaliland's Ministry of Labor and Social Affairs, 2014）で見つけた。

アル・シャバーブによるとされる死者数については、Armed Conflict Location & Event Data Project, *Somalia and Kenya* の Al Shabaab のページ（https://acleddata.com/2020/01/15/acled-resources-al-shabaab-in-somalia-and-kenya, 2020）を、ソマリランドの独立戦争での死者数については、Chris Mburu, *Past Human Rights Abuses in Somalia: Report of a Preliminary Study Conducted for the United Nations*（*OHCHR / UNDP-Somalia*）（2001）を使った。

ソマリランドの歴史と文化については、Mark Bradbury の著書、*Becoming Somaliland*（Indiana University Press, 2008）を広く参照した。青年の銃を取りあげた父親とおじの話は、p. 113 より。ソマリランドの最近の政治・治安状況についての有益な分析としては、ほかに次のようなものがある。Marleen Renders の著書、*Consider Somaliland: State-Building with*

Traditional Leaders and Institutions (Brill, 2012) および、Gérard Prunier の著書、*The Country that Does Not Exist: A History of Somaliland* (Hurst Publishers, 2020)、Ken Menkhaus の書籍所収論文、"International Peacebuilding and the Dynamics of Local and National Reconciliation in Somalia" (in *Learning from Somalia,* eds. Walter Clarke and Jeffrey Herbst, Westview Press, 1997)、Nicholas Eubank による報告書、*Peace-Building without External Assistance: Lessons from Somaliland* (Center for Global Development, 2010)、Olivia Rutazibwa によるペーパー、"On Ethical Retreat: Lessons from Somaliland" (presented at the annual meeting of the British International Studies Association, Dublin, 2014)、Ahmed Farah and Ioan Lewis による論文、"Making Peace in Somaliland" (*Cahiers D'Études Africaines,* vol. 37, no. 146, 1997)、Michael Harsch, "A Better Approach to Statebuilding: Lessons from 'Islands of Stability'" (*Foreign Affairs* online, 2017)、Salvo Heleta, "Internally Driven Post-War Reconstruction and Development" (*Africa Insight,* vol. 44, no. 3, 2014)、Rakiya Omaar and Mohamoud Saeed, "Somaliland: Where There Has Been Conflict but No Intervention" (*Prism: A Journal of the Center for Complex Operations,* vol. 5, no. 2, 2015)、Sarah Phillips, "When Less Was More: External Assistance and the Political Settlement in Somaliland" (*International Affairs,* vol. 92, no. 3, 2016)。ソマリランドの平和はひとつには植民地時代の歴史によるとする主張のなかで、最も明晰なものとして、Gérard Prunier, "Benign Neglect Versus La Grande Somalia: The Colonial Legacy and the Post-Colonial State" (in *Milk and Peace, Drought and War: Somali Culture, Society and Politics,* edited by Markus Hoehne and Virginia Luling, Hurst and Co., 2010) を参照のこと。

コロンビアの紛争およびトップダウンの取り組みの代償についての数字は、Centro Nacional de Memoria Histórica のインフォグラフィックス、*Balance del Conflicto Armado and Violencia Sexual* (2018) および Congressional Research Service の報告書、*Colombia: Background and U.S. Relations* (2021)、Human Rights Watch, *World Report 2020* による。コロンビアのほかの平和コミュニティについては、次を参照のこと。Mary Anderson and Marshall Wallace の著書、*Opting out of War: Strategies to Prevent Violent Conflict* (Lynne Rienner Publishers, 2013)、Landon Hancock and Christopher Mitchell, eds., *Local Peacebuilding and National Peace: Interaction between Grassroots and Elite Processes* (Bloomsbury Academic, 2012, chapters 3 and 4)、Oliver Kaplan, *Resisting War: How Communities Protect Themselves* (Cambridge University Press, 2017)、Philipp Naucke の論文、"Peacebuilding Upside Down? How a Peace Community in Colombia Builds Peace Despite the State," *Social Anthropology,* vol. 25, no. 4 (2017)、Juan Masullo の博士論文、*A Theory of Civilian Noncooperation with Armed Groups: Civilian Agency and Self-Protection in the Colombian Civil War* (European University Institute, 2017)、Pedro Valenzuela の博士論文、*Neutrality in Internal Armed Conflicts: Experiences at the Grassroots Level in Colombia* (Uppsala University, 2009)。

イスラエルとパレスチナの紛争についての数字は、B'Tselem のウェブサイト (www.

btselem.org/statistics/fatalities/after-cast-lead/by-date-of-event, 2022）で公開されている死亡数データをもとに計算した。

世界のほかの場所でのローカルな成功事例については、わたしの情報源は Mary Anderson and Marshall Wallace の著書、*Opting Out of War: Strategies to Prevent Violent Conflict*（Lynne Rienner Publishers, 2013）である。アフガニスタンとイラクについては Michael Harsch の論文、"A Better Approach to Statebuilding: Lessons from 'Islands of Stability'"（*Foreign Affairs* online, 2017）、インドネシアとナイジェリアについては Jana Krause の著書、*Resilient Communities: Non-Violence and Civilian Agencies in Communal Wars*（Cambridge University Press, 2018）、ルワンダについては Scott Straus の著書、*The Order of Genocide: Race, Power, and War in Rwanda*（Cornell University Press, 2006, pp. 65 and 85–87）、マリについては Yvan Guichaoua のブログ投稿、"A Northern Knot: Untangling Local Peacebuilding Politics in Mali"（Peace Direct, 2016）、ボスニアについては Ioannis Armakolas の論文、"The 'Paradox' of Tuzla City: Explaining Non-Nationalist Local Politics During the Bosnian War," *Europe-Asia Studies*, vol. 63, no. 2（2011）および Adam Moore の著書、*Peacebuilding in Practice: Local Experience in Two Bosnian Towns*（Cornell University Press, 2013）を参照した。

現地の活動家とコミュニティを巻きこむ重要性は、次の文献で強調されている。ブーゲンヴィルについては、John Braithwaite, Hilary Charlesworth, Peter Reddy, and Leah Dunn, *Reconciliation and Architectures of Commitment: Sequencing Peace in Bougainville*（Australian National University Press, 2010）、ブルンジ、ミャンマー、ネパール、南スーダン、スリランカ、ウクライナについては、Phil Vernon, *Local Peacebuilding: What Works and Why*（Peace Direct, 2019）、カンボジア、コソボ、ソロモン諸島、南アフリカについては、Diana Chigas and Peter Woodrow, *Adding Up to Peace: The Cumulative Impacts of Peace Programming*（CDA Collaborative Learning Projects, 2018）、コロンビアについては、Oliver Kaplan and Enzo Nussio, "Explaining Recidivism of Ex-Combatants in Colombia," *Journal of Conflict Resolution*, vol. 62, no. 1（2018）、コンゴについては、Sara Hellmüller, "The Power of Perceptions: Localizing International Peacebuilding Approaches," *International Peacekeeping*, vol. 20, no. 2（2013）、および François Van Lierde, Winnie Tshilobo, Evariste Mfaume, Alexis Bouvy, and Christiane Kayser, *Collaborative Learning from the Bottom Up: Identifying Lessons from a Decade of Peacebuilding in North and South Kivu through Bottom-Up Evaluation*（*2009–2019*）（Life & Peace Institute, forthcoming 2021）、インドネシアとナイジェリアについては、Jana Krause, *Resilient Communities: Non-Violence and Civilian Agencies in Communal Wars*（Cambridge University Press, 2018）、イラク、イスラエルおよびパレスチナ自治区、レバノン、ミャンマー、北アイルランド、東ティモールについては、Zachary Metz, *The Intimacy of Enemies: The Power of Small Groups to Confront Intractable Conflict and Generate Power and Change*（New School, 2019――引用は p. 108 より）、北アイルランドについては、Avila Kilmurray, *Community Action in a Contested Society: The Story of Northern Ireland*（Peter Lang, 2017）、シエラレオネについては、Rebekka Friedman, *Competing Memories: Truth and*

Reconciliation in Sierra Leone and Peru (Cambridge University Press, 2017, pp. 114–126)、スリランカについては、Craig Valters, *Building Justice and Peace from Below? Supporting Community Dispute Resolution in Asia* (Asia Foundation, 2016)。草の根の紛争解決の取り組みを Peace Direct が地図上に示したものは、同団体のウェブサイト www.peaceinsight.org で閲覧できる。

インフォーマルな日々の平和の慣習については、北アイルランドの例は、Roger Mac Ginty, "Everyday Peace: Bottom-Up and Local Agency in Conflict-Affected Societies," *Security Dialogue*, vol. 45, no. 6 (2014)、イスラエルとパレスチナ自治区の例は、Zachary Metz, *The Intimacy of Enemies: The Power of Small Groups to Confront Intractable Conflict and Generate Power and Change* (New School, 2019)、ボスニアの例は、Jelena Obradovic-Wochnik and Louis Monroy Santander, *Power and Governmentality in "the Local": Donors, NGOs and Peacebuilding Projects in Bosnia* (paper presented at the annual meeting of the International Studies Association, 2017) より。

多くの研究者が、ボトムアップとトップダウンの取り組みを両方とも支援する必要性を論じている。このテーマについて最も役立つ情報源は、次の書籍である。Mary Anderson and Lara Olson, *Confronting War: Critical Lessons for Peace Practitioners* (Collaborative for Development Action, 2003)、John Paul Lederach, *Building Peace: Sustainable Reconciliation in Divided Societies* (United States Institute of Peace Press, 1998)、Andries Odendaal, *A Crucial Link: Local Peace Committees and National Peacebuilding* (United States Institute of Peace Press, 2013)、Craig Zelizer and Robert Rubinstein, *Building Peace: Practical Reflections from the Field* (Kumarian Press, 2009)。

第６章——役割を変える

話を聞き、個人的な関係を築く重要性を強調する報告書は、Mary Anderson, Dayna Brown, and Isabella Jean, *Time to Listen: Hearing People on the Receiving End of International Aid* (CDA Collaborative Learning Projects, 2012)。

平和にかんするローカルな基準についてのウガンダの事例は、Pamina Firchow の著書、*Reclaiming Everyday Peace: Local Voices in Measurement and Evaluation After War* (Cambridge University Press, 2018) より。ルールを破ることを支持する Susanna Campbell の主張は、彼女の著書、*Global Governance and Local Peace: Accountability and Performance in International Peacebuilding* (Cambridge University Press, 2018) で読める。

地域の人に取り組みをつくらせ、設計させ、実行させるのが平和構築を成功に導く鍵だと多くの研究者が示してきた。なかでもとりわけ次を参照のこと。Jean Paul Lederach and Scott Appleby, "Strategic Peacebuilding: An Overview" (in *Strategies of Peace: Transforming Conflict in a Violent World*, edited by Daniel Philpott and Gerard Powers, Oxford University Press, 2010)、Mary Anderson, Dayna Brown, and Isabella Jean, *Time to Listen: Hearing People on the*

Receiving End of International Aid (CDA Collaborative Learning Project, 2012)、Susanna Campbell, *Global Governance and Local Peace: Accountability and Performance in International Peacebuilding* (Cambridge University Press, 2018)、Adam Moore, *Peacebuilding in Practice: Local Experience in Two Bosnian Towns* (Cornell University Press, 2013)、Rosie Pinnington, *Local First in Practice: Unlocking the Power to Get Things Done* (Peace Direct, 2014)。

長期的な資金提供の重要性については、数多くの研究がある。たとえばわたしの著書、*Peaceland: Conflict Resolution and the Everyday Politics of International Intervention* (Cambridge University Press, 2014, pp. 271–273)、Stephanie Kerr の博士論文、*The Northern Ireland Conflict: Conditions for Successful Peacebuilding* (University of Manitoba, 2010, pp. 29–31, 146, and 153–155)、John Paul Lederach の著書、*Building Peace: Sustainable Reconciliation in Divided Societies* (United States Institute of Peace Press, 1998, pp. 74–84 and 170–178)、Roland Paris and Timothy Sisk の著書、*The Dilemmas of Statebuilding: Confronting the Contradictions of Postwar Peace Operations* (Routledge, 2009, pp. 83–90 and 313–314)、Craig Zelizer and Robert Rubinstein の著書、*Building Peace: Practical Reflections from the Field* (Kumarian Press, 2009, pp. 12, 18–28, and 267–270) など。

「悪者の役割を変える」の節のはじめに引用した記事は、Henry Zeffman, "Charity Sex Scandal: UN Staff 'Responsible for 60,000 Rapes in a Decade,'" (*The Times*, 2018)、Sheena McKenzie, "Sexual Abuse 'Endemic' in International Aid Sector, Damning Report Finds," (*CNN*, 2018)、Avi Selk and Eli Rosenberg, "Oxfam Prostitution Scandal Widens to at Least Three Countries," (*Washington Post*, 2018)、Aude Massiot, "Humanitaire: Le Fléau des 'Sexpats,'" (*Libération*, 2018)。虐待の実際の告発件数についての情報源は、国連の行状・規律ユニット (Conduct and Discipline Unit) のウェブサイト (https://conduct.unmissions.org/sea-data-introduction, 2022) である。

わたし自身がおこなったインタビューに加えて、コロンビアの事例の情報源は、Mary Anderson and Marshall Wallace の著書、*Opting Out of War: Strategies to Prevent Violent Conflict* (Lynne Rienner Publishers, 2013, pp. 85–86 and 129–142) および Juan Masullo の博士論文、*A Theory of Civilian Noncooperation with Armed Groups: Civilian Agency and Self-Protection in the Colombian Civil War* (European University Institute, 2017) である。

ボスニア、カンボジア、インドネシア、ケニア、コソボ、スリランカの市民の目から見た外国人介入者の存在の重要性については、*The Listening Project Issue Paper: The Cascading Effects of International Agendas and Priorities* (CDA Collaborative Learning Projects, 2008, pp. 6–7) を参照のこと。

第７章――自国の前線

ここで語ったことは、本章で触れたさまざまな組織のウェブサイトに掲載された情報に広くもとづいている。リヴ・フリー (Live Free) の引用の出典は、同団体のウェブサイト、www.

livefreeusa.org/ourcallingである。また、わたしが取りあげた人物の回想録も活用した。たとえば、Leymah Gbowee, *Mighty Be Our Power: How Sisterhood, Prayer, and Sex Changed a Nation at War* (co-authored with Carol Mither, Beast Books, 2013)〔リーマ・ボウイー、キャロル・ミザーズ『祈りよ力となれ――リーマ・ボウイー自伝』東方雅美訳、英治出版、2012年〕、Christian Picciolini, *Romantic Violence: Memoirs of an American Skinhead* (Goldmill Group, 2015)および、*Breaking Hate: Confronting the New Culture of Extremism* (Hachette Books, 2020)、Daryl Davis, *Klan-destine Relationships: A Black Man's Odyssey in the Ku Klux Klan* (New Horizon Press, 2005)など。

Institute of Medicine and National Research Councilの書籍、*Contagion of Violence: Workshop Summary* (National Academies Press, 2013)は、暴力が「感染する」理由を詳しく説明している。Keith Krauseの論文、"From Armed Conflict to Political Violence: Mapping & Explaining Conflict Trends," *Daedalus*, vol. 145, no. 4 (2016)には、世界中の致命的な暴力は大部分が戦争中ではない国で起こっているという主張を支える数多くの統計が含まれている。

コミュニティ・オーガナイジングの古典的な本で、その原則がLPIとリゾルヴのアプローチによく似ているのが、Saul Alinsky, *Rules for Radicals: A Pragmatic Primer for Realistic Radicals* (Random House, 1971)〔アリンスキー『市民運動の組織論』長沼秀世訳、未來社、1972年〕および、Aaron Schutz and Mike Miller, *People Power: The Community Organizing Tradition of Saul Alinsky* (Vanderbilt University Press, 2015)である。

リベリアの紛争についての数字は、*Final Report of the Truth and Reconciliation Commission of Liberia* (2009, p. 61)より。

Rebecca Solnitの著書、*Hope in the Dark: Untold Histories, Wild Possibilities* (Haymarket Books, 2004)〔レベッカ・ソルニット『暗闇のなかの希望――非暴力からはじまる新しい時代』増補改訂版、井上利男、東辻賢治郎訳、ちくま文庫、2023年〕は、『平和のつくり方』に特別な刺激を与えてくれた。ほかにわたしのお手本になったのは、Steven Pinker, *The Better Angels of Our Nature: Why Violence Has Declined* (Viking, 2011)〔スティーブン・ピンカー『暴力の人類史』幾島幸子、塩原通緒訳、青土社、2015年〕である。

Law Center to Prevent Gun Violence and the PICO National Networkの報告書、*Healing Communities in Crisis: Lifesaving Solutions to the Urban Gun Violence Epidemics* (2016)は、問題の大きさと最も効果的な反応を検討するにあたって、とくに有用である。銃撃と死についての数字はpp. 6 and 52、住民の話はpp. 6 and 11、カリフォルニアでの成功の情報はp. 12、ストックトンの例はp. 26より。Aaron Roseのブログ投稿、"What to Do Instead of Calling the Police" (www.aaronxrose.com/blog/alternatives-to-police, 2018)の最後にあるリンク一覧には、アメリカで警察への通報の代わりになるさまざまな選択肢が示されている。

白人の過激論者による攻撃についての数字は、Weiyi Cai and Simone Landonの論文、"Attacks by White Extremists Are Growing. So Are Their Connections" (*New York Times*, 2019)および、Global Terrorism Database (National Consortium for the Study of Terrorism and Responses to Terrorism, 2020)より。

モハメド・サラーの影響についての情報源は、Ala' Alrababa'h, William Marble, Salma Mousa, and Alexandra Siegel によるワーキングペーパー、"Can Exposure to Celebrities Reduce Prejudice? The Effect of Mohamed Salah on Islamophobic Behaviors and Attitudes"（*American Political Science Review,* vol. 115, no. 4, 2021）である。ベネズエラで平和を育むにあたっての女性の役割については、Verónica Zubillaga, Manuel Llorens, and John Souto, "Micropolitics in a Caracas Barrio: The Political Survival Strategies of Mothers in a Context of Armed Violence"（*Latin American Research Review,* 2019）。チェランについては次の論文を使った。Sandra Ley, Shannan Mattiace, and Guillermo Trejo, "Indigenous Resistance to Criminal Governance: Why Regional Ethnic Autonomy Institutions Protect Communities from Narco Rule in Mexico"（*Latin American Research Review,* 2019）、Patrick McDonnell, "One Mexican Town Revolts Against Violence and Corruption. Six Years In, Its Experiment Is Working"（*Los Angeles Times,* 2017）、Karla Medrano, "The Women and Youth of Chéran: Choosing Non-Violence and Nature"（presented at the workshop "Where Are the Women after Resolution 1325," Leiden University, 2019）。

著者　セヴリーヌ・オトセール

受賞歴のある著述家、平和構築者、研究者であり、コロンビア大学バーナード・カレッジの政治学教授でもある。著書に *The Trouble with the Congo*、*Peaceland* などがあり、*NY Times*、*The Washington Post*、*Foreign Affairs*、*Foreign Policy* などにも寄稿している。20年以上にわたり国際援助の世界に関わり、コロンビア、ソマリア、イスラエル、パレスチナなど12の紛争地域で調査を行ってきた。国境なき医師団の一員としてアフガニスタンやコンゴで、また、米国国連本部で勤務した経験もある。その研究は、いくつかの国連機関、外務省、非政府組織、多くの慈善家や活動家の介入戦略の形成に役立っている。また、ノーベル平和賞受賞者世界サミットや米国下院で講演を行ったこともある。本書 *The Frontlines of Peace*（『平和をつくる方法』）は Conflict Research Society（紛争研究会）の「2022年ブック・オブ・ザ・イヤー賞」の最終候補に選ばれた。

訳者　山田 文（やまだふみ）

翻訳者。訳書にウィリアム・アトキンズ『帝国の追放者たち——三つの流刑地をゆく』（柏書房）、マクシミリアン・フォーテ『リビア戦争——カダフィ殺害誌』（感覚社）、フランシス・フクヤマ＋マチルデ・ファスティング『「歴史の終わり」の後で』（中央公論新社）、キエセ・レイモン『ヘヴィ——あるアメリカ人の回想録』（里山社）、アミア・スリニヴァサン『セックスする権利』（勁草書房）、などがある。

翻訳協力　株式会社リベル

平和《へいわ》をつくる方法《ほうほう》
ふつうの人《ひと》たちのすごい戦略《せんりゃく》

2023年12月24日　第1刷発行

著　者　セヴリーヌ・オトセール
訳　者　山田《やまだ》文《ふみ》
発行者　富澤凡子
発行所　柏書房株式会社
東京都文京区本郷 2-15-13（〒113-0033）
電話（03）3830-1891［営業］
（03）3830-1894［編集］

装　丁　コバヤシタケシ
組　版　株式会社キャップス
印　刷　壮光舎印刷株式会社
製　本　株式会社ブックアート

ISBN978-4-7601-5543-9